中國學術思想 研究輯刊

二 編
林慶彰 主編

第 7 冊

西漢以前家宅五祀及其相關信仰研究
——以楚地簡帛文獻資料爲討論焦點(下)

鄒濬智 著

花木蘭文化出版社

國家圖書館出版品預行編目資料

西漢以前家宅五祀及其相關信仰研究——以楚地簡帛文獻資料
為討論焦點（下）／鄒濬智 著 — 初版 — 台北縣永和市：花木
蘭文化出版社，2008〔民 97〕
目 2+202 面；19×26 公分（中國學術思想研究輯刊 二編；第 7 冊）
ISBN：978-986-6528-08-8（精裝）
1. 祭祀　2. 民間信仰　3. 簡牘　4. 先秦史
209.201　　　　　　　　　　　　　　　　　97016490

ISBN - 978-986-6528-08-8

9 789866 528088

中國學術思想研究輯刊
二 編 第 七 冊　　　　　ISBN：978-986-6528-08-8

西漢以前家宅五祀及其相關信仰研究
——以楚地簡帛文獻資料爲討論焦點（下）

作　　　者　鄒濬智
主　　　編　林慶彰
總 編 輯　杜潔祥
出　　　版　花木蘭文化出版社
發 行 所　花木蘭文化出版社
發 行 人　高小娟
聯 絡 地 址　台北縣永和市中正路五九五號七樓之三
　　　　　　電話：02-2923-1455／傳眞：02-2923-1452
網　　　址　http://www.huamulan.tw 信箱 sut81518@ms59.hinet.net
印　　　刷　普羅文化出版廣告事業
封 面 設 計　劉開工作室
初　　　版　2008 年 9 月
定　　　價　二編 28 冊（精裝）新台幣 46,000 元

西漢以前家宅五祀及其相關信仰研究
——以楚地簡帛文獻資料爲討論焦點（下）

鄒濬智　著

目次

第肆章　西漢以前家宅五祀相關信仰研究

　　家宅五祀在後世演變而成爲七祀，七祀的組成係家宅五祀加上司命及厲二者。從楚簡的記錄看來，楚國人祭七祀各別神祇極爲頻繁，雖然當時沒有嚴謹的七祀祭祀制度，但要說沒有七祀的存在是很困難的。又雖說記載七祀的是漢代才成書的禮書，但眾所周知，漢文化是以楚文化爲其根植的土壤，既然漢代出現七祀制度，那麼楚國可能也是有七祀或七祀的前身存在。是故本論文除了以楚地簡帛所見家宅五祀爲研究的焦點外，本章也將擴大討論到七祀中的「司命」、「厲（人鬼）」，兼及人神。以下的討論順序爲先天神（司命）後人神、人鬼（厲）。

第一節　司命神信仰研究

　　楚簡當中，司命受祀時常在太、后土（地主）之後，司禍、司祿、大水、二天子之前（詳下），可見其神格不低。又《禮記・祭法》云：

> 王爲群姓立七祀：曰司命，曰中霤，曰國門，曰國行，曰泰厲，曰
> 戶，曰竈；王自爲立七祀。諸侯爲國立五祀：曰司命，曰中霤，曰
> 國門，曰國行，曰公厲；諸侯自爲立五祀。大夫立三祀：曰族厲，
> 曰門，曰行。適士立二祀：曰門，曰行。庶士、庶人立一祀：或立
> 戶，或立灶。

「七祀」所祭的都是與人們日常生活直接相關的神鬼。將司命列爲七祀之首，這說明司命是重要的神祇。

　　楚地簡帛資料中，有不少祭祀司命的記錄，分別見於下列幾批楚簡：

包山 M2 簡（墓主爲邵𣸸，官居左尹，主掌司法工作）：〔註1〕

　　☐地主、司命、司禍、各一，纓之吉玉。（簡 11）

　　賽禱太佩玉一環，后土、司命、司禍各一小環，……太、后土、司命、司禍、大水、二天子、坐山皆既成。（簡 213～215）

　　舉禱太一牆，后土、司命，各一𦍩。（簡 238、244）

望山 M1 簡（墓主爲悼固，係以悼爲姓的楚國王族）：〔註2〕

　　舉禱太佩玉一環，后土、司命各一小環，大水佩玉一環。（簡 54）

　　☐吉。太一𦍩，后土、司命各一羖，大水一環，舉禱二天子☐（簡 55）

　　舉禱於太一環，后土、司命☐（簡 56）

　　☐司命☐（簡 128）

天星觀 M1 簡（墓主爲潘乘，係邸殤君）：〔註3〕

　　☐司命、司禍、地主各一吉環。（滕本頁 10、33、43、105、614）

　　☐以其故説之，迻胡丁之説，擇良日饗月舉禱太一牲，司命、司禍一牲。蔽志。（滕本頁 26、29、88、313、35、141、841 等）

秦家嘴 M99 簡（墓主不詳）：〔註4〕

　　甲申之夕，賽禱宮地主一豭，賽禱行一白犬，司命……酒食祚之。乙酉之日，苛慶占之吉，遬瘥。（簡 1）

　　賽禱於五世王父王母……地主、司命、司禍，各一𦍩，纓之吉玉，北方一環。（簡 11）

新蔡楚墓簡（墓主爲成，平輿君）：〔註5〕

　　☐於司命一鹿，舉禱於☐（甲一 15）

　　有祟見於司命、老童、祝融、穴熊。癸酉之日舉禱☐（乙一 22）

　　☐太，佩玉兆。擇日於是期，賽禱司命、司祿☐（甲三 4）

〔註1〕彭浩〈包山楚簡所反應的楚國法律與司法制度〉，《包山楚墓（上）》（北京：文物出版社，1991 年 10 月），頁 553。

〔註2〕湖北省文物考古研究所、北京大學中文系《望山楚簡》（北京：中華書局，1995 年 6 月），頁 136。

〔註3〕駢宇騫、段書安《本世紀以來出土簡帛概述》，臺北：萬卷樓，1999 年。

〔註4〕荊沙鐵路考古隊〈江陵秦家嘴楚墓發掘簡報〉，《江漢考古》1998 年 2 期：「不見墓冢。」

〔註5〕河南省文物考古研究所《新蔡葛陵楚墓》（鄭州：大象出版社，2003 年 10 月），頁 184。

　　☐公北、地主各一青犧；司命、司禍各一鹿，舉禱厭之。或☐（乙
一 15）

　　☐司命一牂，瓔之以兆玉☐（乙二 22）

　　☐地主與司命，就禱璧玉兆☐（乙四 97）

　　☐司命一鹿☐（零 15）

　　☐司折、公北、司命、司禍☐（零 266）

　　☐北方、司命☐（零 378）

　　仔細分析楚簡司命神相關記載並比對《禮記・祭法》的內容，可以發現
其中有幾個問題：爲何《禮記・祭法》裡，司命僅能爲天子及諸侯所祀，但
楚簡中所見的司命，卻同時能被包山、新蔡、天星觀與望山這些僅具王族、
官員身份的墓主所祀？祂該是何種規格的神，司命信仰在楚地的具體情況又
是如何？要解答這些問題，必須先了解司命神的由來及其神格。以下將試從
傳世典籍和楚地簡帛資料中尋找這些問題的答案。

一、「司命」的意涵與司命神信仰的起源

　　在傳世文獻當中，「司命」所指涉的概念有：

（一）神　名

　　《禮記・祭法》云古代君王立七祀，諸侯爲國立五祀，其中都有司命之
神。鄭注：「司命主督察三命。」孔穎達疏云：「司命主督察三命者，按《援
神契》云：『命有三科，有受命以保慶，有遭命以謫暴，有隨命以督行。』受
命謂年壽也，遭命謂行善而遇凶也，隨命謂隨其善惡而報之。」《太平御覽》
卷 529 所引《五經異義》云：「司命，主督察人命也。」依《莊子・至樂》：「吾
使司命復生子形，爲子骨肉肌膚」、《孫子・虛實》：「微乎微乎，至於無形；
神乎神乎，至於無聲，故能爲敵之司命」張預注：「故敵人死生之命，皆主於
我也」可知，春秋時代起，司命的神性已明確爲督察人命。後世如晉・葛洪
《抱朴子・金丹》也說：「服之百日，肌骨強堅；千日，司命削去死籍，與天
地相畢，日月相望」，可見司命一直以來都是掌管生命的神祇。

（二）星　名

1. 司命指文昌第四星

　　《周禮・春官・大宗伯》：「以槱燎祀司中、司命、風師、雨師。」鄭注：

「司命，文昌宮。」《史記‧天官書》:「斗魁戴匡六星曰文昌宮⋯⋯四曰司命。」司馬貞索隱引《春秋元命苞》:「司命主老幼。」祂可能是文昌的第四星。文昌，一稱文曲星或文星。原為古代對斗魁六星的總稱，後被道教奉為掌人間士人祿籍之神。舊時士人多崇祀之，以為可保功名。後世傳說文昌神被人形化，姓張名亞子（或名惡子），仕晉，戰歿，人為立廟，後稱梓潼帝君。唐玄宗奔蜀，追封「左丞相」，僖宗加封順濟王。宋太祖加封忠烈仁武孝德聖烈王，宋真宗於咸平年間，封英顯武烈王。宋元道士以降筆作《清河內傳》，謂其生於周初，後經 73 化，晉末降生，名張亞子，玉皇大帝命其掌文昌府和人間祿位等。元延祐三年加封為輔元開化文昌司祿宏仁帝君，梓潼神與文昌星遂合二為一。南宋道士有託文昌帝君天啟之《文昌帝君陰騭文》行世。現今臺灣民間還崇奉文昌、關帝、呂仙、朱衣、魁星為「五文星帝君」。〔註6〕

2. 司命指上台二星

《春秋元命苞》:「魁下六星，兩兩而比，曰三能，上台為司命，主壽。」《晉書‧天文志上》:「三台⋯⋯上台為司命，主壽。」戴震《屈原賦注》:「三台，上台曰司命，主壽天，〈九歌〉之大司命也。」司命祂也可能是三台中的上台二星。

3. 司命指虛北二星

《宋史‧天文志三》:「司命二星，在虛北，主舉過、行罰、滅不祥，又主死亡。」司命祂也可能是指宿虛北的二星。聞一多〈司命考〉指出，從〈大司命〉「逾空桑兮從女」一語來猜，司命就是帝顓頊之佐，玄冥。考顓頊的統治地區是空桑。《呂氏春秋‧古樂》:「帝顓頊生自若水，實處空桑。」這是明證。又《淮南子‧本經》「共工振滔洪水，以薄空桑」和《史記‧律書》「顓頊有共工之陳（陣）以平水害」，所講的都是顓頊與共工爭帝的故事，《淮南子》所謂薄空桑即伐顓頊，因為空桑是顓頊的居地。空桑一作窮桑，《路史‧後記》八引《尚書大傳》:「窮桑，顓頊所居。」玄冥是顓頊之佐，所以祂的居地也是空桑或窮桑。《左傳‧昭公廿九年》蔡墨曰:「脩及熙為玄冥，世不失職，遂濟窮桑。」《九嘆‧遠逝》:「考玄冥於空桑。」這些又是玄冥居空桑的確證。歌曰:「逾空桑兮從女。」又曰:「導帝之兮九阬。」司命即玄冥，所導之帝即帝顓頊。《史記‧天官書》曰:「北宮玄武:虛，危。」這是五行

〔註6〕關於道教文昌星的介紹見古存雲〈道教諸神〉，「中國大百科」，http: //140.109.8.45/cpedia/Default.htm。

－246－

說應用到天文學上，將虛危二星派作北方帝的分星。虛既是北方帝的分星，而北方帝是顓頊，所以虛又名顓頊之虛。（《爾雅・釋天》：「顓頊之虛，虛也。」）據此，聞一多猜想，在天上既有星代表著顓頊，可能也就有星代表著作爲顓頊之佐的玄冥。他認爲這星不是以玄冥的名字出現，而是以司命的名字出現的。《禮記・月令》疏引熊氏轉引石氏《星經》，和《開元占經・甘氏中宮占》引甘氏《星經》都說「司命二星在虛北」，這靠近虛，即靠近顓頊的司命二星，無疑就是玄冥。〔註7〕

（三）官職名

《文選・羽獵賦（楊雄）》：「熒惑司命，天弧發射。」呂向汸：「司，主也。令主天子之命。」《漢書・王莽傳中》：「置五威司命……司命司上公以下。」《漢書・王莽傳中》：「內置司命軍正……誠欲以司不奉命，令軍人咸正也。」

按：司命既然早在春秋戰國以前即受人祭祀，當時祂必是神名，並非指人間官職名。以司命指人間官職名的時間晚至漢代，漢代之司命官主要在傳達並執行上司所交待之命令，與司命神的神職並不相符。如此看來，漢代所設司命官和漢代董仲舒主張天人感應、以人官象天官應該沒什麼關係。

然而在前引傳世文獻中，卻找不到太多線索可以說明「司命」神的變化及其在戰國時代的實指。同時，前引文獻也無法解釋爲何應該只能由天子、諸侯祭祀的司命，在戰國時代也能同時讓楚國封君、王族和一般官員所祭祀。或許藉由分析楚簡記錄中與司命一起出現的神祇神格，可以推測出楚簡所見司命神的實指和司命信仰的變化。

楚簡中的司命，出現在包山 M2 簡 213～215、238、244，望山 M1 簡 54、55、56、128，天星觀 M1 簡，秦家嘴 M99 簡 1、11，新蔡甲一 15、乙一 22、甲三 4、乙一 15、乙二 22、乙四 97、零 15、零 266、零 378 等簡文記錄當中。在這些簡文裡，司命和太（太一）、后土（地主）、司禍、司祿、大水、二天子、坐山、老童、祝融、穴熊等受禱對象一起出現。司命也和其太（太一）、后土（地主）或和司禍、司祿、大水分爲一組，享有相當的犧牲或祭品。理

〔註 7〕 聞一多撰、田兆元導讀《伏羲考》（上海：上海古籍出版社，2006 年 11 月），頁 141～142。張元勳《九歌十辨》（北京：中華書局，2006 年 8 月）以聞說爲基礎，認爲二司命即「虛北二星」，從虛北司命爲「二星」來看，「玄冥」本是兩位。

論上來說，在受禱的時候被列爲同一組被楚人所祝禱的神祇且祭祀上使用相同規格的祭品，祂們的神格地位應該是一樣的。若能瞭解太（太一）、后土（地主）以及司禍、司祿、大水這兩組神靈的神格，這對說明楚國司命的神格及其神性來源會極有幫助。以下將試究這二組神靈的內涵。

第一組：太（太一）、后土（地主）

第一組之一：太（泰／太一）

楚簡常見一字，嚴隸作「大」，此字或從「示」。自李零考釋以爲即太一神之後，學者多從之。但董珊從各個角度解讀，以爲此字應讀作「厲」，論證極爲縝密。〔註8〕董文篇幅頗長，全文見於網路，此不具引。但董文有幾個問題，筆者於此略花篇幅，提出檢討：

第一、董文並不討論前人對「太」理解作「太一」的看法，這雖然巧妙的迴避掉前人針對楚簡所見與文獻所見太一神在楚人信仰神譜中之必然存在的討論，但卻無法說明：如果將「太」讀作「厲」，那麼典籍文獻所見楚人信仰的重要神祇，楚簡裡幾乎都見到了（詳本論文第伍章「餘論」），何故簡文裡沒有楚人的最至高無上的太一神？至高無上的太一神神力最強，除祟也好，祈福也好，爲何楚簡竟未見祂？

第二、厲泛指無後、無吊、不能完享天年而死的作祟惡鬼。但楚簡中的厲因其死亡或作祟之因有各種專稱，如水上、溺人、不辜、絕無後等等（詳本論文第肆章第二節「人神人鬼信仰研究」），何以還要另立一個「厲」？如果貞人卜問得祟的結果是「厲」，豈不是又要再求祟問說是那種厲作祟？這麼不精準的卜問恐非貞人所願爲，且簡文也未曾見貞人進一步精確問厲祟的記錄。

第三、給「太」使用的都是極高等級的祭品如佩玉、騂、犕等，牛羊是極高的祭品，佩玉通常只用在天地山川之祀。如果讀「太」作「厲」，「厲」能用這麼高規格的祭品，爲何其他之厲如水上、溺人、害、不辜、絕無後等卻不用高規格的祭品賄賂而通常直接予以攻解？

第四、跟在「太」後面出現的神祇，有不少都是自然神，其中有天文神司命和地示神后土，二者的神格都很高，但卻跟在「太」後面（詳後）。董文以爲這是因爲厲之作祟最厲害，所以其受祀的次序要排在第一，接著再祭其他自然神則是希望他們介入來除祟。但若自然神有能力除祟，祭者直接祭自然神便可，

〔註8〕 董珊〈楚簡中從「大」聲之字的讀法（二）〉，「武漢簡帛研究中心」，http://www.bsm.org.cn，2007/7/8。

何故以得罪自然神的方式，把厲放到最前面並用最隆重的祭品來祭祂？

第五、董文以爲望山 M1 簡 78 的「……與父太，與親父，與不辜，與盟
詛……」中的「父太（厲）」可與《左傳・襄公 17 年》的「爾父爲厲」相對
應，簡文中被攻解的父太讀作父厲應無問題。從文例上來看，我們認爲父太
的確是被攻解的對象之一，讀「父太」爲「父厲」是合理的。但此例卻不能
作爲「『太』不能理解爲太一神」的證據，因爲望山簡文「太」前面加了一個
「父」字，祂指的可能就不是太一，或許是男性祖先中的一種，舒之梅、劉
信芳認爲父太即王父；〔註9〕又或者果然眞是太一作祟，攻解祂也是可以的，
包山 M2 簡 248 就有攻解其他天文神如日月和歲的例子。

綜合來看，董文雖然在論證上內在系統性合理，但卻未顧及先秦楚人的
信仰系統與相關禮制，且未充份回顧前人的研究成果，其釋楚簡諸「太」爲
「厲」，不爲本論文所採用。

太一，文獻常見，也寫做泰一、太乙等。〈九歌〉稱祂東皇太一：

> 吉日兮辰良，穆將愉兮上皇。撫長劍兮玉珥，璆鏘鳴兮琳琅。瑤席
> 兮玉瑱，盍將把兮瓊芳。蕙肴蒸兮蘭藉，奠桂酒兮椒漿。揚枹兮拊
> 鼓，疏緩節兮安歌，陳竽瑟兮浩倡。靈偃蹇兮姣服，芳菲菲兮滿堂。
> 五音紛兮繁會，君欣欣兮樂康。

太一除見於〈九歌〉，亦見宋玉〈高唐賦〉：「有方之士，羨門高谿，上成鬱林，
公樂聚谷。進純犧，禱璿室，醮諸神，禮太一。」祭東皇太一的儀式要選定
吉日舉行，要進獻蕙肴、桂酒等物，要用樂。天神欲其祀，喜其樂，於是乎
偃蹇在上，宛然如見。《文選》呂向注云：「太一，星名，天之尊神，祠在楚
東，以配東帝，故云東皇。」李零指出：

> 漢武帝初興太一壇，地點在長安東南郊，據謬忌説就是根據古制。
> 後來匡衡和王莽等人主張在長安東南郊祭「太一」也是援《禮記・
> 祭法》爲説，托之於古。甘泉太時則把居中宮的黃帝置於西南。而
> 且「泰帝」既可以是黃帝也可以是太昊，〔註10〕後者正是東方之帝。

〔註9〕 舒之梅、劉信芳〈望山一號墓竹簡校讀記〉，《饒宗頤學術研討會論文集》（香
港：問學社，1997 年 11 月 12 日），53～54。

〔註10〕 李零摘要錢寶琮〈太一考〉（《燕京學報》12 期，1932 年）的重點時提到錢寶
琮認爲古之所謂三皇五帝的三皇（天皇、地皇、泰皇，見《路史・九頭記・
泰皇記》弔秦丞相王綰語），是比照天一、地一、太一的概念而來，泰皇即源
於太一。這種泰皇也叫泰帝，它在漢代傳説中往往被人格化，或指黃帝（《封

可見〈九歌〉把「太一」稱爲「東皇太一」是不足爲怪的。〔註11〕
《史記‧天官書》開篇即云:「中宮天極星,其一明者,太一常居也。」中宮
乃天宮之中央;天極星又稱北極星,也就是《論語》中所說的眾星拱之的北
辰,在古人的觀念中,「北極,天之中,陽氣之北極也。極南爲太陽,極北爲
太陰。日、月、五星行太陰則無光,行太陽則能照,故爲昏明寒暑之限極也。」
(《史記索隱》引楊泉《物理論》)太一又作泰一,《史記正義》云:「泰一,
天帝之別名也。劉伯莊云:『泰一,天神之最尊貴者也。』」太一被認爲是天
宮中的大帝,是天上最尊貴的主神。〔註12〕

太一、北辰崇拜與「皇帝」稱號亦有聯繫。北辰是天帝,又稱帝星,祂憑
著特殊的位置居中不動而又高高在上,並爲眾星所環繞。張振犁、陳江風指出:

> 群星拱北極天象本來是一種自然現象,無所謂道德與秩序。然而,
> 先民們憑著悟性與宗教體驗,從自然天象中發現了群星拱北極現象
> 中蘊藏的主從關係、等級秩序與神祕的道德力量,在此基礎上人爲
> 構建起北極大帝居於天之中心「運於中央,臨制四鄉」的天國神話
> 體系。……華夏民族對秩序的理解,是從群星拱北斗中受到啓迪並
> 發揚光大形成政治理論的。站在大地上觀測天空,太陽、月亮及滿
> 天的星斗東升西落,都在作周而復始的運動,只有北極居於天中,
> 群星拱衛,像一個神聖的君主,給人間提供一個理想的政治範式。
> 先民們的這種發現與體悟被運用於政治實踐中,並被一代代聖賢反
> 復敘述,代代相傳。孔老夫子說得好,爲政「譬如北辰,居其所而
> 眾星拱之」。〔註13〕

在道家那裡,太一則是衍生天地的最高神,「太一和道家的宇宙觀念十分
密切,太一尊神不能說和道家沒有關係。」〔註14〕「太」者,始也「一」,一
則生二,二生三,三生萬物。「故太一具有本原的意義。」〔註15〕

　　禪書》、《郊祀志》),或指太昊(《史記索引》)。

〔註11〕李零《中國方術續考‧「太一」崇拜的考古研究》(北京:東方出版社,2001
　　　年8月),頁234~235。

〔註12〕關於太一神的天文背景另可參韓湖初〈論我國古代的「北斗崇拜」和太陽神
　　　崇拜〉,《復旦學報》社科版1999年3期。

〔註13〕張振犁、陳江風《東方文明的曙光──中原神話論》(上海:東方出版中心,
　　　1999年),頁191~192,267。

〔註14〕鍾煥儼〈東皇太一〉猜想〉,《雲夢學刊》1993年2期,頁25。

〔註15〕周新芳〈「皇帝」稱號與先秦信仰崇拜〉,《孔子研究》2003年5期,頁32。

　　自郭店簡面世之後，其中〈太一生水〉一篇重新激起學界對「太一」的討論。艾蘭因而對學界討論「太一」的情況作了整理：

　　　　最早對太一身份的辨析，來自「疑古」學派。在 1932 年發表於《燕京學報》的一篇文章中，錢寶琮論證了太一原為一個哲學的概念，直至漢代才與北極星的太一崇拜聯繫在一起。進而，顧頡剛在其《三皇考》中，對太一作了深入的討論。最近，1990 年的《中國文化》發表了一篇重要的文章（在郭店墓葬發掘以前），葛兆光在文章中有力地論述了道作為哲學概念的意義，以及太一之神在戰國時期已經出現。按照葛兆光的分析，太一之名表示四個重疊的語義域之一，在早期道家文獻的相關思維中可以互換。它們包括：（1）北極；（2）北極之神（名太一）；（3）道；（4）太極。〔註16〕

「太一」在先秦的內涵可以大別為：哲學的、宗教信仰的、星象的「太一」。〔註17〕在道家哲學中，「大」、「一」、「太一」就是「道」；在儒家哲學中，「太一」等於「太極（《易傳》）」，是質樸混沌的（《荀子》）；在星象學中，「太一」可以是不可侵犯的「歲星」，到漢代，「太一」和「北辰（帝星）」的關係更為密切，〔註18〕是天神中最尊貴者；楚人宗教中的「太一」早期稱「太」，應即東皇太一，到戰國末期和哲學中的「太一」形象便重疊了。

　　綜合艾蘭等人的結論，並兼參其他典籍文獻的說法，「大一」共有如下的幾個可能解釋：

　　第一、即道家所稱的「道」，古指宇宙萬物的本原、本體。〔註19〕如《莊子‧天下》：「建之以常無有，主之以太一。」成玄英疏：「太者廣大之名，一以不二為稱。言大道曠蕩，無不制圍，括囊萬有，通而為一，故謂之太一也。」《呂氏春秋‧大樂》：「道也者，至精也，不可為形，不可為名，彊為之 名 ，

〔註16〕艾蘭〈太一、水、郭店老子〉，《郭店楚簡國際學術研討會論文集》（武漢：湖北人民出版社，2000 年）頁 529～531。《三皇考》為顧頡剛所撰、楊向奎於1934 年續寫而成。1936 年 1 月由《燕京學報》作為專號出版，後收入《古史辯》第 7 冊中編。

〔註17〕吳勇冀《郭店楚簡〈太一生水〉研究》（埔里：暨南大學中文系碩士論文，2002年 6 月），頁 37～72。

〔註18〕《史記‧天官書》：「中宮天極星，其一明者，太一常居。」

〔註19〕劉文英〈關於〈太一生水〉的幾個問題〉（《國際儒學研究》11 輯，2001 年 3月，頁 16）也這麼認為，他說：「『太一』如果在這裡具有神格的話，那也是創世神，而不是某個具體的星神，亦不是最大的星神。」

謂之太一。」這個宇宙本體也可以用天地未分前的混沌之氣來呈現。如《孔子家語·禮運》:「夫禮必本於太一。」王肅注:「太一者,元氣也。」南朝·宋·朱昭之《難夷夏論》:「道法則采餌芝英,餐霞服丹,呼吸太一,吐故納新。」唐·馬湘〈登杭州秦望山〉詩:「太乙初分何處尋,空留曆數變人心。」

第二、天神名。祂有可能是《楚辭·九歌》中的東皇太一。東皇太一是楚人最尊崇的天神,地位相當於上帝。具至高形象的太一,在漢以後的文獻中常見。《史記·封禪書》:「天神貴者太一。」司馬貞索隱引宋均云:「天一、太一,北極神之別名。」唐·谷神子《博異志·敬元穎》:「昨夜子時已朝太一矣。」清·吳偉業〈海市〉詩之一:「仙人太乙祀東萊,不信蓬瀛此地開。」

第三、星名。即帝星。《史記·天官書》、《晉書·天文志上》皆有記載。因太一離北極星最近,故隋唐以前文獻多以之爲北極星。《星經》卷上:「太一星,在天一南半度。」南朝·梁·沈約《梁雅樂歌·皇雅二》:「華蓋拂紫微,勾陳繞太一。」元·張可久《折桂回·紫微樓上右平章索賦》曲:「鎮錢塘太乙勾陳,玉柱擎天,繡衮生春。」清·曹寅〈暢春苑張燈賜宴歸舍恭紀〉詩:「光浮太乙照千門,遍召陽和布密恩。」

考量人類思維的進程和原始信仰的發展,先秦時期的太一信仰變化應該是由起初對北半球拱極星的觀測,〔註20〕逐漸形成原始的宗教形態,再經過諸子的思想洗禮,在自然、宗教、哲學、數術等領域的相互作用、影響下,終於宣告成立。〔註21〕楚簡簡文裡的「太」與諸神祇間(包括自然諸神與人類鬼神),有過不同的排列組合形態,但不管是屬於哪一種組合,「太」神均列於眾神之首,所受享的祭品(除「大水」神與其等同外),在規格上均高於其他諸神,胡雅麗認爲這表明「太」在楚人神譜中具有至高無上、獨一無二的地位,體現出「太」超然物外,君臨萬物之上的特有身份。楚簡中的太一,應是具有唯一性的北極星與楚人宗教至上神的合體。〔註22〕

〔註20〕 拱極星泛指位於赤道座標系統天極附近的恆星。由於地球自轉的關係,使夜空看似也在轉動,而多數恆星圓軌跡的部份路徑會被掩蔽在地平線下,但拱極星不會。南北半球的拱極星不同,北半球的拱極星指的是北極星。

〔註21〕 張書豪《漢武郊祀思想溯源》(臺北:東吳大學中文系碩士論文,2004 年 7 月),頁94～95。但黃康斌、何江鳳〈「太一」源流考──兼論〈太一生水〉中「太一」之涵義〉(《沙洋師範高等專科學校學報》2004 年 6 期)認爲太一應該是由哲學的概念向神靈及星名演變的。其推論結果逆轉了人類思維的發展進程,大誤。

〔註22〕 胡雅麗〈楚人宗教信仰芻議〉,《江漢考古》2001 年 3 期,頁 61。

到了漢代，太一成為天上之最尊者（后土為地上之最尊者）。太一之佐有五帝和日月之屬。王莽之時給予加尊為「皇天上帝太一」（后土改指中央黃靈，其他種類的地祇稱皇地后祇）。為使天地間最尊貴的神「皇天上帝太一」與「太一」民間流傳鬼怪故事脫鈎，往後「太一」常被省略而逕稱為「皇天上帝」。天上之最尊慢慢與「太一」一詞分離。〔註23〕東漢之後，太一變與五帝、星辰同列，地位逐漸降低。進入道教後，「太一」或成為各種尊神的前冠形容詞；〔註24〕或慢慢變成北斗七星的專指。

第一組之二：后土（地主、地神）

后土在傳世文獻中有二指，其一為神名，如《國語・越語下》：「皇天后土，四鄉地主正之。」《周禮・春官・大宗伯》：「王大封，則先告后土。」鄭注：「后土，土神也。」其二指的是田官，如《左傳・昭公廿九年》：「土正曰后土」。楚簡所見后土，既是受祀對象，當係神名而非田官。統一的西周封建王朝建立之後，出現了以整個土地為對象的抽象化的地神崇拜，即所謂后土崇拜。而地區性的土地神，後來則被稱為統稱為「社」。詳細的中國地神信仰說明，見本論文第參章第一節「中霤神信仰研究」。正式以「后土」代表大地，並和皇天並列並祀的，在歷史上應是始於西漢的武帝。蕭登福指出，武帝於元鼎四年，在汾陰建后土祠，親至其地祭「后土」，並以祭「后土」來和南郊的祭天相配。其後相沿，帝王常親至汾陰祀「后土」。〔註25〕

第二組：司禍、司祿、大水

第二組之一：司禍

湯餘惠以為「司禍」即「司祿」；〔註26〕李零認為「司禍」即「司中」，

〔註23〕漢代以後，人們甚至習慣將「太一」一詞冠在他們覺得至高無上的崇敬對象上頭，譬如《文選・西京賦》：「於前則終南太一。」李善注：「《漢書》曰：『太一山，古文以為終南。』《五經要義》曰：『太一一名終南山，在扶風武功縣。』此云終南太一，不得為一山明矣。蓋終南，南山之總名。太一、一山之別號耳。」唐・王維〈終南山〉詩：「太乙近天都，連山到海隅。」漢時以為終南山等高聳近天，因以太一形容之。

〔註24〕如《道藏》所見東方三元太一慶生真君、上方三元太一天皇真君、上元九官太一真君等30餘種神明。見顧頡剛〈三皇考〉，《顧頡剛古史論文集（3）》（北京：文物出版社，1996年4月），頁61、64、67、84、85。

〔註25〕蕭登福〈后土與地母——試論地土諸神及地母信仰〉，《運城學院學報》23卷1期，2005年2月，頁14。又見《道教月刊》15卷，2007年3月。

〔註26〕湯餘惠〈包山楚簡讀後記〉，《考古與文物》，1993年2期。

爲司過之神，〔註27〕亦即《楚辭》之「少司命」。；〔註28〕陳偉認爲它是「五祀」之一灶神的別稱；〔註29〕湯璋平以爲司禍當是《漢書・天文志》所列文昌宮第六星「司災」；〔註30〕劉信芳雖不同意將此字釋爲「禍」，但仍同意李零之說，以爲簡文所指即「司中」亦即「少司命」。〔註31〕筆者認爲司禍可能是少司命，詳後。

第二組之二：司祿

司祿之祭，僅見於新蔡楚簡，凡一例：

☐太，佩玉兆。擇日於是期，賽禱司命、司祿☐（新蔡甲三 4）

其神也見於《周禮・春官・天府》和《史記・天官書》。香港中文大學所藏漢初（惠帝三年）《日書・有疾》中也提到「司祿」：

女子☐色，日中有疾，九日起。司祿爲祟，說之，丁起。暮疾，非

良死也。（簡 69）〔註32〕

《周禮・春官・天府》：「若祭天之司民、司祿而獻民數、穀數，則受而藏之。」鄭注：「祿之言穀也。」《周禮・地官・司徒》也有「司祿」，其職缺亡。根據鄭注，其司職應是掌穀數、主班祿。《藝文類聚》卷 10《符命部》引《隨巢子》：「司祿益富，而國家實。」所謂「司祿益富」，其根據可能就是鄭注的意思。

但「祿」除了「穀數」、「班祿」之外，晏昌貴認爲也有指福、壽一類的意思，晏氏引了幾個證據：

其一、陳夢家解釋乍冊益卣銘文：「子子孫孫寶不錄」之說：「『子孫不錄』即不祿，不祿即『死』」。〔註33〕

其二、叔多父盤：「用錫屯錄，受害福」，「屯錄」即「純祿」，亦即福。

其三、居延新簡Ｅ・Ｐ・Ｔ52～403：「得長樂里公士董得祿年卅。今除

〔註27〕李零〈考古發現與神話傳說〉，《學人》5 輯，南京：江蘇文藝出版社，1994年。

〔註28〕李零《中國方術考（修訂本）》（北京：東方出版社，2000 年），頁 287。

〔註29〕陳偉《包山楚簡初探》（武漢：武漢大學出版社，1996 年），頁 168～169。

〔註30〕湯璋平〈從江陵楚墓竹簡看《楚辭・九歌》〉，《出土文獻與《楚辭・九歌》》（北京：中國社會科學出版社，2004 年），頁 116。

〔註31〕劉信芳《包山楚簡解詁》（臺北：藝文印書館，2003 年），頁 228～229。

〔註32〕陳松長編《香港中文大學文物館藏簡牘》（香港：香港中文大學文物館，2001年），頁 36。此處斷句和改讀從劉樂賢說，見氏著〈讀《香港中文大學文物館藏簡牘》〉，《江漢考古》2001 年 4 期。

〔註33〕陳夢家《西周銅器斷代》（北京：中華書局，2004 年），頁 124～125。

爲甲渠侯……」，〔註34〕《說文》：「祿，福也」，段注：「《詩》言『福』、『祿』多不別，《商頌》五篇，兩言『福』，三言『祿』，大旨不殊。《釋詁》、《毛詩傳》皆曰：『祿，福也。』此古義。」

其四、《尙書・洪範》：「五福：一曰壽，二曰富，三曰康寧，四曰攸好德，五曰考終命。」五福之首即爲壽。

晏氏因以推斷「司祿」可能掌管人的年壽。晏氏還指出，上舉天文書中往往將司祿與司命連稱，或謂爲文昌宮星，或謂爲三台（能），也可表明二者的職司相近。武漢出土五代吳乾貞二年買地券：「唯大吳乾貞二年歲次戊子七月甲辰朔廿一日甲子，鄂州江夏縣立直隊十將王府君命祿早終。」〔註35〕後世所謂「命祿」或「祿命」之說，或許根據就在這裡。〔註36〕

第二組之三：大水

雖然大水所居位次均固定的列於「太」所統領的后土、司命、司過之後，但所受享祭品的規格卻與「太」相當，表明其地位之尊。「大水」究竟爲何神，學者們說法不一。湖北省荊沙鐵路考古隊認爲「大水」即天水（銀河）；〔註37〕劉信芳則認爲「大水」即〈九歌〉之河伯；〔註38〕湯餘惠以爲長江之神；〔註39〕吳郁芳以爲指洪水；〔註40〕陳偉則以爲「大水」即是洛水；〔註41〕李零以爲指九河；〔註42〕連劭名以爲即《周易》中的大川，即道神；〔註43〕胡雅麗以爲從郭店《老子》佚文〈太一生水〉來看，楚人的眼裡，水在宇宙的生成過程中，幾乎與道相同，「大水」應該就是元水；〔註44〕湯璋平以爲大水掌管地上江河湖海眾多水域之神；〔註45〕于成龍將大水和楚簡中的大波和大川同觀，據祈禱大

〔註34〕甘肅省文物考古研究所等《居延新簡》（北京：文物出版社，1990 年），頁 255。

〔註35〕武漢市博物館〈閻馬場五代吳墓〉，《江漢考古》1998 年 3 期。

〔註36〕晏昌貴〈楚簡所見諸司神考〉，《江漢論壇》2006 年 9 期，又見「湖北省社會科學院」，http://www.hbsky58.net/。

〔註37〕湖北省荊沙鐵路考古隊《包山楚簡》（北京：文物出版社，1991 年），註 417。

〔註38〕劉信芳〈包山楚簡神名與〈九歌〉神祇〉，《文學遺產》1993 年 5 期。

〔註39〕湯餘惠《戰國銘文選》（長春：吉林大學出版社，1993 年），頁 193。

〔註40〕吳郁芳〈包山楚簡竹禱簡牘釋讀〉，《考古與文物》1996 年 2 期。

〔註41〕陳偉《包山楚簡初探》第六章第三節，武漢：武漢大學出版社，1996 年 8 月。

〔註42〕李零《中國方術考（修訂本）》（北京：東方出版社，2000 年），頁 288。

〔註43〕連劭名〈包山簡所見楚地巫禱活動中的神靈〉，《考古》2001 年 6 期。

〔註44〕胡雅麗《尊龍尚鳳——楚人的信仰禮俗・楚人的崇拜體系》（武漢：湖北教育出版社，2003 年 1 月），頁 8～9。

〔註45〕湯璋平《出土文獻與《楚辭・九歌》》（北京：中國社會科學出版社，2004 年），

波的沈祭，以爲大水、大波和大川皆是水系名；〔註46〕晏昌貴以大水指的是海神。〔註47〕大水的具體涵義，學界目前還未出現一個大家都能接受的講法。筆者以爲大水常與太一及諸司神同祭並享用相同的祭品，而太一及諸司神幾皆爲星神，〔註48〕故本論文暫且以大水爲星辰神的一種。

綜上，在楚簡當中，和司命排在一起受禱的的太一〔註49〕、后土（地主）、大水、司禍、司祿諸神，除司祿、大水神格來源不甚清楚外，其餘皆取象自天地之間的自然神，是可推測司命亦應是自然神的一種。又：

第一、太一爲楚人心目中的至上神。

第二、與太一及司命並列的大水所使用的祭品規格很高。

第三、與司命經常合祭的后土在東周時仍是概括所有地神的總理神名。

據此可推知司命的神格應該不低。進一步參照上引文獻中關於司命的敘述與太一神信仰的形成過程，筆者推想：在先民萬物有靈的心理背景下，神秘星神觀念逐漸產生。〔註50〕司命一開始應該是一個星宿，〔註51〕星神觀念

頁 117。

〔註46〕 于成龍《楚禮新證——楚簡中的紀時、卜筮與祭禱》（北京：北京大學博士論文，2004 年 5 月），頁 108。

〔註47〕 晏昌貴〈楚卜筮簡所見神靈雜考（五則）〉，《簡帛》1 輯，2006 年 10 月，頁 203～231。

〔註48〕 楊華〈〈楚簡中的諸「司」及其經學意義〉，《中國文化研究》2006 年 1 期〉以爲祂們大多爲天神，是以中官天極（「太」／「太一」）爲核心的一系列星官。

〔註49〕 楚人習慣以諸司神配祀太一神，如新蔡簡甲一 7 就有以司禖與司折配祀太一神的記載。

〔註50〕 何星亮《中國自然神與自然崇拜》（上海：三聯書店，1992 年 5 月），頁 227～228 提到，星神觀念的產生，主要有三種說法：第一種、物精說——即認爲星辰是地上萬物主精華上升天空而變的。如《管子·內業》云：「凡物之精，比則爲生，下生五穀，上爲列星。」《說文》云：「萬物之精，上爲列星。」東漢·張衡也說：「眾星列布，體生於地，精成於天，列居錯峙，各有所屬。」並認爲金、木，水、火，土五星乃是「五行之精。」（《史記·天官書》正義注引）第二種、水生說——即認爲水蒸發成氣，氣上升天空成爲銀河（雲漢），星就是從銀河中產生出來的。持這種觀點的代表是三國·吳·楊泉的《物理論》。在《物理論》中他說：「水『吐元氣』，氣發而升，精華上浮，宛轉隨流，名之曰天河，一曰雲漢，眾星出焉。」雲漢是「水之精」，星是「元氣之英」。第三種、日生說——即認爲星是由日月派生出來的。《太平御覽》卷 5 引春秋說題辭「星之爲言精也，榮也，陽之精也，陽精爲日，日分爲星，故其字日生爲星。」《淮南子·天文》：「日月之淫爲精者爲星辰。」探討星辰的由來還不能促成星神觀念的產生，它僅僅是星種觀念產生的第一步，而最重要的下一步是古人把星的變化與氣象、氣候、人類本身和人類社會現象聯繫起來。

出現後，司命便慢慢成爲先民所廣泛崇拜的自然星神之一。〔註 52〕神格化之後的尊貴司命被賦予確定的重要專門職掌──掌管人之壽命。後來司命與其他天神並列，〔註 53〕成爲國家七祀之神而進入祀典。〔註 54〕傅亞庶認爲將司命納入國家祀典的時間應該在戰國時期，這是因爲當時的政治需要整合，宗教也是。這種變化在時間上可能各地也不是很一致。〔註 55〕

何以司命既是文昌第四星，又是上台二星、虛北二星？這是因爲司命是一種普遍的信仰，兼以各地人民對各種星辰神的神格高低看法又不盡相同，各地所認定的掌管司命神職的星辰神也未盡相同，是以文獻裡才有以文昌第四星（《史記・天官書》、《漢書・天文志》）、上台二星（《晉書・天文志》）、虛北二星（《宋史・天文志》）等爲司命的不同說法。

錢玉趾指出，《漢書・禮樂志》載：「高祖樂楚聲，故《房中樂》楚聲也。孝惠二年，使樂府令夏侯寬備其簫管，更名曰《安世樂》……至武帝定郊祀之禮，祠太一甘泉。」祭祀時，要演奏《安世房中歌》17 章。漢高祖早年作

一但聯繫起來，眾星神的形象便出現了。星神觀念產生的根源是古人不理解天上諸星的自然規律，把星和人、星界與世間相混淆，把星的變化與人類社會的吉凶禍福相聯繫。徐杰舜〈漢族民間信仰特徵論（上）〉（《廣西民族學院學報》哲社版 24 卷 1 期，2002 年 1 月），頁 74 認爲此後，比較醒目的星辰便被奉爲神，具有神性及神職。

〔註 51〕 游國恩〈屈原作品介紹〉（《光明日報》1953 年 6 月 15 日）亦認爲東皇太一和司命神皆係星神。

〔註 52〕 孫作雲《孫作雲文集・楚辭研究》（開封：河南大學出版社，2003 年 9 月）頁 462：「《周禮・春官・大宗伯》記：『以槱燎祀司中、司命、飌師、雨師。』很明顯的，司命是天神之屬。」孫文原載《清華學刊》1937 年 1 卷 1 期。

〔註 53〕 楊華〈楚簡中的諸「司」及其經學意義〉（《中國文化研究》2006 年 1 期）認爲楚簡諸司神通常並列出現，同時受祭，且居於天神「太」之後，可能大多爲天神。

〔註 54〕 《周禮・春官・宗伯》說：「大宗伯之職，掌建邦之天神、人鬼、地示之禮……以禋祀祀昊天上帝，以實柴祀日、月、星、辰，以槱燎祀司中、司命……」鄭注：「司中、司命，文昌第五、第四星。」《禮記・祭法》「王爲群姓立七祀，曰司命、曰中霤。曰國門、曰國行、曰泰厲、曰戶、曰灶。王自爲立七祀。諸侯爲國立五禮，曰司命，曰中霤，曰國門，曰國行，曰公厲。」陳浩注：「泰厲，古帝王之無後者；公厲，古諸侯之無後者。」《禮記・郊特牲》說「家主中霤而國主社。」孔穎達疏：「中霤謂土神。」泰厲、公厲屬「人鬼」之列，中霤（土神）等是「地示」之列，那麼，漢時司命屬於「天神」之列，自無可疑。

〔註 55〕 傅亞庶《中國上古祭祀文化》（長春：東北師範大學出版社，1999 年 12 月），頁 224。

的〈大風歌〉，朱熹稱爲「正楚聲也。」漢高祖晚年對爲了更換太子不成而哭泣的戚夫人說：「爲我楚舞，吾爲若楚歌」（〈鴻鵠歌〉）《漢書・禮樂志》載，漢哀帝（B.C.6 年）時，郊祀《安世樂》的樂隊中有「楚鼓員六人」、「楚四會員十七人。」以上種種，說明漢代文化中吸收、融合了濃重的楚文化因素。相對而言，晉、宋文化的影響要弱得多。〔註 56〕因此，我們認爲，《史記・天官書》、《漢書・天文志》中記述的「文昌第四星」司命，與屈原時代楚人祭祀的司命應該具有同一性。

這裡還必須補充說明的是，或有以爲司命應爲山神者，如李炳海整理先秦文獻，認爲「司命」一詞出現頻率最高的是齊國文獻，而齊本東夷故地，東夷文化視山神爲人死後之靈魂，故司命應指齊地之神山——泰山。〔註 57〕按楚國亦祭司命，楚境之內、楚人的信仰當中，也確實至少有一位掌管靈魂的山神武夷君（見九店 M56 簡），但祂未曾在卜筮祭禱簡中出現，其神格應還不足以像楚司命一樣和太一、后土相匹配。類似李炳海的推論，在楚國文化當中還找不到支持的證據。

另外，晏昌貴曾比較各個出現「司命」一詞文獻的時代，以爲司命首先是司掌生命年壽的職能神，後來與星辰崇拜和占星術相結合，才當作星辰之神而被納入國家祀典。〔註 58〕其實晏氏所使用的歷史研究法大致無誤，但他並未將人類信仰的發展進程考慮進去。先民應先是有「萬物有靈」觀念、將星象變化與人事變化發生聯想後賦予自然萬物包括星辰以精靈神性——此時不論何種神祇，其功能都在保佑先民自身，其神職是籠統不分的。爾後崇拜的對象因爲品物紛雜才進一步複雜化，同時先民的信仰需求變得多樣，崇拜對象的神職才會進一步分工。但晏氏卻認爲先是有「司命」這個專職神祇概念，而後才將司命去比附天上星宿，這樣的想法可能逆轉了原始時期先民思維的演變過程。〔註 59〕

司命在先秦因其掌人壽命，常爲人所禱，亦常配享太一。但爲何《禮記》

〔註 56〕 錢玉趾〈手持斬妖之劍卻與妖孽爲伍——表層愛情詩深層政治詩〈少司命〉論析〉，《西南民族學院學報》哲社版 20 卷增刊，1999 年 8 月，頁 107。

〔註 57〕 李炳海〈古代的泰山神與〈九歌〉的司命〉，《華中師範大學學報》哲社版 1992 年 4 期，頁 74～78。

〔註 58〕 晏昌貴〈楚簡所見諸司神考〉，《江漢論壇》2006 年 9 期。

〔註 59〕 鄒濬智〈楚簡所見司命神格試究——從楚系簡帛資料說起〉，《臺北海洋技術學院學報》1 卷 1 期，2008 年 3 月。

提到只有天子和諸侯才能祭祀司命，而在楚簡當中，王族、一般官員也可祀司命呢？筆者以爲漢代以大社祭六宗。「六宗」即日、月、司中、司命、風師、雨師。《漢書・郊祀志》曰：「神君最貴者爲太一，其佐曰太禁、司命之屬。」在漢人眼裡，司命是太一神的輔佐，一直以來都被納入國家祀典。而太一之神在西漢武帝之後，神格已經成爲唯一的至高無上神，〔註60〕甚至成爲朝廷的代表，〔註61〕時常配祀太一的司命神，在逐步編修的禮典當中才會由家常祭祀上升到變得只限定由天子及諸侯所祀。進而成書時代較晚的《禮記》才會將司命限定爲只能由天子及諸侯所祀。但在漢之前，這種整齊化、階級化的祭祀規定可能並不是被嚴格執行著的。此外，還有一個現象必須要注意，最早在漢代，司命和民間灶神的形象與神職已經開始發生混淆（詳下），司命神格在上升到國家等級祀典的同時還有另一股力量促其下降到民間。

二、大、少「司命」辨

到目前爲止，本論文只討論到楚「司命」的內涵，但眾所皆知，《楚辭・九歌》〔註62〕中記有大司命、少司命兩個神祇，似乎意指楚國司命神還有大小之分。既然有大小之分，其職能應也各不相同。

〔註60〕 張書豪《漢武郊祀思想溯源》（臺北：東吳大學中文系碩士論文，2004 年 7 月），頁 94～95。

〔註61〕 杜甫〈登樓〉有「北極朝廷終不改」，以北極太一喻朝廷。

〔註62〕 長期以來，學術界認爲《楚辭・九歌》是屈原修定的民間祭歌。這一說法，主要根據王逸《楚辭章句》中爲〈九歌〉所作的題解中說：「〈九歌〉者，屈原之所作也。昔楚國南郢之邑，沅湘間，其俗信鬼而好祠。其祠，必作歌樂鼓舞以樂諸神。屈原放逐，竄伏其域，……出見俗人祭祀之禮，歌舞之樂，其祠鄙陋，因爲作〈九歌〉之曲。」宋・朱熹在王逸此說的基礎上，斷定〈九歌〉是屈原改寫「昔楚南郢之邑」的民間祭歌。但但卻有不少學者提出了疑問並表達了不同看法，如聞一多即認爲〈九歌〉是屈原爲楚國宮廷祭祀所作的樂歌，湯炳正認爲是屈原根據楚國國家祭典的需要而創作的一組祭歌，姜亮夫曾經認爲〈九歌〉乃民間娛神以自樂之歌劇，但後來又改變前說，認爲〈九歌〉非民歌、非諸侯禮典而應爲國家祀典。以上諸說詳蘭甲雲、陳戍國〈〈九歌〉祭祀性質辨析〉，《西北師大學報》社科版 43 卷 3 期，2006 年 5 月，頁 75。而黃露生〈〈九歌〉是楚國郊祀的祭歌〉（《第一師範學報》2000 年 1 期）根據〈九歌〉取義和先秦祭禮，〈九歌〉祭祀對象，並參照當時齊國和後來西漢的郊祀，認爲〈九歌〉是屈原創作的楚國郊祀的祭歌，也就是屈原任「左徒」期間，「受命詔以昭詩、奉先功以照下」（〈昔往日〉）的作品。

洹子孟姜壺

在宋・洪興祖進行說明以前，二司命的區別一直不很清楚。洪氏《楚辭補注》據《史記・天官書》：「文昌宮第四星司命」及《晉書・天文志上》：「三台六星……日上台，為司命」二條資料，指出司命有二個；朱熹《楚辭集注》更進一步認為三台上台司命為大司命，文昌宮第四星司命為少司命。春秋時齊侯作洹子孟姜壺銘記有：「於大無，司誓於大司命，用璧、兩壺、八鼎。」〔註63〕齊國既有「大司命」，是否也有「少司命」？以此推測，楚境之司命是否也有大小之分？許富宏曾對大小司命的分別做過討論，〔註64〕其研究方向大致無誤。以下將依許文所提供的線索，深入討論之。

大司命，據《楚辭・九歌・大司命》云：「紛總總兮九州，何壽夭兮在予」、「乘清氣兮御陰陽」〔註65〕、「一陰兮一陽，眾莫知兮余所為」〔註66〕等句可知祂是主宰人之壽命、生死的神祇。清・王夫之《楚辭通釋》亦云：「大司命統司人之生死。……大則統攝之辭也」、戴震《屈原賦注》亦以為：「三台上台曰司命，主壽夭，〈九歌〉之大司命也。」

少司命，據《楚辭・九歌・少司命》云：「夫人自有兮美子，蓀何以兮愁苦」、「竦長劍兮擁幼艾，蓀獨宜兮為民正」，南宋・羅願《爾雅翼・卷二・蘼蕪條》以為：「少司命主人子孫者也」〔註67〕、清・王夫之《楚辭通釋》以為：「少司

〔註63〕 洹子孟姜壺出土有二件，《集成》器號分別為09729、09730。丁山《中國古代宗教與神話考》（上海：上海文藝出版社，1988年）、郭沫若《兩周金文辭大系考釋》（上海：上海書店，1999年）、《金文叢考》（日本：株式會社開明堂，1932年）等文對此亦有考論。「司誓」之「誓」本作「折」，筆者懷疑此即「司折」神。「司折」見新蔡簡甲一7、零266。

〔註64〕 許富宏〈略論二司命的祭祀對象及命名來源〉，《南通師範學院學報》哲社版15卷4期，1999年。

〔註65〕 王逸注：「陰主殺，陽主生。言司命常乘天清明之氣，御持萬民死生之命也。」

〔註66〕 《莊子・田子方》：「至陰肅肅，至陽赫赫，肅肅出乎天，赫赫發乎地，兩者交通成和而物生焉。」

〔註67〕 以為「美子」和「幼艾」有子孫義。

命則司人子嗣之有無，以其所司者嬰稚，故曰少。」清・蔣驥《山帶閣注楚辭・楚辭綜論上》更加以發揮，以爲「少司命主緣，故以男女離合爲說，殆月老之類。」因此或有學者以爲大司命爲男、少司命爲女，二者是情侶的關係。〔註68〕不過清・戴震《屈原賦注》則據〈少司命〉「孔蓋兮翠旍，登九天兮撫彗星。竦長劍兮擁幼艾，蓀獨宜兮爲民正」，認爲少司命爲民掃除凶穢，護佑萬民，故：「文昌宮四曰司命，主災祥〈九歌〉之少司命也。」〔註69〕

　　秦漢時期，人們相信司命神主宰人的壽夭生死。漢代，司命不僅「主知生死」，而且是「輔天行化，誅惡護善」的正義之神（洪興祖《楚辭補注》），因而得到社會上下的普遍信奉。漢高祖四年，天下大定，令「晉巫、祠五帝、東君、雲中、司命、巫社、巫祠、族人、先炊之屬……荊巫，祠堂下、巫先、司命、施糜之屬……各有時。」（《史記・封禪書》）是爲朝廷指令各地巫覡按時祭祀。

　　但，原本是單一星神的「司命」在〈九歌〉裡爲何一分爲二？〈九歌〉裡所指的大、少司命又是什麼呢？洪興祖《楚辭補注》引五臣注〈九歌〉以爲「每篇之目皆楚之神名」。意即〈九歌〉各個標題所示之神名即爲該篇的祭祀對象。但若將〈九歌〉這〈大司命〉、〈少司命〉標題所示神名與文獻記載、考古發現所載祭神之名相比較，其實可以發現他們之間並不太一樣。

（一）一開始應該只有一個司命

1. 從文獻記載來看

〔註68〕韓暉〈〈九歌〉二司命新考〉（《廣西師範大學學報》哲社版 30 卷 1 期，1994年 3 月）從「大」、「少」著手，結合易經陽男陰女的觀念，認爲少司命也該是女性。國光紅〈〈九歌〉「司命」探原〉（《貴州教育學院學報》社科版 1996年 3 期）從司命之「命」字出發，認爲「命」字上「亼」，爲會合男女之義，〈大司命〉、〈少司命〉爲祭伏羲、女蝸這類皋禖之巫歌，二司命即伏羲、女蝸，他們以婚姻子嗣之神而兼婦嬰保護神的身份受祭於楚國巫壇。曹春茹〈〈少司命〉的文化解讀〉（《現代語文》2006 年 7 期）認爲少司命主子嗣，加上〈九歌〉都是用很溫柔美麗的辭彙形容祂，所以少司命應該和陽剛氣很重的大司命是情侶關係。關於〈九歌〉中所提到的神祇性別，歷來爭論不休，像林何《〈九歌〉與沅湘習俗》（上海：三聯書店，1990 年）頁 48 看法就與韓暉、曹春茹不同，他以爲〈九歌〉神祇全都是男性；龔維英〈〈九歌〉諸神本係女性神考辨〉（《荊州師專學報》社科版 1995 年 1 期）則認爲〈九歌〉神祇應全是女性。這波爭論目前還沒有息止的跡象。
〔註69〕王利民、沈巡天認爲〈九歌〉中的諸星神，可能居於〈天問〉所言及的「九天」之中，詳其〈「九天」與「九神」考〉，《雲夢學刊》26 卷 5 期，2005 年 9月。

（1）從傳世文獻記載來看

　　從傳世記載上看，歷史上早先關於司命神的相關記載，司命只有一個，並無大、少之分。「司命」一詞雖然見於《莊子》等先秦文獻，但其受祀之記載，則首見於《周禮・春官・大宗伯》、《禮記・祭法》，《史記・封禪書》及《漢書・郊祀志》等亦有記載。其中《史記・封禪書》兩見司命。其云：「長安置祠祝官、女巫。晉巫祠五帝、東君、雲中君、司命、巫社、巫祠、族人、先炊之屬，荊巫，祠堂下、巫先、司命、施糜之屬。」或有據《史記・封禪書》，以爲司命有分者，即大司命與少司命。但晉境之司命與楚境之司命誰大誰小？其實《史記・封禪書》所記，晉楚兩地皆祭司命，指的應是同一個司命神。同一個司命被兩地人民所祭，反映出司命信仰的普遍性。

　　或許有人以爲《史記・封禪書》所記爲漢代祭祀的情況，並不能斷定在戰國楚地只祭一個司命。然而《史記・封禪書》又載：「（高祖）下詔曰：『吾甚重祠而敬祭，今上帝之祭及山川諸神當祠者，各以其時禮祠之如故。』」《史記・禮書》也說：

> 周衰，禮廢樂壞……至秦有天下，悉內六國禮儀，采擇其善……至
> 於（漢）高祖，光有四海，叔孫通頗有所增益減損，大抵皆襲秦故……
> 孝惠、孝文、孝景無所增更……至今上（漢武帝）即位，作十九章，
> 令侍中李延年次序其聲。

漢代祠神禮俗沿襲秦制。而《史記・禮書》曰：「至秦有天下，悉內六國禮儀，采擇其善，依古以來。」秦祠神禮俗又是沿襲六國。因此《封禪書》所載祠神之制雖反映的是漢代，但它應該多少也能反映戰國時期各國的禮制。

　　另外，許富宏也提到《漢書・高帝紀贊》云：「及高祖接位，置祠祝官，則有秦、晉、梁、荊之巫。」顏師古注引應劭曰：「先人所在之國，悉致祠巫祝，博求神靈之意也。」又引文穎曰：「巫，掌神之位次者也。范氏世仕於晉，故祠祀有晉巫；范會支庶留秦爲劉氏，故有秦巫；劉氏隨魏都大梁，故有梁巫；後徙豐，豐屬荊，故有荊巫也。」漢帝劉氏先人曾經居住過不同地區，所以劉氏稱帝後用不同地區的巫祝負責祭祀，這也說明了漢高祖之時，祭祀之禮有相當部份來自戰國。〔註70〕前文曾提到，高祖時禮樂皆沿襲楚樂，可見漢之禮樂文化對楚文化的繼承。所以《史記・封禪書》所載的司命之祭，

〔註70〕許富宏〈略論二司命的祭祀對象及命名來源〉，《南通師範學院學報》哲社版
　　　　15 卷 4 期，1999 年。

理所當然可以反映出戰國時代楚地的祭祀傳統。

（2）從出土文獻記載來看

從出土文獻所載內容來看，戰國中晚期楚國所祭司命應該也只有一個。譬如本節所摘錄的司命相關楚簡記錄中，都只有一個司命，簡文記錄並未將司命再細分為大、少司命。至今所出土並整理出版的 20 餘批楚簡記錄是忠實反映當時社會文化的第一手資料，楚簡的祭禱記錄當然較傳世文獻要更為接近楚地信仰的原貌。從這些出土材料推斷，楚人所祀的司命應該只有一個。

2. 從諸星傳與《楚辭章句》、《楚辭補注》、《楚辭集注》的出入來看

漢高祖在 B.C.206 年滅秦距屈原去世只有 72 年。漢武帝於 B.C.140 年即位，上距屈原去世（B.C.278 年）只有 138 年，在武帝時期任中書令的司馬遷寫成了《史記》，將武帝制定的禮樂寫進了《禮書》、《樂書》、《天官書》等。《史記・天官書》說：「斗魁戴匡六星曰文昌宮：一曰上將，二曰次將，三曰貴相，四曰司命，五曰司中，六曰司祿。魁下六星，兩兩相比者，名曰三能（《集解》蘇林曰：「能音台。」），三能色齊，君臣和；不齊，為乖戾。」《史記・天官書》有關於「文昌宮」的索隱——《春秋元命苞》曰：「上將建威武，次將正左右，貴相理文緒，司祿賞功進士，司命主老幼，司災（司中）主災咎也。」

《史記・天官書》還說：「魁下六星，兩兩相比，曰三台。」孟康曰：「泰階，三台也。台星凡六星。」應劭引《黃帝泰階六符經》曰：「泰階者，天子之三階：上階，上星為男主，下星為女主；中階，上星為諸侯三公，下星為卿大夫；下階，上星為士、下星為庶人。」《漢書・天文志》亦云：「斗魁戴筐六星，曰文昌宮：一曰上將，二曰次將，三曰貴相，四曰司命，五曰司祿，六曰司災。在魁中，貴人之牢。魁下六星兩兩相比者，曰三能。三能色齊，君臣和；不齊，為乖戾。」

但《晉書・天文志》說：「文昌六星，在北斗魁前，天之六府也，主集計天道。一曰上將，大將軍建威武。二曰次將，尚書正左右。三曰貴相，太常理文緒。四曰司祿、司中，司隸賞功進。五曰司命、司怪，太史主滅咎。六曰司寇，大理佐理寶。」

關於文昌六星的記載，《史記・天官書》、《漢書・天文志》基本相同，都說第四星是司命。不同的是：《史記・天官書》所記文昌第五星是司中（主災咎），第六星是司祿（主福壽）；《漢書・天文志》所記文昌第五星是司祿，第

六星是司災。〔註 71〕司中、司災的名稱雖不相同，但都主災咎，在文昌第五與六星的的次序上，《史記・天官書》、《漢書・天文志》顚倒。而《晉書・天文志》說的文昌第一、二、三星與《史記・天官書》、《漢書・天文志》相同，不同的是：第四星是司祿、司中，第五星是司命、司怪，第六星是司寇。將《史記・天官書》、《漢書・天文志》中的司祿、司中合爲第四星，再增加了司寇。司命、司怪合爲第五星，職能爲「太史主滅咎。」晉人祭祀的司命，其星位排列與職能與楚人及漢代不大相同。

　　將以上所引諸種星傳與王逸《楚辭章句》、洪興祖《楚辭補注》相比較，王、洪在對司命的認識、理解上出現了問題，玉逸《楚辭章句》說：「《周禮・大宗伯》：『以燎祭司中、司命。』疏引《星傳》云：『三台，上台司命，爲太尉。又文昌宮第四曰司命。』按《史記・天官書》：『文昌六星，四曰司命。』《晉書・天文志》：『三台六星，兩兩而居，西近文昌二星，曰上台，爲司命，主壽。』然則有兩司命也。」《楚辭集注》與《楚辭章句》相去不遠，但王、洪二氏之注說並非引用《周禮・春官・大宗伯》、《史記・天官書》與《晉書・天文志》的原文，而是一種斷章取義的轉述。

　　前面所引錄《晉書・天文志》關於文昌六星的原文，錢玉趾指出其內容實際上不是王、洪二人所說的「西近文昌二星，曰上台，爲司命，主壽。」而是說「五曰司命、司怪，太史主滅咎。」《史記・天官書》說：「魁下六星兩兩相比，曰三台。」三台，即三能，也即泰階。應劭引《黃帝泰階六符經》說，泰階分爲上階、中階、下階；每階又分爲上星、下星。《史記・天官書》、《漢書・天文志》中的司命是文昌第四星，屬於中階下星；《晉書・天文志》中的司命是文昌第五星，屬於下階上星。如果將泰階的上階、中階、下階的三階，變換說成三台的上台、中台、下台，那麼，上台（上階）有兩星（上星、下星），即上將、次將，而不是司命；排第五的司命應是下台上星。因此，可以明確地說，王逸、洪興祖說的「曰上台，爲司命」的說法是不對的；他們接著引申出「然則有兩司命也」的結論更是錯誤的。〔註 72〕朱熹的《楚辭集注》關於司命的注釋，承襲了王逸、洪興祖的說法，也說「故有兩司命也」，

〔註71〕黃復山〈東漢定型圖讖中的「太一」星考〉（「第二屆儒道國際學術研討會——兩漢」論文，臺北：臺灣師範大學國文系，2004 年 11 月 6~7 日）指出，東漢定型圖讖本屬光武帝朝臣雜纂西漢以來諸書而成，並未作精緻的組合。
〔註72〕錢玉趾〈手持斬妖之劍卻與妖孽爲伍——表層愛情詩深層政治詩〈少司命〉論析〉，《西南民族學院學報》哲社版 20 卷，1999 年 8 月，頁 106～107。

亦似須重新研討。

3. 從〈九歌〉諸篇命名的時間來看

〈九歌〉中用作標題的「神名」，司命分有大、少，爲何與楚人實際所祀、史載神名皆不同？要解決這個問題，必須把用作標題的神名與〈九歌〉實際祭禮的神名區分開來看，並考察〈大司命〉、〈少司命〉二篇的標題是否確爲戰國時期〈九歌〉原著的楚人屈原所加。

〈九歌〉是一組祭歌的總稱。據史籍記載，〈九歌〉應始於虞夏之際。原始〈九歌〉以《山海經・大荒西經》所記爲最詳。其中云：「（夏后）開上三嬪於天，得〈九辯〉與〈九歌〉以下。」屈原自己也在〈天問〉中說：「啓棘賓商，〈九辯〉、〈九歌〉。」夏代的〈九歌〉經千年，至戰國時代仍在沅湘之間流傳。王逸《章句・九歌序》云：「〈九歌〉者，屈原之所作也。昔楚國南郢之邑，沅湘之間，其俗信鬼而好祠。其祠，必作歌樂鼓舞以樂諸神。屈原放逐，出見俗人祭祀之禮，歌舞之樂，其詞鄙陋，因爲作〈九歌〉之曲。」王逸《楚辭章句》說明〈九歌〉原流傳在沅湘民間，屈原對其進行記錄整理加工創作的。朱熹《楚辭集注》亦認爲：「蠻荊陋俗，詞既鄙俚，而其陰陽人鬼之間，又或不能無褻慢淫荒之雜。原既放逐，見而感之，故頗爲更定其詞，去其太甚。」這些都證明「九歌」作爲篇名標題，一開始並非屈原所命名。

〈九歌〉中各篇之名的來源又如何呢？〈九歌〉共 11 篇，且各篇皆有標題，許富宏指出，至少〈東皇太一〉、〈禮魂〉二篇的標題就不應該是屈原所加。〈東皇太一〉篇名部份，《史記・封禪書》載「太一」進入祀典，要在漢武帝後，在此之前，先秦文獻中未有以「東皇太一」四字作爲神名的記載。可見「東皇太一」神名可能要在漢初之後才出現，因此〈東皇太一〉之篇名不應爲戰國楚人屈原所加。〔註73〕〈禮魂〉篇名部份，王逸在〈禮魂〉句「成禮兮會鼓」後注云：「言祠祀九神，皆先齋戒，成其禮敬，乃傳歌作急疾擊鼓，以稱神意也。」王氏所注指出〈禮魂〉是祭神之亂以後的「傳歌作樂」之辭，實乃前 10 篇之「亂」辭。大致前 10 篇祭神之後，續以此歌，以表示全文的結束。從屈子其他作品，如〈離騷〉、〈九章〉等來看，凡「亂」辭，他都標明「亂」或「亂曰」等。但〈九歌〉裡卻缺了「亂」或「亂曰」。許富宏以爲

〔註73〕許富宏〈漢代祠太一的方位與「東皇太一」名稱的來源〉（《雲夢學刊》29 卷
　　　 1 期，2008 年 1 月）指出，漢代祠太一都在陽位，祠東皇也是，〈九歌〉中的
　　　 〈東皇太一〉篇名當是漢人據祠太一之方位所加。

消失的「亂」或「亂曰」可能就是第 11 篇〈禮魂〉。「禮魂」在文章中既然扮演「亂」或「亂曰」的功能，那就不能是篇名。由此可見，〈禮魂〉篇名亦當非屈原所加。〔註74〕

屈原既然不給 11 篇中的某 2 篇加上篇名，也應該不會幫其他 9 篇標上題目，所以〈九歌〉中二司命的標題揭示的神名，應該不是屈原所加，自然不會是戰國楚地所祭的神名。其實洪興祖引五臣注時也有提出類似的說明和質疑：「每篇之目皆楚之神名。所以列於篇後者，亦猶《毛詩》題章之趣。」洪興祖認爲把〈九歌〉各篇標題列於篇後，是仿《毛詩》的做法。所以根據〈九歌〉篇名而認爲楚地之司命分有大、少，可能不太精確。

（二）〈大司命〉祭司命、〈少司命〉祭司禍（司過、司災、司中）

雖然根據〈九歌〉篇名而認爲楚地之司命分有大、少，是較不合理的推測。但是丁山曾經舉春秋齊侯洹子孟姜壺銘文：「於大無，司誓於大司命，用璧、兩壺、八鼎」這條資料，以爲司命應分大小，〔註75〕這個現象又該如何解釋？

要解決這個問題，必須從〈九歌〉對大、少司命的職掌敘述出發，根據歌中內容來探尋大、少司命的眞實身份。從〈九歌〉中的〈大司命〉所載的內容來看，大司命很顯然是祭掌管人壽命生死的神。楚墓竹簡的祭祀記錄裡，墓主人的祭祀，是因病而作，目的是求得太平長壽，理論上應該是向掌管壽命的司命神來求才是。由此可以推斷〈九歌〉中「大司命」篇的祭祀對象應該就是楚簡中的司命，祂是一位掌管人生死壽命的神。

另一篇〈少司命〉則云：「登九天兮撫彗星，竦長劍兮擁幼艾」，其所祭之神的職責爲撫彗星。撫，本意爲以手按物，使之勿動。《說文》：「撫，安也。」朱駿聲謂「疑當作『按』也」。《說文》：「按，下也。」《禮記・曲禮上》云：「客跪撫席而辭。」疏云：「『撫』謂以手按止之也。」〈東皇太一〉「撫長劍兮玉珥」，撫劍即按上之使不動搖以見莊嚴肅穆之意。撫彗星，即「按撫之，使不爲災害」（戴震《屈原賦注》）。

戰國時期，在人們的觀念中，彗星的出現是不祥之兆，天災人禍可能隨之而來。楚帛書〈天象〉說彗星與側匿都有神司，祂們出自黃泉，出入相伴，「作

〔註74〕許富宏〈略論二司命的祭祀對象及命名來源〉，《南通師範學院學報》哲社版 15 卷 4 期，1999 年。

〔註75〕丁山《中國古代宗教與神話考》（上海：上海文藝出版社，1988 年 3 月），頁 202～203。

其下凶」；《戰國策‧魏策四》提到：「夫專諸之刺王僚也，彗星襲月」；《史記‧天官書》記有：「秦始皇之時，十三（五）年彗星四見。〔註76〕久者八十日，長或竟天。其後，秦遂以兵滅六王，並中國，外攘四夷，死人如麻，因以張楚並起。三十年之間，兵相駢藉，不可勝數」；馬王堆 M3 漢墓出土的帛書《天文氣象雜占》中，彗星星占部份共繪有 29 個彗星圖形，每圖下的占文幾乎全是兵喪凶兆。正因爲如此，人們對彗星心存恐懼，便幻想有一位天神來管束這種不祥之神。由此可知〈少司命〉實際所祭之神當爲替民掃除災禍的楚地保護神。

　　天星觀 M1 簡、包山 M2 簡、秦家嘴 M99 簡、新蔡簡都記載有「司禍」，受祀時常與司命並列。單從字義上看，「司禍」即是掌管天災人禍的神。〈少司命〉篇祭消災除禍的神。作爲神靈，既是掌管災禍，就有布災與消災的自由，不可別爲二神。李零據此推測〈少司命〉篇所祭之神就是司禍。〔註77〕《漢書‧天文志》：「四曰司命，五曰司祿，六曰司災。」「災」與「禍」同義，「司禍」可能即「司災」。李零又據《開元占經》引《黃帝占》謂文昌六星第五星爲司中，「丰司過、詰咎」以及《抱朴子‧微旨》引《易內戒》、《赤松子經》、《河圖記命符》等書之語：「天地有司過之神，隨人所犯輕重，以奪其算，算減則人貧耗疾病，屢逢憂患，算盡則人死，諸應奪算者有數百事，不可具論」，認爲司禍、司過關係密切，以爲司禍即司過，〔註78〕殊爲可信。但魯瑞菁從李零的論述出發，推而廣之，以爲少司命＝司禍＝司過＝司中＝司災＝司法＝司祿，在主司過詰咎之外，還可以司義、保祿。〔註79〕魯說將司命神職過度擴大，卻未見司命神職在漢代以後已開始縮小（詳下），其論則恐怕引申太過。〔註80〕

（三）從「司禍（司過、司災、司中）」到「少司命」

　　〈少司命〉篇所祭之神爲「司禍」，那麼它爲什麼被「少司命」所代替的呢？前文已云，二司命標題應不是戰國屈原所加，給「二司命」加標題的時

〔註76〕此從始皇元年算起，到十三年，共出現 4 次。
〔註77〕李零《中國方術考（修訂本）》（北京：東方出版社，2000 年），頁 287。
〔註78〕李零《中國方術考》（北京：人民中國出版社，1993 年），頁 269～270。
〔註79〕魯瑞菁〈論〈九歌〉的二司命〉，《靜宜人文學報》15 期，2001 年 12 月，頁 20～24。
〔註80〕又魯說認爲後世的《星傳》常見司命、司中、司祿一起出現，但《周禮‧春官‧大宗伯》只見司命與司中，或許司祿是由司中與司命分化出來。按新蔡簡甲三 4 已見「司祿」，是以魯說待商。

間當晚在屈原之後。〔註 81〕那麼，劉安或劉向又是根據什麼加上「少司命」作爲標題的呢？漢人常以「文昌六星」來解釋司命。《史記・天官書》：「斗魁戴匡六星曰文昌宮：一曰上將，二曰次將，三曰貴相，四曰司命，五曰司中，六曰司祿。」認爲文昌第四星就是司命。《漢書・郊祀志》云：「荆巫有司命，說者曰：『文昌，第四星也。』」洪興祖《楚辭補注》引五臣云：「司命，星名。主知生死，輔天行化，誅惡護善也。」五臣所云指出司命不僅「主知生死」，是掌管人類生死壽夭的神；而且還「誅惡護善」，是人類的保護神。

據今本〈九歌〉可知，屈原所作〈九歌〉中祭祀這類神靈的原有兩篇。其中云「何壽夭兮在予」，此當屬司命的職掌，固當以司命來命名。另一篇云「登九天兮撫彗星，竦長劍兮擁幼艾，蓀獨宜兮爲民正」，這當是誅惡護善的行爲，原也屬司命神的職掌，此篇之名亦應冠之以司命。不過如果《楚辭》編者將兩篇標題同時題爲司命，極易發生混淆。當時地方上有稱司命爲「大司命」者，如洹子孟姜壺銘文所見。許富宏認爲「大司命」之稱謂或許給了《楚辭》編者靈感，於是他們便把〈九歌〉中所祭司命之神的職掌與大司命相同的那一篇，加上「大司命」標題，另外一篇與「大司命」相應的就稱作「少司命」。〔註 82〕

三、楚地可能的司命神祭祀儀節

關於戰國楚地司命神的祭祀儀節，楚簡資料除提到舉禱（如望一 57）、賽禱（如包二 213～215）、就禱（如新蔡乙二 22）外，並無詳細的記錄，本論文僅能就傳世文獻所提及的司命祭禮加以說明，待將來有更新的楚國司命祭祀資料出現時，再做補充。

（一）流　程

尹順根據《楚辭・九歌・大司命》，認爲司命的祭儀可大分爲迎神、神降、神饗、送神：〔註 83〕

〔註 81〕許富宏〈〈懷沙〉篇題命名及含義考釋〉，《荆州師專學報》1999 年 1 期，頁 81 推測，給〈九歌〉各編加上標題的或許就是《楚辭》編者漢淮南王劉安或整理秘府藏書的劉向。
〔註 82〕許富宏〈略論二司命的祭祀對象及命名來源〉，《南通師範學院學報》哲社版 15 卷 4 期，1999 年，頁 33。
〔註 83〕尹順《楚辭九歌巫儀之研究》（臺北：臺灣師範大學國文系博士論文，1987 年 6 月），頁 131～137。

1. 迎　神

關於司命之祭的迎神儀式，見〈大司命〉：「廣開兮天門，紛吾乘兮玄雲；令飄風兮先驅，使凍雨兮灑塵；君回翔兮以下，逾空桑兮從女；紛總總兮九州，何壽夭兮在予；高飛兮安翔，乘清氣兮御陰陽；吾與君兮齊速，導帝之兮九坑。」此段大意為：「（司命說）大敞廣開啊天庭之門，湧出我可駕乘啊滾滾黑雲。命令暴風啊領先開路，派遣驟雨啊遍灑凡塵。（巫對司命說）你回旋飛翔啊飄然下降，越過空桑山啊我跟你行進。（司命說）紛繁龐雜啊九州大地，為啥會存在啊長壽命。（巫說）高高飛行啊平穩翱翔，身乘清氣啊駕馭月亮太陽。我伴隨你啊齊頭並進，引向天帝領地啊九州山崗。」〔註84〕

2. 神　降

關於司命之祭的降神儀式，見〈大司命〉：「靈衣兮被被，玉佩兮陸離；一陰兮一陽，眾莫知兮余所為。」此段大意為：「（司命說）輕柔靈衣啊隨風飄拂，叮噹玉佩啊晶瑩閃光。忽兒隱沒沒有啊忽兒顯現真容，眾人不知道啊我幹啥行當。」

3. 神　饗

關於司命之祭的饗神儀式，見〈大司命〉：「折疏麻兮瑤華，將以遺兮離居；老冉冉兮既極，不浸近兮愈疏。」此段大意為：「（巫說）折取神麻啊白玉般花束，將以饋贈啊離居的伴侶。老境漸漸啊終究會到來，不相親近呀會愈遠愈疏。」

4. 送　神

關於司命之祭的送神儀式，見〈大司命〉：「乘龍兮轔轔，高馳兮衝天；結桂枝兮延佇，羌愈思兮愁人；愁人兮奈何，願若今兮無虧；固人命兮有當，孰離合兮何為？」此段大意為：「（巫說）你駕乘龍車啊車聲轔轔，騰高馳騁啊衝向雲天。我手時桂枝啊立觀看，愈想愈愁啊肝腸愁斷。肝腸愁斷啊又當如何？但願今日啊無缺無憾。固然人壽命啊各有期限，怎麼悲歡離合啊也可包辦？」

迎神在請天上之司命前來祭祀的場所；神降在請天上之司命下降到人間；神饗在請司命享受祭者所恭敬奉獻上的祭品；送神在請司命重回天上時，不忘保佑虔誠的祭者。

〔註84〕〈大司命〉譯文據錢玉趾〈少司命的三角戀《大司命》《少司命》的全新剖解與翻譯〉，《古今藝文》，25 卷 3 期，1999 年 5 月，頁 41~43。

（二）祭　法

祭祀尊貴的信仰對象，一般使用燔燎。考古資料證明，燔燒之祭早在史前時期就已出現，可溯源到中國東部沿海。〔註85〕迄商朝，商人對先公先王、先妣、舊臣、四方、風、雲、雨、雪、土、河、岳、東母等信仰對象也都使用燎祭。〔註86〕周代開始，對天的崇拜從各種崇拜中突顯出來，對諸多天神便廣爲採取尊貴的燔燎之祭。至今少數民族裡也有燔柴祭祀星神的情況存在，如滿族以大木柴燃九個火堆，作爲「星橋」，並於此獻上鹿、野豬、大雁等活牲等。〔註87〕

《公羊傳・僖公卅一年》：「山川有能潤於百里者，天子秩而祭之。」何休注：「此皆助天宣氣布功，故祭天及之；秩者，隨其大小尊卑高下所有；……天燎、地瘞、日月星辰布、山懸、水沉、風磔、雨升；燎者，取俎上七體與其珪寶在辨中，置於柴上燒之。」《禮記・月令》載季冬之月，「乃命四監，收秩薪柴，以供郊廟及百祀之薪燎。」鄭玄注此語：「四監，專山林川澤之官也；大者可析謂之薪，小者合束謂之柴，薪施炊爨，柴以給燎。」《呂氏春秋・季冬》高誘注：「燎者，積聚柴薪，置璧於牲於上而燎之。」趙興彬認爲從這些文獻的記載，已可清楚知道「燎祭」的內涵：其中的「柴」當爲蓍草、香木之類。以動物犧牲爲主，附之以玉帛、珠寶，乃至死者生前所用之物。包括天、地、山川、祖先等等。最爲隆重的燎祭是祭天和祭祖，置於其上一同燎燒的祭品，燎祭的對象極爲廣泛，祭天需築壇，祭祖可庭燎。〔註88〕

司命爲尊貴天文星神之一種，亦使用燔燎之祭，不過典籍文獻罕言司命祭禮之詳情，只有《周禮・春官・大宗伯》約略提到：「以禋祀祀昊天上帝，以實柴祀日、月、星辰，以槱燎祀司中、司命、風伯、雨師。」鄭注：

> 禋之言煙。周人尚臭，煙，氣之臭聞者。槱，積也，《詩》曰：「芃芃棫樸，薪之槱之。」三祀皆積柴、實牲體焉。或有玉帛燔燎，而升煙所以報陽也。鄭司農云：「昊天，天也。上帝，玄天也。昊天上帝，樂以雲門。實柴，實牛柴上也。……風師，箕也。雨師，畢也。」

〔註85〕 李錦山〈燎祭起源於東部沿海地〉，《中國文化研究》1995 年春之卷，頁 38。

〔註86〕 周聰俊〈禋祀實柴槱燎考〉，《國立編譯館館刊》29 卷 1 期，2000 年 6 月，頁 1～5。

〔註87〕 杜希宙、黃濤《中國歷代祭禮》（北京：北京大學圖書館出版社，1998 年 9 月），頁 52～53。

〔註88〕 趙興彬〈燎祭考〉，《泰安師專學報》11 卷 1 期，1998 年 3 月，頁 12～13。

玄謂昊天上帝，冬至於圜丘所祀天皇大帝。星謂五緯，辰謂日月所
會十二次。司中、司命、文昌第五第四星……。祀五帝亦用實柴之
禮云。

「禋祀」、「實柴」、「槱燎」，都是堆積柴薪，焚燒作為祭品的牲畜，是上
古最隆重的祭禮。孫詒讓正義：「竊以意求之，禋祀者蓋以升煙為義，實柴者
蓋以實牲體為義，槱燎者蓋以焚燎為義。禮各不同，而禮盛者得下兼，其燎
柴則一。」在古人看來，天空之神在上，非燔柴不足以達之，燔祭時煙氣升
騰，直達高空，容易被天神接受。

關於「禋祀」、「實柴」、「槱燎」的區別，賈公彥疏云：

此司中、司命等言槱燎，則亦用煙也。於日月言實牲，至於昊天上帝
言煙祀，則三祀互相備矣。但先實柴，次實牲，後取煙，事列於卑祀，
義全於昊天，作文之意也。但云或有玉帛，則有不用玉帛者。〈肆師〉
職云：「立大祀，用玉帛牲牷，立次祀用牲幣，立小祀用牲。」彼雖
摠據天地宗廟諸神，今以天神言之，則二大小次祀皆有也。以〈肆師〉
言之，煙祀中有玉帛牲牷三事，實柴中則無玉，唯有牲幣，槱燎中但
止有牲，故鄭云：「實牲體焉」。據三祀有其玉帛，惟昊天具之，實柴
則有帛無玉，是玉帛於三祀之內，或有或無，故鄭云：「或」耳。

周朝「禋祀」、「實柴」、「槱燎」三者，除了施用對象的不同外，賈疏以為禋
祀是以玉、帛、牲加於柴上焚燒，實柴則以帛、牲加於柴上焚燒，槱燎僅以
牲加於柴上焚燒。

然對《周禮・春官・大宗伯》及賈疏對「禋祀」、「實柴」、「槱燎」三者
的施用對象及祭品規格的限定，筆者有不同的看法。拙見以為：

一則燔燎之祭，其對象未必拘限在天神。焚柴祭祀對象方面，周人也有用
以祭先王的，如《逸周書・世俘》：「庚戌，武王朝至燎於周……乃以先馘入燎
於周廟」；也有用以祭五帝的，如《周禮・秋官・司寇》：「大祭祀，奉犬牲。若
禋祀五帝，則戒之日，蒞誓百官，戒於百族」；也有用以祭六宗的，〔註89〕如《尚
書・堯典》：「肆類于上帝，禋于六宗，望于山川，遍于群神」；也有用以祭四方
的，如《詩・小雅・大田》：「來方禋祀，以其騂黑，與其黍稷，以享以祀，以
介景福」，鄭箋：「禋祀四方之神祈報」，並不拘於天神。

─────────────
〔註89〕不同學派對「六宗」的內容有不同的看法，如馬融以為：「六宗，天地四時也。」
　　　　而王肅以為：「六宗，四時、寒暑、日、月、星、水旱也。」

　　二則三級燔燎之祭 ——「禋祀」、「實柴」、「槱燎」的祭品未必有嚴格的規範。譬如祭品的使用方面，《周禮·春官·典瑞》所記，日月、星辰、四望、山川皆可用玉，未必限於「禋祀」之昊天上帝；王與之《周禮訂義》引崔靈恩說，使用「槱燎」之祭的司中、司命、風師、雨師亦有禮神之玉；又楚簡所見，楚人祭司命時，既用牲，也用玉。

　　綜上，筆者以為「禋祀」、「實柴」、「槱燎」，應未有如《周禮·春官·大宗伯》及賈疏所言的區別及使用的限制，《周禮·春官·大宗伯》和賈疏所提到的整齊化的祭禮，時間上應較為後起。在這之前，焚燎之祭的對象和使用的祭品並沒有太多限制 —— 槱祭司命未必只單用牲。

（三）祭　品

1. 玉、環（吉玉、佩玉）

　　楚國卜筮簡常見司命祭祀時的祭品敘述。楚人祭司命主要用佩玉、吉玉、兆玉、環、小環、吉環等，譬如包山 M2 簡 213～214：「賽禱太佩玉一環，后土、司命、司禍各一小環，大水佩玉一環，二天子各一小環。」在缺少金銀飾品的古代，玉是十分名貴的。佩玉，成為貴族特有的標誌；符節、印信多以玉為質材，玉是十分貴重的物件。「同時人們把玉視為美好的代名詞，連想像中天神的居處也稱為玉台。」〔註90〕典籍所見，禮神之玉，一般多用圭、璧、琮、璋、璜、瑗、環之類，其中既有代表權力的圭、璋，也有供賞玩的琮、璧等。以玉作祭品，其供獻方式，主要為焚以祭天，埋以祭地，沈以祭水三種，一般都與犧牲相配使用。

　　從鄭玄之後，諸儒皆以為燔柴皆有牲體玉帛，但宋·羅泌《路史》及清·金鶚《求古錄禮說·燔柴瘞埋考》以為玉無煙臭，是無燔燎之理。〔註91〕但筆者以為早在殷商，就已經有燎玉之祭，如《合集》14735 正：「甲申卜，爭貞；燎于王亥其琮玉。甲申卜，爭貞：勿琮」即是。又從三星堆二個祭祀坑出土的青銅及玉器看來，這些祭品在被掩埋之前是先經過焚燒的。〔註92〕是以羅泌、金鶚的看法可能有待商榷。

〔註90〕杜希宙、黃濤《中國歷代祭禮》（北京：北京圖書館出版社，1998 年 9 月），頁 4。

〔註91〕清·金鶚《求古錄禮說（十五卷，補遺一卷）》，臺北：復興書局，1972 年。

〔註92〕彭明翰〈四川廣漢三星堆商代祭祀坑為農業祭祀說〉，《農業考古》1994 年 1 期。

古人常用玉石、玉器做爲供物。這是自然崇拜的祭禮，爲何古人常將從自然對象取得的一部份奉還其崇拜對象做爲報答？朱天順認爲這是因爲古人迷信他們向其取得的自然對象主宰著他們所要取得的東西，如不這樣做，怕引起信仰對象發怒，對人進行報復。〔註93〕楚國人祭祀司命時常與太、后土、司禍、大水、二天子同祭，這些神祇皆爲自然神。玉石取諸自然，所以古人祭祀這些自然神時自然使用玉石、玉器做爲供物。

2. 幣 帛

在對其他神祇進行祭祀時，玉石亦常與幣帛一齊合用爲祭品。雖然楚簡未見用幣帛祭司命的記載，但《周禮・春官・大宗伯》所見祭祀天神之禋祭、實柴，都使用幣帛。包山簡文亦見用冠帶、綳珮和衣裳對太一天神獻祭的記錄。太一和司命常爲楚人所合祀，故司命祭用幣帛也是有可能的。幣帛，是珍貴的生活物資。古時常人僅能以葛麻爲衣，《左傳》記述的衛文公也不過以帛作冠。幣帛通常與玉器、獸皮或犧牲相配使用。神講究衣著飾物，祭品中自然少不了幣帛。《左傳》載：「犧牲玉帛，弗敢加也。」《墨子・尙同》云：「其事鬼神也，圭璧幣帛，不敢不中度量。」幣帛包括各種皮帛，這是食物之外最常用的祭品。古時幣帛極其稀罕與貴重，古人祭祀時以才會以之作爲祭品。

從出土的戰國中期楚墓遺物中，可以看到用絹、羅、錦、紗、絛等織成的各種衣著 10 餘件，其他絲織品的顏色種類作工也是繽紛多彩。〔註94〕1957年長沙左家塘 M44 中出土的絲織品，方格紋錦的經緯密度達每平方公分經線140 根，緯線 60 根，朱色彩絛用朱砂染成，其它顏色用植物染料染成。這些絲織品雖然是殘片，卻也反映了當時南楚地區絲紡織業從飼蠶、繰絲、織造、練染一整套技術均已達到相當高的水平。〔註95〕於此可以窺見當時楚國的紡織工業十分發達，使用幣帛作爲祭品也是十分自然的事。另九店楚簡中記載享武夷君的祭品有「攝幣」，〔註96〕《上海博物館藏戰國楚竹書（二）・魯邦

〔註93〕 朱天順《中國古代宗教初探》（臺北：谷風出版社，1986 年 10 月），頁 69～71。

〔註94〕 鍾蔚〈從楚人的衣著文化看楚人浪漫主義精神〉，《武漢科技學院學報》19 卷 8 期，2006 年 8 月。

〔註95〕 熊傳新〈長沙新發現的戰國國絲織物文物〉，《文物》1975 年 2 期。

〔註96〕 夏德安指出長沙馬王堆 1 號漢墓出土的遣策，記錄了兩個盛放絲織品的竹笥，原文作「合青笥二合，盛轟幣」。「轟幣」即指竹笥內所盛的連成串的絲織品碎塊。古代的「幣」用於祭祀見《周禮・天官・大宰》、《禮記・曲禮》等，與九店簡文以「轟幣」祭「武夷」是一致的。詳夏德安〈戰國時代兵死者的

大旱》亦記有以幣帛祭山川之事，是知當時人常用幣帛做為諸神祭品。

3. 犧牲、酒食

民以食為天，最初的祭祀以獻食為主要手段。《禮記‧禮運》有段話的大意是說，祭禮起源於向神靈奉獻食物，只要燔燒黍物並用豬肉供神享食，鑿地為穴當作水壺而用手捧水獻神，敲擊土鼓作樂，就能夠把人們的祈願與敬意傳達給鬼怪神靈。研究文字的起源也會發現，表示「祭祀」的字多與飲食有關。〔註97〕以下將祭司命的食品分犧牲、酒食略作說明：

（1）犧　牲

在原始採集和狩獵時代，肉食是人們拚著性命獵來的。在諸多食物中，以肉食最為高級。當原始農業和畜牧業發展起來時，肉食仍極為寶貴。弟子拜孔子為師，僅需兩束脩；孟子構想的理想生活，就以 70 歲能吃上肉為標準，由是可見肉食的難得。正因為如此，珍貴的肉食成為獻給神靈的最主要祭品之一。

楚人祭司命時除了用玉，還使用羖、羚、鹿等作為祭品，簡文統稱為「牲」，如天星觀 M1 簡：「擇良日釁月舉禱太一牲，司命、司禍一牲。」細分則有所別，如望山 M1 簡 55：「☐吉。太一羚，后土、司命各一羖，大水一環，舉禱二天子☐」、包山 M2 簡 11：「☐地主、司命、司禍，各一殯，纓之吉玉。」及簡 238、簡 244：「舉禱太一犕，后土、司命，各一羚」、新蔡簡甲一 15：「☐於司命一鹿，舉禱於☐」、簡乙一 15：「司命、司禍各一鹿，舉禱薦之」、簡乙

<hr>

〔禱辭〉，《簡帛研究譯叢》2 輯（長沙：湖南人民出版社，1998 年 8 月），頁 33～34。周世榮指出這種方式構成的帛片，是楚國貨幣的一早種期形式，當時通用的「金鈑」就是呈長方形，並戳印為幾個方形的代表價值的單位。類似的出土物，還見於湖北江陵馬山 1 號楚墓出土的繒帛一箱。詳周世榮〈馬王堆漢墓轟幣與江陵馬山一號楚墓帛幣考〉，《古文字研究》21 輯（北京：中華書局，2001 年 10 月），頁 338。周鳳五認為「金鈑」當指出土隨葬品中的 300餘塊「郢稱」，「正面為三個長方格，格內陽文縱書『郢稱』二字。背面平。泥版模製成後，在字面上塗一層黃粉，再經火燒，以象徵金版。」周鳳五以為「轟幣」一詞當另有所指。當讀為「攝幣」，亦即「代帛」，即指出土的布帛碎片，每一片代表一匹繒帛，為隨葬明器之屬。詳周鳳五〈九店楚簡告武夷重探〉，《中央研究院歷史語言研究所集刊》72 本 4 分，2001 年 12 月，頁949～950。

〔註97〕譬如「饎」，就是將犧牲蒸熟或煮熟後用以祭祀。古人認為天帝神靈、死去的祖先，都在天上，祭時煙和香味可以達於天，讓神靈知曉並致福，在郊外或庭院中用煙燎等祭法燔柴以祭，宗廟用饎，香味上升，去祭神靈。詳楊澤林〈漢字與中國古代社會的祭祀與占卜〉，《河北北方學院學報》22 卷 1 期，頁 22。

二22：「□司命一羘，瓔之以兆玉□」、簡零15：「□司命一鹿□」所見即是。

（2）酒 食

秦家嘴 M99 簡 1 見有：「司命……酒食柞之」，酒食包括酒及食品而言。酒的內容詳本論文第參章第一節「中霤神信仰研究」。食品的部份詳本論文第參章第三節「門戶行道諸神信仰研究」。

四、司命神信仰在後世的變化

（一）秦漢時期司命信仰盛行不衰

《漢書·郊祀志》中曰：「神君最貴者為太一，其佐曰太禁、司命之屬。」漢·應劭《風俗通義·祀典》云：

> 司命，文昌也。司中，文昌下六星也。橞者，積薪燔柴也。今民間
> 獨祀司命耳，刻木長尺二寸為人像，行者簷篋中，居者別作小屋。
> 齊地大尊重之，汝南諸郡亦多有，皆祠以豬，率以春秋之月。

在漢人眼裡，司命是太一神的輔佐，一直被納入國家祀典。漢代民間百姓對司命神的信仰也盛行不衰。

1956 年 11 月到 1957 年 6 月，山東省文物管理處在山東濟寧收集到一件漢代石雕人像。其像作半身立狀，頭大、戴冠、面部豐盈，博衣大袖。左手抱一嬰兒，右手持一長方形物，狀似漢代版牘書冊，右腕下並懸一物，像是書囊。〔註98〕孫作雲認為此像即是司命神像，手上所持即為生死簿。石像高30.1 公分，兩臂最寬處 13.5 公分，「大小尺寸與東漢民間司命完全相合。」而此像發現在山東濟寧，與應劭所說「齊地大尊重之」之地理方位亦合。〔註99〕

姜生指出，司命神信仰乃是原始道教神學中一個重要的方面，且有多種道術交通司命神，以便為人「延算」、「接算」，故漢人甚為尊崇。〔註100〕我們從以下幾個地方可以看出漢人重視司命的程度：一則原先司命、司中皆為天上星神，先秦都受到祭祀，迄漢代，民間獨祀司命，不復祀司中，此說明民

〔註98〕山東省文物管理處、山東省博物館《山東文物選集（普查部份）》（北京：文
　　　　物出版社，1959 年 9 月），頁 98。
〔註99〕孫作雲〈漢代司命神像的發現〉，《光明日報》，1963 年 12 月 4 日，史學版 275
　　　　號。
〔註100〕姜生〈《風俗通義》等文獻所見東漢原始道教信仰〉，《宗教學研究》1998 年 1
　　　　期，頁 16。

間對主壽夭的司命神的信仰自先秦以來一直盛行不衰；二則漢代司命神爲木刻人像，已是人格化的神祇，日益貼近百姓日常生活；三則漢代祭祀司命，不僅「別作小屋」，春秋兩季，還按時祭祀，外出時也隨身攜帶，寸步不離，蓋以之爲護身之符，保佑平安。

（二）漢及漢以後司命信仰民間化、低階化

西漢司命進入國家祀典後，其神格一度非常崇高。但漢代同時也是司命神格逐漸下降的時期，祂甚至逐漸從國家級祀典中排除，完全民間化。〔註 101〕漢代司命神格下降的主要原因有三：

1. 司命神職能縮小

《太平御覽》卷 882 引《漢武故事》曰：

> 上祀之時，祭，常有光明，照長安城如月光。上以問東方朔：「此何神也？」朔曰：「此司命之神，總鬼神者也。」上曰：「祠之能令益壽乎？」對曰：「皇者壽命懸於天，司命無能爲也。」

蕭兵認爲掌管眾生生死的司命到漢代，其職能慢慢縮小到只能「總鬼神」，即管理陰間鬼魂的名冊，〔註 102〕對「懸命於天」的「皇者」鞭長莫及，無能爲力。司命神職能縮小，對統治者來說失去往日的吸引力，失去政治力的支持，司命在神壇的地位便開始搖搖欲墜。

2. 司命神格改變

《搜神記》卷 15 記載：「漢獻帝建安中，南陽賈偶，字文合，得病而亡，時有吏將詣太山司命閱簿，謂吏曰：『當召某郡文合，何以召此人，可速遣之。』」由於司命的粗心大意，讓賈偶死而復生。同書又載：「漢建安四年二月，武陵充縣婦人李娥，年六十歲，病卒，埋於城外，已十四日。……武陵太守聞娥死復生，召見，問事狀。娥對曰：『聞謬爲司命所召，到時得遣出。』」這也是一起司命錯拘的事例。司命由天神降爲冥吏，又常錯拘死魄，自然漸漸受到人們的輕視。司命神由先秦時期文昌宮第四星的天神降爲地下冥吏，地位

〔註 101〕李立〈泰山情結——兩漢民間靈魂歸宿傳說的情感揭示〉，《泰安師專學報》21 卷 1 期，1999 年 1 月，頁 53：「東漢初，劉秀於洛陽城南重建郊兆制度，遍祀群神，但仍然不見對司命的崇拜。這說明，在西漢後期和東漢時期，司命神已經失去了其在宗教祠神體制中應有的地位，司命神已經成爲名副其實的低級小神。」

〔註 102〕蕭兵《楚辭新探》（天津：天津古籍出版社，1988 年），頁 267。

降低，逐漸喪失進入國家祀典的資格。

另外香港中文大學文物館收藏的東漢章帝建初四年簡若干枚，其中有曰：

> 七月廿日癸酉，令巫下脯酒爲皇母序寧下禱，皇男皇婦共爲禱大父
> 母、丈人、田社、男殤、婦殤、司命。皇母序寧，今以頭聖目宦，
> 兩手以卷。脯酒下，生人不負責，死人無適，券刺明白。〔註103〕

1957年在陝西長安縣東北50里三里村東漢墓葬中，發現桓帝建和元年朱書陶瓶6件，其中三件文字清晰，據發掘簡報所轉錄的文字如下：

> 天地使者謹爲加氏之家別解地下，後死婦亡年二十四，等女名借，
> 或同歲月重複校日死，或同日鳴重複校日死，告上司命、下司祿，
> 子孫所屬，告墓皇使者，轉相告語，故以自代鉛人，鉛人池池，能
> 舂能炊，上車能御，可筆能書，告於中高長白，上游徼，千秋萬歲，
> 永無相墜物與生人食□九人□□□。〔註104〕

熹平二年張叔敬朱書陶瓶文字有：

> 天帝使者告張氏之眾，三丘、五墓、墓左、墓右、中央墓主、塚丞、
> 塚令、主塚、司命、魂門亭長、塚中游徼等：敢告，移丘丞、墓伯、
> 地下二千石東塚侯、西塚伯，地下擊卿、蒿里伍長等。〔註105〕

朱書陶瓶上的文字稱鎮墓文，即解除時的祝詞。漢代民間流行死者安葬入土時舉行解除儀式，其目的是替死者「解適」即解除死者罪謫，爲生人除殃。所禱告的是包括司命、魂門亭長、地下二千石等在內的陰間冥吏。賈豔紅由此確定，在漢代人們的觀念中，司命已由天上降至陰間，專爲鬼魂登記造冊，司地下簿籍。解除時祭祀司命等鬼神，即可除去死者凶災，入土爲安。魏晉以後，道教興起，民間又以泰山主年壽，以灶君爲各戶司命之神。泰山、灶君掌有原先司命之職後，文昌司命神的地位便日趨下降。〔註106〕

3. 司命神與灶神混淆

〔註103〕連劭名〈漢晉解除與道家方術〉，《華夏考古》，1998年4期。

〔註104〕陝西省文物管理委員會〈長安縣三里村東漢墓葬發掘簡報〉，《文物參考資料》1958年7期。劉衛鵬、李朝陽〈咸陽窯店出土的東漢朱書陶瓶〉，《文物》2004年2期。

〔註105〕陳直〈漢張敬叔朱書陶瓶與張角黃巾教的關係〉，《文史考古論叢》，天津：天津古籍出版社，1988年。原文無標點符號，今據文義句讀。句讀及寬式隸定斟參余欣〈唐宋敦煌墓葬神煞研究〉，《郭煌學輯刊》2003年1期。

〔註106〕賈豔紅〈略論古代民間的司命神信仰〉，《三明高等專科學校學報》2003年1期。

　　司命神地位的下降和司命與灶神職能的混淆也很有關係。那麼，司命神是如何與灶君融和的呢？同司命神一樣，灶神早而有之。都是與人們的日常生活有關的神靈，《禮記・祭法》記載的周代的「七祀」中，司命神是「七祀」之首，灶神位居最末。所祀二者雖同列神壇，但這時候司命神地位明顯高於灶神。在周天子的祀典中，《周禮・春官・大宗伯》說：「以禋祀祀昊天上帝，以實柴祀日月、星辰，以槱燎祀司中、司命、風伯、雨師。」《禮記・禮器》中又記載：「孔子曰：『昔臧文仲安知禮，夏父弗綦逆祀而不止，燔柴於灶以祀焉，夫灶者，老婦之所祭，謂祭灶報其功，老婦主祭也。盛於甕，尊於瓶，非所柴也。故曰禮也者，由體也，體不備謂之不成，人設之不當，猶不備也。』」從司命可用槱燎而灶神不能使用的這點看來，先秦以前司命的地位的確是高於灶神的。秦漢時，司命神又是星辰之神，地位也遠遠高於灶神。

　　但日後司命神與灶神卻發生了混淆。司命神和灶神發生混淆可能和祂們的職掌發生重疊有關。楊堃認為灶神執行司命的職責，可能在漢朝時即已如此，他引鄭注《禮記・祭法》「王為群姓立七祀」一段曰：「此非大神所祈報大事者也。小神居人之間，司察小過，作譴告者爾。……今時民家，或春秋祠司命、行神，門戶灶在旁，是必春祠司命秋祠屬也。或者合而祠之。」他認為，「既云『小神，居人之間，司察小過，作譴告者』，又曰『合而祀之』，則司命與灶之發生關係，蓋已有由來矣。」楊堃進一步指出：

> 蓋漢時民間所祀之灶，實與儒家所倡的五祀之灶，大有不同。五祀之灶，在主飲食。而民間所祀之灶，除主飲食之外，尚可祈求富壽，並可兼行黑巫術之職，以祝詛人。如《漢書・蒯伍江息夫傳》曾言：「躬母聖，坐祠灶祝詛上，大逆不道。」即一例也。而灶神之稱為司命，雖僅見之於唐人的《輦下歲時記》，然而灶神之行使司命的職權，則由來已久，恐不自晉始也。至其所以與司命混稱一神之原因，蓋在民間的習俗內早有此種事實之存在，而晉唐兩代的道家即以此種傳說為根據，而又予以附會耳。故灶為東廚司命之說，在民間宗教內，亦確有些來歷，不得謂純出於道家之虛構也。〔註107〕

楊福泉也補充道：

> 探究灶神與司命神融合的原因，一是因為二神早在周代祭禮中便同列神壇「合而祀之」，又是「司察小過。作譴告」的「小神」，因此，二

〔註107〕楊堃〈灶神考〉，《楊堃民族研究文集》，北京：民族出版社，1991年。

神從此在祭壇上有了親緣關係，其神性也隨著民間祭禮的發展和演變逐漸相融。此外，最為明瞭的一個事實是，人的生死安康皆與飲食息息相關。「民以食為天」，人無食即亡，灶神司掌著一家人的飲食之事，亦即是掌握了人的生死安康。人們從這一簡樸的事實推想，也很容易使灶神在其發展演變過程中逐漸具有司命的神性。〔註108〕

漢代時灶神已兼有司命的部份神職，從漢代的其他文獻紀錄中可以看出端倪。漢代《淮南萬畢術》已有「灶神晦日歸天，白人罪」的說法。《太上感應篇》注引《傳》曰：「灶之為神，號曰司命，司人一家良賤之命。過無隱露，纖悉皆言。……月晦日詣天曹白人罪，大者奪紀，小者奪算。一云灶有二十六神，能轉禍為福，除死定生，驅逐妖邪，遷官益祿。」到了東漢，這一觀念更廣為流傳，鄭注「五祀」中的「灶」為「小神居之人間，司察小過，作譴告者爾」。但當時也存在灶神、司命神二者分而祀之的習俗。如東漢・應劭《風俗通義・司命》中說：「今民間獨祀司命耳，刻木長尺二寸為人像，行者檐篋中，居者別作小屋。齊地大尊重之，汝南諸郡亦多有，皆祠以豬，率以春秋之月。」就此而論，這時的司命神仍然是一位獨立於神壇上的神祇，尚未完全與灶神混淆或被灶神取而代之。

到了晉代，灶神明確執行司命的職權，演變為司察世人罪過之神，成為了天帝直接安插在每個家庭中的監督者，並可奪人壽命。晉・葛洪《抱朴子・微旨》云：「月晦之夜，灶神上天白人罪狀。大者奪紀，紀者三百日也；小者奪算，算者三日也。」。唐朝時，灶神已專職「司命灶君」。唐・陸龜蒙《祀灶解》云：「灶鬼以時錄人功過，上白於天，當祀之以為祈福祥，此近出漢武帝時方士之言耳。」〔註109〕唐・段成式《酉陽雜俎・諾皋記上》：灶神「當以月晦日上天白人罪狀，大者奪紀，紀三百日，小者奪算，算一百日。故為天帝督使，下為地精。」

司命神與灶神混融確切時間應該是何時？學界先後有不少先進對司命和灶神融合的時間點進行考察。譬如陳陸在他的〈灶〉一文中作了如下論述：

　　大概是漢代所謂之「司命」，即「主督察三命」而與灶神同列為五祀，
　　故民家祭祀的時候，是把司命、行神、山神（即屬神）供之正中，
　　將門、戶、灶列之與旁，又因為他們同是小神，同主「司察小過，

〔註108〕楊福泉《灶與灶神》，北京：學苑出版社，1994年。
〔註109〕《古今圖書集成・神異典》卷33引。

作譴告者」民間積習相傳，漸漸的混淆，就分不清楚了。一直到宋朝，居然認灶為司命。《東京夢華錄》曰：「十二月二十四日交年，都人……貼灶馬於灶上，以酒糟塗抹灶門，謂之醉司命。」這則是一般所謂「東廚司命主」的來源。惟東廚司命真君，見於道經，舊曆八月初二是其誕辰，而民間在是日則稱係灶君生日，這顯然是受了宗教的影響，更被傳統的習俗所圍，而混稱為一神。〔註110〕

他在〈釋柴〉一文中又補充道：「以祀灶而論，在孔子時已經有灶神與火神的兩種傳說，自宋以後，便又加上司命的名銜，至今仍在流傳著。」〔註111〕張軍則據東晉・葛洪《抱朴子》：「祀灶之神，每月晦，輒上天言人罪狀，大者三百日也，小者算三十日也」，認為東晉時灶神的職能和小司命開始重疊。〔註112〕楊堃亦引：「以酒糟抹於灶門之上，謂之醉司命」，以為灶神與司命神的融合最遲在唐。〔註113〕

唐宋之後，民間已開始稱灶神作「司命灶君」、「東廚司命」「司命菩薩」、「灶君司命」等。有些地方的農村祭灶神之後還吃「司命齋」，把《灶王經》稱為《司命經》。許多地方還在廚房設有「司命牌位」，牌位上有的只簡單地寫上「灶君」、「司命神位」，複雜的則寫上「九天東廚司命張公定福君之神位」。〔註114〕灶神與司命逐漸合流，祭祀習俗也發生合併，一直延續到近現代。除了上文引述的宋・孟元老《東京夢華錄》外，《輦下歲時記》中也有「以酒糟塗於灶上，使司命醉酒」的記載。1936年刊《博興縣志》中云：「二十三日以飴糖雜麵之屬祀灶神，名曰辭灶，亦曰醉司命。」山東曲阜、章丘等地舊時還延續古俗，流行在灶門上抹酒糟或酒。〔註115〕

隨著灶神和司命神的融合，司命神「主知生死」、「總理陰陽」的神職也為灶神所擁有。唐代張讀的《宣室志》中說婁師德在夢中到過陰間的「司命

〔註110〕陳陸〈灶〉，《中和月刊》1卷2期，1930年2月1日，頁99。
〔註111〕陳陸〈釋柴〉，《中和月刊》3卷2期，1943年2月1日，頁28。
〔註112〕張軍〈司命與灶神沿合考〉，《甘肅社會科學》1999年論文輯刊，頁39。
〔註113〕楊堃〈灶神考〉，《楊堃民族研究文集》，北京：民族出版社，1991年。
〔註114〕灶神還有「東廚司命」的別號。為什麼稱東廚呢？《禮記・月令》的注文中有說：「祀灶之禮，東面設於灶。」說明東廚之名是因方位而來。其實，廚房設在東面與房屋建築方面的風水說有密切關係。在陰陽五行中，東方屬木，廚房設在東方可助柴火的興旺。詳劉錫誠、宋兆麟、馬昌儀《灶與灶神》（北京：學苑出版社，1994年），頁100。
〔註115〕山曼主編《山東民俗》（濟南：山東友誼書社，1988年），頁57。

署」，看見過數千幅世人的「祿命之籍」。這裡指的司命即「司命灶君」。元代方回的〈歲除次韻全君玉有懷〉詩中也有「小鬼應猶畏灶君」之語。顯然，灶君已成為不僅主陽間，也是陰間主鬼福禍的司命神。

　　現今上海南匯縣流傳一首〈斷氣經〉，形象地描繪了灶神主司生死，陰間來捉拿親人時的可怕景象：「門前停仔一隻傷司船，兩檔差人落起來，牛頭馬面走進來。家堂圖紙求勿退，三代祖宗哭勿退。要叫灶君阿太簽起花字來，右手拿起金絲筆，簽起這個花字來。」日人福井康順等人編寫的《道教》卷1中說：

> 灶神不僅司現世命運，而且在死後的世界裡也充當如同律師的官吏。《玉曆鈔傳》說，該神在家人臨終時，考其人生前行為。對於曾行惡事，但後已改過，多積善行的人，在其額上寫「奉行」二字。該人頭帶此印，被從第一殿一直送到第十殿，可在福地即現世最上位更生，得幸福。對於次一等的人，在其額書「遵」或「順」、「改」字印。這些靈魂在第一殿受審之後，其罪減半。〔註116〕

由是亦可見後世灶神專司現世命運和來世命運的「司命」之神性。〔註117〕

第二節　楚人神人鬼（厲）信仰研究

　　七祀之「厲」在《禮記‧祭法》中有三個意思：一個指的是泰厲，即古代無後君王之鬼，《禮記‧祭法》：「王為群姓立七祀，曰司命，曰中霤，曰國門，曰國行，曰泰厲，曰戶，曰灶」，孔穎達疏：「曰泰厲者，謂古帝王無後者也，此鬼無所依歸，好為民作禍，故祀之也」；一個指的是公厲，即古代無後諸侯之鬼，《禮記‧祭法》：「諸侯為國立五祀：曰司命，曰中霤，曰國門，曰國行，曰公厲」，孔穎達疏：「曰公厲者，謂古諸侯無後者，諸侯稱公，其鬼為厲，故曰公厲」；一個指的是族厲，即古大夫死而無後者，《禮記‧祭法》：

〔註116〕日‧福井康順等監修、朱越利譯《道教（1）》，上海：上海古籍出版社，1992年。

〔註117〕灶神與司命神合流後亦秉承了掌管人子嗣之事。民間很多祭灶詞都說到請灶神保佑子孫興旺之語，如山東民間祭灶詞中曰：「臘月二十三，灶王上西天，多說好來少說歹，馬尾巴上帶個胖小子來。」《灶王府君真經》中有「求壽的管保你年登九旬，求兒的管保你早生貴子」等語。民間還有個俗語：「狗咬炕，人煙旺。」說的是民間供奉灶王爺時，畫像上面的小狗要頭朝著炕的方向，而不能向著屋門，家中人丁才會興旺。這反映出民間多子多福的傳統思想。

「大夫立三祀：曰族厲，曰門，曰行」；孔穎達疏：「族，眾也。大夫眾多，其鬼無後者眾，故言族厲。」但事實上「厲」的種類比《禮記・祭法》所言還要多更多。

「厲」是厲鬼的簡稱。厲鬼觀念的產生與魂魄及陰陽之氣觀念的出現密切相關。先秦有關魂魄的觀念以《左傳・昭公七年》子產對伯有鬼魂作祟的評論最為完整，也最為人所重視：

> 鄭良霄既誅，國人相驚，或夢伯有介而行，曰：「壬子，余將殺帶，明年壬寅，余又將殺段！」駟帶及公孫段果如期卒，國人益大懼。子產立公孫洩及辰止以撫之，乃止。子太叔問其故，子產曰：「鬼有所歸，乃不為厲，吾為之歸也。」……及子產適晉，趙景子問焉，曰：「伯有猶能為鬼乎？」子產曰：「能，人生始化曰魄，既生魄，陽曰魂。用物精多，則魂魄強，是以有精爽，至於神明。匹夫匹婦強死，其魂魄猶能馮依於人，以為淫厲，況良霄，我先君穆公之胄、子良之孫、子耳之子、敝邑之卿，從政三世矣。鄭雖無腆，抑諺曰：『蕞爾國』，而三世執其政柄，其用物也宏矣，其取精也多矣，其族又大，所馮厚矣，而強死，能為鬼，不亦宜乎？」

子產以為「厲」是無主之鬼，精氣厚而強死，若無後代祭享，當然四出作祟。戰國秦漢之際，時人更以為各種疾病皆由厲起，故將厲直稱作「疫」。如《禮記・月令》季春之月「命國難，九門磔攘，以畢春氣」鄭注：「此難，難陰氣也，陰寒至此不止，害將及人，所以及人者，陰氣右行，此月之中日行歷昴，昴有大陵積尸之氣，氣佚則厲鬼隨而出行，命方相氏帥百隸索室毆疫以逐之。」為安撫祂們，必須加以祭祀或禳祓。傅楠梓認為這證明鬼神存在的觀念為當時的人們所深信，其有干預人們生活的能力，故而祭祀安撫「厲」是必要的。〔註118〕

另外孔穎達在解釋《禮記・祭法》「泰厲」、「公厲」、「族厲」時說到：

> 泰厲者，謂古帝王無後者也，此鬼無所依歸，好為民作禍，故祀之也。公厲者，謂古諸侯無後者，諸侯稱公，其鬼為厲，故曰公厲。族厲者，謂古大夫無後者鬼也，族，眾也，大夫眾多，其鬼無後者眾，故言族厲。

〔註118〕傅楠梓〈儒家思想的宗教性與祭禮的合理化〉，《孔孟月刊》40 卷 12 期，2002 年 8 月，頁 35。

孫希旦集解也提到：「至泰厲、公厲，則天子諸侯所祭因國之在其地而無主後者。」綜合子產、孔、孫之言，可知厲鬼的產生，是封建社會中，頻繁的兼併戰爭裡，那些失去土地與特權的貴族死後，其後代不得立其爲大祖，他們的鬼魂也沒法進入宗廟受祭，變成爲游魂厲鬼。「這些厲鬼無人祭祀，便會加害於人，故才需要祭祀。」〔註 119〕厲的主要特徵是：無後、無所依歸〔註 120〕、好作禍、主殺罰等。其無後之因可能爲夭殤、無子、國滅；凶死無人收葬和祭祀，亦可能成爲無後之鬼。

雖然楚簡裡有很多關於七祀司命、門戶、行、中霤（地祇）等神祇的記載，但卻鮮少見到「厲」。目前僅一例，見南傳楚地史書《上海博物館藏戰國楚竹書（六）・景公瘧》簡 13。但該簡的釋讀目前仍然還有爭議。〔註 121〕筆者以爲楚簡鮮少見到「厲」，是因爲對於此類之人鬼，〔註 122〕楚簡或逕直稱其姓名，如望山 M1 簡 227 有祭大夫「族厲」者：「舉禱兄弟無後者邵良、邵乘、縣貉公各豬豕、酒食，蒿之」；或逕以其死因稱之，如包山 M2 簡 241「兵死」、簡 244「害」、簡 246「水上與溺人」等——此多爲庶人「厲」；至於楚簡未見「公厲」，是因爲楚君無後者皆已入宗廟，加以這些先公先王受祀時位在人神之列；楚簡未見「泰厲」，則是因爲「泰厲」的祭祀必須由中央政府——姬周主持的原故。

除了諸厲之外，楚簡當中還有很多先祖、先公、先王等人神的祭禱記錄，是以本章在討論楚簡所見人鬼之外，亦將一併說明從人鬼升格成神的人神，同時並綜論二者的祭祀與禳祓儀俗。以下將先說明「鬼」觀念的由來與祖先崇拜的形成，再以此爲基礎進行說明。

〔註 119〕傅亞庶《中國上古祭祀文化》（長春：東北師範大學出版社，1999 年 12 月），頁 226。

〔註 120〕莊伯和、田心〈鬼的傳說〉（《光華雜誌》1985 年 9 月）：「死後無人祭拜的靈魂，也是崇鬼的一種。」

〔註 121〕詳本論文第壹章「緒論」。另董珊以爲楚簡裡被釋爲「太」的神祇當改釋爲「厲」，其說不妥，本論文第肆章第一節「司命神信仰研究」已有所駁。

〔註 122〕人鬼舊指死者的靈魂。《周禮・春官》：「大宗伯之職，掌建邦之天神人鬼地示之禮。」唐・韓愈《原道》：「郊焉而天神假，廟焉而人鬼饗。」宋・沈括《夢溪筆談・樂律一》：「宗廟之樂……宮、角、徵、羽相次者，人樂之敘也，故以之求人鬼。」清・惲敬《文昌宮碑陰錄》：「其合乎天神、地祇、人鬼之典法者，秩宗之所掌，縫掖諸生之所誦習，百世不廢者也。」家人死亡後靈魂則稱家鬼，北齊・顏之推《顏氏家訓・風操》：「喪出之日，門前然火，戶外列灰，祓送家鬼，章斷注連。」

一、「鬼」觀念的由來

楚人信鬼，史不絕書。如《淮南子·人間》元：「荊人鬼」、《漢書·地理志》云：「楚人信巫鬼」、習鑿齒《襄陽記》云襄陽人民「信鬼神」、《隋書·地理志下》云：「大抵荊州率敬鬼，尤重祠祀之事」、《湖南風雲記》云長沙：「俗信鬼，好淫祀。」〔註123〕爲了瞭解人鬼及由人鬼升格而來的人神在楚人信仰當中有何地位，本論文有必要釐清楚地簡帛內容所反應出來的敬鬼、畏鬼、攻解鬼等文化。但進行此番討論之前，必須先對「鬼」觀念的由來作出說明。

「鬼」這個觀念最初究竟是怎麼來的呢？

（一）從考古、民俗資料看「鬼」觀念的由來

20 世紀 70 年代，英國的人類學家泰勒《原始文化》提出「萬物有靈」論：宗教產生以前，原始人從對影子、回聲，尤其是夢魘現象的感受，以爲人有兩個實體，一爲軀體，一爲靈體。他們把靈體的觀念移至自然界，於是篤信自然界的萬物無一不附有靈體。〔註124〕萬物有靈論，它是原始時代的宗教感情的最初顯現，後代的一切信仰、迷信無不導源於此。不過「萬物有靈」論的產生關鍵是靈魂觀念的出現。〔註125〕

根據目前考古發掘的材料和古籍記載，中國舊石器和新石器時期的宗教信仰及其在階級社會中的殘餘形態，主要有關於鬼魂崇拜的喪葬儀禮以及自然崇拜的種種遺址（詳本論文第貳章「西漢以前家宅五祀信仰的發展條件」）。劉仲宇從這些遺蹟與文物推知，在 2~30000 年以前的原始社會中，已產生靈魂不死的觀念和對鬼魂的崇拜。〔註126〕

喪葬儀禮的繁簡差別，反映了對鬼魂崇拜的不同程度。新石器早期，人們的鬼魂觀念比較簡單，墓葬也相應比較簡陋。新石器中、晚期以後，鬼魂觀念漸趨複雜，葬法相應多樣化：西安半坡村遺址中的小兒墓葬，均用甕棺埋在居住區內，成人墓葬則都在溝外的共同墓地；有仰臥伸展葬、伏臥葬、屈肢葬，還有 5 個集團改葬的二次葬。甘肅臨洮縣城南寺史前墓葬中，有火葬後將骨灰

〔註123〕宋公文、張君《楚國風俗志》（武漢：湖北教育出版社，1995 年 7 月），頁 394
～406。
〔註124〕英·泰勒著、連樹聲譯《原始文化》，上海：上海文藝出版社，1992 年 8 月。
〔註125〕但在靈魂觀念出現以前，原始人就有將自然物擬人化或是人格化的現象，它才是物魅或是萬物有靈的歷史的起點。
〔註126〕劉仲宇〈物魅、人鬼與神祇——中國原始崇拜體系形成的歷史鈎沉〉，《宗教哲學》3 卷 3 期，1997 年 7 月，頁 18。

盛在陶缸中埋葬的，還有一些合葬墓。河南新鄭縣裴李崗墓葬中，有些大墓裡
包括5~7個小墓坑，埋人最多者達42人。這一時期，一般都有固定的公共墓地，
同一墓地的死者面部都朝同一方向。從上述事例推知，當時已有較複雜的鬼魂
觀念。面部的同一朝向，可能是為表明靈魂的去向或是部落原鄉的方向。使用
固定的公共墓地和大墓套小墓的葬法，可能是原始人覺得鬼魂在冥間仍維持著
大小家族的關係。兒童和成人墓地分開，反映人們相信冥間也有年齡層次的分
別。火葬是想使靈魂盡早擺脫屍體的羈絆。實行撿骨二次葬，可能是認為屍體
要腐爛以後，靈魂才能獲得自由或轉生的機會。這個時期的隨葬品也明顯增多，
以勞動工具隨葬者，屢見不鮮。裴李崗100座墓葬中，有隨葬品者91座，大部
份隨葬品都是勞動工具；男性墓多為石刀、石斧，女性墓常有紡輪和石磨盤等。
當時人們不僅認為人死後在冥間仍須勞動，而且也有男女分工的不同。在新石
器時期的後期，如甘肅齊家文化墓葬中，有1男1女或1男2女同時合葬的，
在齊家坪墓群中，甚至有8~13人的合葬墓；表明當時的鬼魂觀念中，已存在男
權的統治地位和主人對奴隸的奴役和壓迫關係，因此出現了妻妾為夫殉葬、奴
隸為主人殉葬的喪葬制度。〔註127〕

　　而最早的中國早期靈魂不滅觀念的文字證據則保留在出土青銅器銘文當
中。郭沫若認為金文中與「前文人」、「先王」、「皇考」等先祖美稱相連的常
用語句：「嚴在上」的嚴字，即人死後其靈不滅之謂。靈魂不滅，儼然如在，
故謂之「嚴」。〔註128〕

（二）從文字構形和典籍文獻看「鬼」觀念的由來

　　晁福林以為「鬼」字一開始並沒有現今「鬼魂」一類的意思，他認為「鬼」
在商代甲骨文裡意為戴著驅鬼面具的人形，卜辭辭例中也只見以「鬼方」作
方國名稱，並沒有後世那種鬼怪神靈之「鬼」的涵義。到了西周，彝銘當中
亦有以「鬼」為名者。〔註129〕《易經‧睽卦》上九之爻謂某人「見豕負塗，
載鬼一車，先張之弧，後說之弧，匪寇，婚媾」，謂某人夜行，見豕伏道中，
更有一車，其上眾鬼乘之，此人先張弓欲射，後終未射，蓋因詳視之，知其

〔註127〕以上見宋兆麟《中國風俗通史‧原始社會卷》（上海：上海文藝出版社，2001
　　　　年11月），頁430～431。
〔註128〕郭沫若〈周彝中的傳統思想考〉，《金文叢考》（北京：人民出版社，1952年），
　　　　頁1～28。
〔註129〕見於鬼壺銘文，名鬼者為西周早期人。

非爲搶婚者，乘坐於車上的乃是驅鬼的巫師。《睽卦》之「鬼」也不是後世那樣的鬼怪神靈之鬼。〔註130〕

不過蒲慕州則執與晁福林相反的意見，他整理出 60 餘則有鬼字的甲骨文例，扣掉其中一部份外族部落的名稱外，有幾個例子的鬼字就已具有後世「鬼怪」之意，如「鬼疾（《合集》137 正）」、「貞，亞多鬼夢，無疾（《合集》17448）」、「貞，多鬼夢惟見（《合集》17450）」、「貞，崇鬼于□告（《屯》4338）」。在這些例子裡，「鬼」具有「惡靈」的意思。他並進而提出西周和春秋文獻如《詩經》中的鬼指惡靈，而祖先和神則用神字稱呼；《周易》、《尚書》、《莊子》中的「鬼」和「神」、「鬼神」是混用的；《論語》中的「鬼」指祖先、「鬼神」指神靈，但也可以是「鬼」的同義詞。戰國文獻如《禮記》提到人死爲鬼；《墨子》亦講人死爲鬼，但在其他地方將所有神靈都叫作鬼；《韓非子》中雖然敘述鬼對人的威脅，但鬼與神二字仍不時相通；秦簡《日書》中鬼和神似乎互通；天水放馬灘秦簡中的復活故事記人死爲鬼，歸墓中而不爲厲。普遍來看，一般大眾認爲人死爲鬼，受祀的成爲某家祖先，沒有得到適當葬禮的就成爲厲鬼。〔註131〕

沈兼士認爲「鬼」字與「禺」字的來源相同，爲類人異獸的稱呼，引申爲異族人之名，再借爲形容人死後的靈魂。〔註132〕章太炎則從「鬼」字所從之「甶」解釋起，他在《文始》卷 2 中說到：「《說文》：『甶，鬼頭也。象形。』」《唐韻》作敷勿切。聲與魅近。魅，老精物也。然禺及虞中猛獸，頭悉作甶。疑獸頭之通名。……鬼，疑亦是怪獸，甶聲入喉，即孳乳爲鬼。鬼、夔同音，當本一物，夔當魖也。」

池田末利亦注意到「鬼」字的構形，他認爲：所謂「鬼」的含義，乃是蒙上「鬼頭」的人。在古代，人們認爲戴上死者的「鬼頭」，即模擬死者本人。戴「鬼頭」的人不外表現了死者的歸來。這種「鬼頭」原爲人的頭骸，後世以竹篾製的仿造物代之。鬼神崇拜的原初形態乃頭骸崇拜。……在這一點上，祭祀死者與部族的祖先崇拜，可謂並無實質上的差異。因此，本來意味著死者本人的鬼，也用於祖先神之義。〔註133〕

〔註130〕晁福林〈春秋時期的鬼神觀念及其社會影響〉，《歷史研究》1995 年 5 期。
〔註131〕蒲慕州〈中國古代鬼論述的形成（先秦至漢代）〉（臺北：中研院史語所民國
　　　　93 年第 12 次講論會，2004 年 6 月 28 日）頁 7～13。
〔註132〕沈兼士〈「鬼」字原始意義之試探〉，《沈兼士學術論文集》（北京：中華書局，
　　　　1986 年），頁 186～202。
〔註133〕日·池田末利〈中國祖神の原始形態——鬼の來義〉，收入日·加藤常賢《漢

　　鄭志明也認同「鬼頭（甶）」就是「鬼面具」：「甶」字象鬼面具之形。鬼面具來自古老的儺文化，是一種帶著面具的驅邪舞蹈，所謂「邪」是指爲害人間的邪惡精靈，驅邪者必須帶著「鬼面具」，面具則企圖摹仿這種邪惡精靈的形象，達到「以惡制惡」的鎮壓效果。自然精怪如魑、魅、螭、魍、蜩蝄等或從鬼或從虫，說明自然精怪與動物崇拜、圖騰崇拜有密切關係，意識到大自然有各種反常的精靈存在，「鬼」字造形本義，應是用來指稱這種反常的自然精靈，後來才有泛指一切精靈的廣義用法，以及專指人死爲鬼的狹義用法。〔註134〕

　　日人出石誠彥從以漢代爲中心的古文獻中抽取許多事例加以分析，主張「鬼」意味著祖先，他指出被稱爲鬼及鬼神之原義，最早是指死者及其亡靈。鬼，從最初專指死者，轉而也指一般故人或祖先。不知何時，又泛指祭祀的對象。由於被作爲祭祀的對象，人們想像，「鬼」具有以種種形態來支配人世的力量。隨後，又把鬼與威力超人的山川、陰陽、天地等結合起來並稱。從「鬼」意味著死者這一點，也被視爲惡魔、惡靈等可怕之物。就其屬性而言，人們認爲，「鬼」雖存在而不見其形，乃無形、無聲、無重量之物。由此種性質又產生了「鬼」乃奇異之物的觀念。其意義，不僅見於古代典籍的字句之間，甚至以如此奇異之物的「鬼」字來稱呼狐狸之屬的妖怪變化。〔註135〕

（三）從人類心理反應看「鬼」觀念的由來

　　約翰・包克認爲造成所謂鬼神信仰的理由之一是夢境。〔註136〕人類最初有「鬼」的觀念，與「夢」有密切關係。國外大量人類學資料證明這點，中國少數民族如景頗、佤族、傈僳族的觀念也證明了這點。〔註137〕「夢把早期人類帶入一個新奇的世界」。〔註138〕人們經常夢到自己到了某個地方，在那個地方可以看見已經死去的人，於是人們因此開始假定人有靈魂，這個靈魂就是夢的行使者，而靈魂與身體是可以分開的；所以即使身軀已死亡，靈魂仍

　　　字の起原》，東京：川角書店，1974 年。
〔註134〕鄭志明〈從《說文解字》談漢字的鬼神信仰〉，《鵝湖月刊》26 卷 7 期，2001
　　　年 1 月，頁 9。
〔註135〕日・出石誠彥〈鬼神考〉，《東洋學報》22 卷，頁 262～304。
〔註136〕約翰・包克著，商戈令譯《死亡的意義》（臺北：正中書局，1994 年），頁 42
　　　～43。
〔註137〕呂大吉主編《中國原始宗教資料叢編》（上海：上海人民出版社，1993 年），
　　　頁 722。
〔註138〕馬書田《華夏諸神・鬼神卷》（臺北：雲龍出版社，1993 年 10 月），頁 4。

然單獨存在。這個「靈魂」就是一般所說的鬼。

　除了夢之外，靈魂觀念的產生也和古人對自己影子認知的不確定性有關。布留爾《原始思維》曾講到：

　　　很難確切地說出菲吉人是怎樣想像人的不死部份的實質。「yalo」這
　　　個詞有下面的意義：它與作為後綴的代詞連用表示精神，如
　　　yalo-ngu，它與單個的物主代詞連用則表示幻影或靈，yalo-yalo 表示
　　　影子。從物主代詞是後綴這一事實中我們可以推測：精神被認為是
　　　像人的手膀那樣與人的身體緊密相連的，而靈則是什麼可以分開的
　　　東西。〔註 139〕

在中國少數民族中，將影子與靈魂結合在一齊的這種觀念也存在，譬如藍坪怒族中的若柔人忌諱踩踏人的影子，〔註 140〕這是因為踩到別人影子等於是踩到對方。中國西南少數民族和臺灣平埔族也都忌諱照相，這是因為他們相信被攝影機或照相機攝去影像後，就會失去部份的靈魂。〔註 141〕

　原始先民靈魂觀念的產生，除了與原始先民對夢境和影子的歪曲理解有關外，還與原始先民對黑暗的恐懼與對昏迷瀕死經驗的體驗有關。從心理學的角度看，害怕黑暗、失去意識、畏懼死亡也是鬼魂觀念起源的重要原因之一。人天生怕黑，試驗證明，把嬰兒放入黑暗之中，他們隨即哭鬧。〔註 142〕害怕黑暗是人類的天性之一，當黑暗遮沒一切的時候，人不由自主地害怕起來，進而便設想黑暗中有某種必然存在的東西，而這種東西對人具有威脅性，於是害人之鬼便有了產生的可能。

　昏迷是意識喪失的一種狀況。許多疾病在死亡之前可出現昏迷。瀕死者呼吸停止後，大腦缺少適當的氧氣，就會破壞日常的精神控制，進而產生各種幻覺醒來之後，身體確實有部份機能喪失了作用，這就會讓人聯想到是否是那些幻覺在作祟。這種「瀕死體驗」如同做夢一般，能被瀕死者記住。瀕死者在昏迷時不願過早死亡，試圖從感覺上否認己跨進地獄大門，象徵性地逃避體內痛苦。他感受到自己似乎進入一個長長的黑洞。同時腦海裡重複自

〔註 139〕法・布留爾《原始思維》，北京，商務印書館，1981 年。

〔註 140〕劉仲宇〈物魅、人鬼與神祇——中國原始崇拜體系形成的歷史鉤沉〉，《宗教哲學》3 卷 3 期，1997 年 7 月，頁 19。

〔註 141〕施愛東〈早期民俗學者的田野考察及其方法探索〉，「中國民族文學網」，http://iel.cass.cn/，2006/10/3。

〔註 142〕馬書田《華夏諸神・鬼神卷》（臺北：雲龍出版社，1993 年 10 月），頁 5。

己的一生，使自己得到一種與世永存之感。種種對死亡的排斥和生理反應所造成的幻覺，皆能誘發鬼魂、鬼界、甚至輪迴觀念的形成。

　　靳風林認爲畏懼死亡與鬼觀念的產生密切相關。一方面，生死是兩種斷然相異的狀態，不久前還是精神十足的人，一死卻變成了冰冷僵硬的屍體。古人把兩種狀態相比較之後，認爲死是人體內少了某種東西的結果，這種東西雖然摸不著，看不見，卻是使身體溫暖、能活動、能說話的一種力量。〔註143〕「原始先民對死亡的思考不僅產生和加強了人有靈魂的觀念，而且產生了靈魂出竅、靈魂不死的觀念。」〔註144〕

　　按：由於人作夢時，精神似可到不同的世界去，遂以爲人除了肉體的存在外尚有無形的精神。因病或意外而昏迷，亦同作夢般，可以看到日常生活中看不到的幻境。當人見到自己的影子分身，更加強了此種認知。而人面對黑暗或死亡所產生恐懼也往往和別人已和肉體分開的精神作怪發生聯想。這是靈魂觀念的初肇。舊石器時代墓葬中已可看到施作於死者的巫術遺跡。巫術的施用對象通常是無形的對象，是可推知這些巫術手段應是施作於死者之鬼魂。這是目前所知靈魂觀念發生的最早時間。

　　至於制作一字指稱無形之鬼魂，依目前所可以掌握的資料來看，當始於商代。依字形，鬼字之原意應象一人頭戴大型面具。從巫儀來考察，戴面具者應即巫師（薩滿或方相氏）。所戴面具可能具有二種功能：一是用以嚇退作祟的鬼物；一是舉行降神於體的儀式時，使自己看來更加威嚴。不論如何，戴著面具的巫師都是駭人的。後來鬼字便從駭人之巫師引申用來指代令人產生恐懼的鬼魂。〔註145〕

　　葛兆光認爲人以自己的心理來推測神（鬼），鬼不但形貌宛若生前，生活習慣、癖好也一如生前。鬼的秉性，也和大千世界的人們一樣，有善有惡，個個不同，與人一樣有憐憫、歡樂、恐懼、焦慮，也與人一樣有癖好與禁忌，宛如生人。〔註146〕民間信仰中的鬼性其實是人的人性反射。〔註147〕鬼的樣

〔註143〕靳風林〈論中國鬼文化的成因、特徵及其社會作用〉，《中州學刊》1995年1期，頁125。
〔註144〕姚周輝〈論原始先民靈魂、鬼神觀念產生發展的軌跡及其要素〉，《溫州師範學院學報》24卷3期，2003年6月，頁67～68。
〔註145〕鄒濬智〈「鬼」觀念與祖先崇拜試說〉，《稻江學報》3卷1期，2008年6月。
〔註146〕葛兆光《道教與中國文化》（上海：人民出版社，1987年），頁80。
〔註147〕呂大吉《宗教學通論新編》（北京：中國社會科學出版社，1998年12月）認

子，透過人們的想像，有的也跟牠們死亡的原因有關。像是吊死鬼長舌頭，淹死鬼肚子鼓脹，慘死的鬼，亂髮披衣，面目盡血。〔註148〕因鬼魂之性質、功能、類別是不確定的，既可爲惡，亦能行善，能降禍於人，甚至取人性命，因此鬼被人們想像成能主宰人世之禍福，與人們的生活切切相關。

鬼性是人性的心理反射結果，鬼的世界也是人的世界的反映。由於「死亡」不但令人恐懼，也往往使社會團體和家庭破碎。「爲了減少人類對死亡的恐懼，維持家庭原有的關係，人類於是假定除了今生，還有來世。」〔註149〕還沒轉世的靈魂，則存在於另一個世界──陰間。陰間的「人」注視著生者的一舉一動，與生者同在。〔註150〕就是在這種信念之下，日後中國的家族體系藉著崇拜祖先，得以維繫不墜。換言之，鬼的世界，是人的社會的延伸。全世界各地普遍都有「鬼」的觀念，但其形象則隨每個社會的「鬼」觀念的不同而有別。徐國源認爲這是因爲每個民族都以他們的文化認知做基礎去投射出鬼和鬼社會形象的原故。不妨說，生活中有多少典型情景，就有多少種鬼魂原型。〔註151〕

鬼變幻莫測，教人防不勝防，在在都使人對鬼心生畏懼。怕鬼，隨之而來的是媚鬼、祭鬼，而在潛在的意識中則生發出如何自我保護，趨吉避凶，希望能有避鬼、驅鬼，以至於剋鬼的法門，不知不覺中，鬼禁忌便萌芽發展了。〔註152〕

二、「鬼」、「魂魄」觀念與祖先崇拜

先秦、兩漢典籍中，有不少關於人們對鬼魂的認識和相關喪葬儀節的記

爲神性其實是人性，是人類把自己内在生命力、意志力，外化投射到外在事項。

〔註148〕蔡文婷〈中國鬼小檔案〉，《光華雜誌》1996年9月。

〔註149〕李亦園口述、李宗玲整理〈從鬼看中國人的宇宙觀〉，《光華雜誌》1985年9月。

〔註150〕英·泰勒《原始文化》（上海：上海文藝出版社，1992年），頁414：「魂魄的觀念最早和萬物有靈論相關，它包括兩個方面，一是所有的生物都有靈魂，死後靈魂仍然存在；二是靈魂可以升爲諸神，能夠控制人類的今生和來世生活。」

〔註151〕徐國源〈民間神祇：信仰與傳播〉，《蘇州大學學報》哲社版2004年3期，頁109。

〔註152〕馮藝超〈鬼禁忌初探〉，《中華學苑》50期，1997年7月，頁99～100。人們以爲人死後之鬼與生前一樣有所畏懼，故令鬼生惡或害怕是可行的。

載。譬如《禮記・祭法》稱：「大凡生於萬物、生於天地之間者皆曰命。萬物死皆折。人死曰鬼。」據《禮記》的說法，在黃帝之後，稱物死曰「折」，人死曰「鬼」，人鬼與其他物魅已作了劃分。但在相當長的一段時間中，人鬼的形象，尚常用精怪形象去描繪，有時又用「鬼」來統稱一切神祕物體。特別是在邁入文明時代以後，對神祕世界的解釋常以鬼神觀念作爲主要的參考。雖說這樣一來，精怪也被包含在鬼或鬼神的觀念之中。但它們與狹義的人鬼還是有區別的。

　　人鬼是人的亡魂，它原來所附著的是活人的軀體；而精怪物魅的原形是各種自然物。人鬼是人死之後，亡魂無所附著才形成的；而精怪物魅，卻是依附於原形的，只有原形活著時，它們才存在，原形被毀滅，它們也就從此消失。劉仲宇指出，當人類尚無力支配自然，從而在觀念上無法將自己與自然分開時，鬼仍與一般的精怪混同。但是當著人們對自然的支配能力加強，在觀念上以及宗教制度上都將自己與自然分開時，據於不同原形的精怪和人鬼的區別便逐漸明顯。〔註153〕

　　鬼對人的態度是善或惡，這涉及到人對鬼的看法。當人意識到萬物有靈時，對鬼的看法是渾沌的、無分善惡的。但由於人的秉性本來就有好惡兩面，而鬼世界又是由人的世界、人的心理所投射而成，所以自然就會認爲鬼生氣便會降禍、鬼高興便賜福。

　　人鬼是魂魄觀念的集合。先秦有關魂魄的觀念以《左傳・昭公七年》子產對伯有鬼魂作祟的評論，最爲人所重視，原文見上引。傳文中反映出魂魄既爲構成人之重要質素，即使人已死亡，魂魄仍然有知，但魂魄力量隨其生時的階級、飲食、居處不同而有差異，階級愈高，食飲、居處及所層之物精而多，則魂魄的力量愈強。另外《禮記・祭義》記有一段孔子與宰我的對話：

　　　宰我曰：「吾聞鬼神之名，不知其所謂。」子曰：「氣也者，神之盛也。魄也者，鬼之盛也。合鬼與神，教之至也。眾生必死，死必歸土，此之謂鬼。骨肉斃於下，陰爲野土；其氣發揚於上爲昭明。煮蒿淒愴，此百物之精也，神之著也。因物之精，制爲之極，明命鬼神，以爲黔首，則百眾以畏，萬民以服。聖人以是爲未足也，築爲宮室，設爲宮祧，以別親疏遠邇，教民反古復始，不忘其所由生也，

〔註153〕劉仲宇〈物魅、人鬼與神祇——中國原始崇拜體系形成的歷史鉤沉〉，《宗教哲學》3卷3期，1997年7月，頁26～27。

　　　　眾之服自此，故聽且速也。

這段話雖然未必為孔子親口所述，但其思想主旨應該與春秋時期儒家思想相去不會太遠。《禮記‧祭義》裡孔子用「氣」和「魄」的概念來解釋鬼神。這裡所說的「氣」，其義類似於魂，指能離開身體而存在的精神。「魄」雖然也是這樣的精神，但是它的歸宿則與魂不同。

　　學者多認為「既生魄，陽曰魂」還牽涉魂魄觀念發生的先後問題，譬如余英時認為魄的觀念其起源當比魂的觀念早，而魂的觀念當起於南方，在秦漢之際逐漸形成南魂北魄的說法，並結合陰陽、氣形、天地、天堂與地獄等思想，形成了魂歸於天，魄歸於地的講法。〔註154〕杜正勝認為魂魄的觀念出現在春秋晚期，在此之前春秋早期所見文獻中只見魄不見魂。〔註155〕黃銘崇師以為魂的本質為氣，魄的本質為形。故魂氣與形魄往往形成連語。〔註156〕

　　基於這些鬼、魂魄的觀念，也產生了種種儀禮，其中最被重視的是葬禮。葬禮特別重視墓地的方位和屍體的朝向。《禮記‧檀弓下》記載：「葬於北方，北首，三代之達禮也。」《墨子‧節葬》另外見有非漢族的喪葬儀禮的記載：

　　　昔者越之東有輆沐之國者，〔註157〕其長子生則解而食之，謂之宜
　　　弟。楚之南有啖人國者，其親戚死，刳其肉而棄之，然後埋其骨乃
　　　成孝子。秦之西有儀渠之國者，其親死，聚薪焚之，謂之登遐，然
　　　後成孝子。

上述處理屍體的方式，反映了當時的鬼魂觀念和喪葬儀禮的多元性與複雜性。

　　隨著社會生活和關係的變化、人類技能和活動能力的提高，一方面，人們觀念中出現了作祟能力大、報復性強的惡鬼和厲鬼；另一方面，有些死者在世時的創造能力和英雄事蹟被不斷神化，結果被奉為祖先神或神明，成為畏懼和崇拜的對象。因為死去的祖先之鬼被神化之後被用來對抗其他具有惡

〔註154〕余英時《中國傳統思想的現代詮釋》（臺北：聯經出版事業公司，1987年），頁123～143。
〔註155〕杜正勝〈形體、精氣與魂魄〉，《新史學》，2卷3期，1991年，頁1～65。杜氏認為這種進出人體、跨越生死的存在，在西周叫神或嚴；春秋謂之魄，後來分出魂；戰國謂之精或神。
〔註156〕黃銘崇〈明堂與中國上古之宇宙觀〉，《城市與設計學報》4期，1998年3月，頁185。
〔註157〕張純一注述《墨子集解》（臺北：文史哲出版社，1993年1月）頁233云：「畢注：『輆舊作軑，不成字。據《太平廣記》引作輆，音愛反。』今改。」

意的鬼，喪葬儀禮、祭鬼、趕鬼、避邪等活動便日趨複雜並受到人們的重視。

　　若向上追溯最原始的祖先崇拜，則當是圖騰崇拜。圖騰崇拜可以說是祖先崇拜的原始形式，〔註 158〕但若進一步嚴格區分，圖騰崇拜是屬於自然崇拜的範疇。李亦園以為，一個社會中的許多群體之所以選擇不同動植物為代表並加以崇拜，除了冀望能獲得圖騰的特異力量之外，主要是為借用自然界明顯不相統屬的種別來分別人類社會的群體。人類社會在原始時代生產水準甚低，分工極簡單，無法以各種職業或其他社會文化標準來分別不同的群體，因此只有借用自然現象來分別，否則各群體之間將混而為一，無法分別。〔註 159〕

　　在中國古代，鬼神有多種形象，人死為鬼，但其形象仍然是人形，特別是祖神。不過即使是祖神，有時也會變形為獸形，如鯀化為黃熊。當然，祖先神會變形為哪一種獸形，可能與族群的圖騰傳統有關，而無論如何，「人獸合體的神靈形象，在古代絕不是對神的褻瀆，它既是古代關於人獸神存在的連續性的意識的體現，也表現了當時人對神的敬畏。」〔註 160〕

　　圖騰崇拜如何進化到祖先崇拜？在史前社會，人們受到「萬物有靈」、「靈魂」和「靈魂不死」等思想觀念的影響，祈望通過信仰的形式和手段把大自然中的「異己」的力量都轉化成「順己」和「助己」的力量。由於氏族在野蠻時代已經發展到一定程度，並且親屬關係在原始民族的社會制度中起著決定作用。因此，人們認為鬼靈在另一世界也在維繫著氏族的、家族的、親族的制度，於是鬼靈信仰與氏族所屬的圖騰觀念結合，便形成祖先信仰。

　　「祖先崇拜是代替圖騰信仰而後起的一個宗教觀念。」〔註 161〕和圖騰的自然崇拜相較，祖先崇拜則是崇拜死者的亡靈。兩者的差別在於：

〔註158〕圖騰（totem）原出印第安語，義為「他的親族」。印第安人將某種動物視為自己的祖先加以崇拜，這就稱為圖騰。以後的研究證明，圖騰崇拜曾經遍及各民族的原始時代，而崇拜物既有動物，也有植物，甚而有無生物。大量的文獻和調查證明，圖騰制度在中國各民族中普遍存在，不少民族中現存有子遺。比如華夏族中黃帝部落是龍圖騰，商人自稱「玄鳥生商」，以燕為圖騰，少數民族中彝族以虎為圖騰，羌族以羊為圖騰，瑤、畬等民族以犬為圖騰，藏族的神話傳說中則表現出他們曾以猴為圖騰等等。

〔註159〕李亦園《宗教與神話》（臺北：立緒文化，1998 年 1 月），頁 17。

〔註160〕陳來《古代思想文化的世界》（北京：三聯書店，2002 年 12 月），頁 98。

〔註161〕蕭靜怡〈從周禮天官及地官二篇看周代祭祀問題〉，《孔孟月刊》35 卷 9 期，1997 年 5 月，頁 8。

　　第一、相較於祖先崇拜，圖騰崇拜傾向是一種自然崇拜的範疇，這和作爲鬼魂崇拜的一種形式而發展起來的祖先崇拜是不太一樣的。因爲前者崇拜的是某種物類的神秘力量，後者崇拜的是某個死人的鬼魂。一般地說，人死以後，都要舉行喪禮、葬禮等崇拜鬼魂的宗教儀式，但並不是所有死者的鬼魂，都會被當做氏族共同體的祖先來受崇拜，「只有那些生前是強有力的、對共同體有貢獻者，或是酋長，死了以後才被奉爲祖先崇拜。」〔註162〕

　　第二、前者是始祖崇拜，後者是近祖崇拜。圖騰畢竟不是人，但在先民的心裡，祂卻是整個部族種源的由來，如果部族有什麼特別的民族性或特殊能力天賦，也被認爲是和圖騰有關、是圖騰所賦予的；但相較於部族種源的圖騰，祖先崇拜的對象，其在時間上就較爲可溯，歷史可信度也比較高一點。

　　氏族觀念、家族觀念在祖先信仰中的突出表現影響並產生本氏族和本家族死者鬼靈的善靈觀念。人們認爲祖先是庇護自己子孫後代的、具有降福本氏族的神秘力量。祖先信仰在本氏族集團共同的祖先信仰 —— 氏族的祖先信仰的基礎上朝向兩方面發展：一方面上升爲本氏族聯合體的祖靈；另一方面隨著家族不斷個別化發展，又成爲許多家庭的祖先供奉物，成爲一家一戶最具體的祖先崇拜。〔註163〕

　　「法施於民則祀之，以死勤事則祀之，以勞定國則祀之，能御大菑則祀之，能捍大患則祀之」（《禮記‧祭法》）。祖先崇拜一開始只是將氏族始祖或歷史上對本族有功勛的鬼魂作爲崇拜對象。但由於重視血緣關係，人們觀念中的一部份本族鬼魂成爲氏族的祖先神或保護神，進而成爲氏族長期固定的祭祀對象。涂爾幹以爲祖先神實際上就是「部落大神」。它產生於部落情感，「而部落所共有的最高神的概念所表達的也正是這種部落統一體的情感」，通過祭祀祖先神，可以加強部族內部的團結，因爲「宗教儀典的首要作用就是使個體聚集起來，加深個體之間的關係，使彼此更加親密」。〔註164〕宋兆

〔註162〕田兆元〈中國先秦鬼神崇拜的演進大勢〉，《華東師範大學學報》哲社版1993年5期，頁18。

〔註163〕陳曉華、吉成名〈中國尚玉習俗起源初探〉，《湖南科技學院學報》27卷6期，2006年6月，頁44。家庭制度確立以後，除了氏族和部落的共同祖先崇拜以外，又產生了每一家庭或幾個家庭聯合的祖先崇拜。這種祖先崇拜，在維持近親的血緣關係方面，起了重要的作用，它從血緣上區分了人們之間的親疏厚薄的關係，在中國古代私有財產繼承方面，起著重要的作用。

〔註164〕涂爾幹的說法轉引自崔世俊〈論〈九歌〉祭祀主體爲楚人祖先祭祀〉，《青島大學師範學院學報》21卷2期，2004年6月，頁77。

麟指出，隨著氏族部落的發展，祖先地位與日俱增，因爲這種信仰不僅是對祖先的懷念，祖先也是氏族凝聚力的象徵。其中，氏族或部落或更大族群的共同祖先變成先祖（遠古祖先），和祭祀者血緣較近的則變成先公（家族祖先）。〔註165〕

　　不過古人有時也會對沒有血緣的鬼魂進行崇拜儀式，其對象一般是不固定的，祭祀也是一時性的。朱天順指出這通常是遇到什麼不幸時，把這種不幸歸於鬼魂作祟才去崇拜祂；或是人的活動被認爲與鬼魂有關時（如掘地時挖到屍骨等），才祭祀與自己無血緣關係的鬼魂。〔註166〕

　　隨著氏族群體的瓦解，商周貴族集團繼承和壟斷了氏族祖先的祭祀權力，並利用它作爲統治的精神工具。〔註167〕爲了維護等級制度的權威，甚至在統治階級中也根據不同等級，對祖先崇拜作出種種限制。沒有身份的奴隸則被剝奪了祭祖權，因爲統治者怕他們利用祖先崇拜的動員力量聚眾造反。《禮記・大傳》裡就記載著一種古代祭祖權的限制規定，所謂「禮，不王不禘。王者禘其祖所自出，以其祖配之。諸侯及其大祖。大夫、士有大事（指祫祭），〔註168〕省於其君，干祫及其高祖。」孫希旦解釋說：

> 得姓之祖，爲之始祖，始封之君，爲之大祖。諸侯不祖，唯得祭其大祖，而於大祖以上則不得祭矣。……本諸侯以上之禮，而大夫、士用之，故曰「干祫」。大夫三廟，士一廟，雖並得祭高祖以下，然每時但特祭一祖，而不得合祭，唯有爲君所省錄，命之大祫，然後得合祭高祖以下也。

上面所說的禘祭，是國王一年一次對祖先的大祭，〔註169〕諸侯以下是不能舉

〔註165〕 宋兆麟《會說話的巫圖：遠古民間信仰調查》（北京：學苑出版社，2004 年 8月），頁 14～16。此處「先公」並非指本節以下將討論到的「始封之前的楚君集團」。

〔註166〕 朱天順《中國古代宗教初探》（臺北：谷風出版社，1986 年 10 月），頁 199～202。

〔註167〕 朱天順〈中國原始宗教和古代宗教〉，「中國大百科」，http://140.109.8.45/cpedia/Default.htm。

〔註168〕 祫祭就是合祭，集合遠近祖先的神主，在太祖廟大合祭。《公羊傳・文公二年》：「大事者何？大祫也。大祫者何？合祭也。其合祭奈何？毀廟之主陳於大祖，未毀廟之主皆升合食於大祖。五年而再殷祭。」這裏所說的「毀廟」，就是將原來每年單獨祭祀的祖先，變成每五年一次合祭的對象。

〔註169〕 鄭憲仁〈銅器銘文禘祭研究〉（《大陸雜誌》104 卷 3 期，2002 年 3 月）指出：「歷代文獻中關於禘祭的說法，雖然異說甚多，若就其所祭對象而言，除了

行的，因其所祭的對象是推始祖所自出之帝，並以始祖配祭，這種具有最高權威的祭祖神權，只爲天子壟斷，其他人是不能參與的。當時祖先崇拜的等級制度規定，士、庶人的祖先崇拜之權不過其祖，不能再追遠尊先。

神話時代的祖先崇拜已不得而知，但關於殷代祖先崇拜的內容，陳夢家根據甲骨文作了綜合研究，釐清不少問題。例如他明確釐清殷代統治者輪流祭祀祖先的辦法是採用「周祭」即是。〔註170〕殷人對祭祖的地點、時間、用牲等都很講究，祭法種類也非常的多。從卜辭中見到的大量殷人崇拜祖先紀錄可以知道，殷人對祭祖這件事是非常重視的。〔註171〕

迄周代，祖先崇拜形成了完整且全面的社會結構、政治機制、經濟模式、文化傳承的宗法制網絡，並有完善的祭祖制度。〔註172〕「這樣原始社會後期產生的祖先崇拜不但未消滅，反而在國家的形成和鞏固中成爲中華民族的民族信仰、民族精神、民族凝聚力、代代相傳。」〔註173〕周族的統治者深深明白，內部安定是宗族發達的最基本條件。他要做的就是牢固地樹立起宗族內部的血親觀念，「而祭祖、尊奉共同的祖先正是召喚這種血親情感的最好辦法。」〔註174〕

郊禘所祭以始祖配天祭一先王外，其他所祭皆爲先王至前一代的王。也就是說，如果禘祭對象爲一人，則爲始祖，否則便是其他祖考先王連著爲祭祀的對象。」一說祫爲三年一次，禘爲五年一次。《公羊傳·文公二年》：「大事者何？大祫也。大祫者何？合祭也。其合祭奈何？毀廟之主陳於大祖，未毀廟之主，皆升，合食於大祖。五年而再殷祭。」何休注：「殷，盛也。謂三年祫，五年禘。」周何師《春秋吉禮考辨》（臺北：臺灣師範大學國文系博士論文，1970年10月）由前人注疏著手，整理出前人對宗廟之禘的舉行時間的八種說法：其一、每王一舉；其二、五年一爲，其三、三年一爲；其四、間歲一行；其五、每歲一行；其六、三年一禘，五年再禘；其七、禘於午月；其八、禘於巳月。

〔註170〕陳夢家《殷虛卜辭綜述》，北京：科學出版社，1956年。

〔註171〕秦照芬《商周時期的祖先崇拜》（臺北：蘭台出版社，2003年3月）、劉源《商周祭祀禮研究》（北京：北京商務印書館，2004年10月）、范州成《從殷墟卜辭看血源祖先崇拜的由來》（蘇州：蘇州大學碩士論文，2005年4月）都有詳盡的討論，可以參看。

〔註172〕茲舉廟制爲例：「天子七廟，三昭三穆，與大祖之廟而七。諸侯五廟，二昭二穆，與大祖之廟而五。大夫三廟，一昭一穆，與大祖之廟而三。士一廟。庶人祭於寢。」（《禮記·王制》）朱熹注：「周禮建國之神位，左宗廟，則五廟皆在東南矣。」

〔註173〕王玉芝〈祖先崇拜與中華文明的連續傳承〉，《紅河學院學報》4卷3期，2006年6月，頁47。

〔註174〕劉雨亭〈從農耕信仰到祖先崇拜——《詩經》周人祭歌中文化流變的探源性闡釋〉，《齊魯學刊》1999年2期，頁20。

經過以上的討論，我們對人類「鬼」觀念的起源、中國祖先崇拜的由來及其在西漢以前的演變已有清楚的了解。以下將根據楚地簡帛資料，先建構楚人的人神、人鬼譜系，再探求戰國楚人對待人鬼與其先祖先公先王（人神）的信仰態度和看法。

三、楚地簡帛所見楚國人神、人鬼譜系

先秦楚國早有死而不朽、靈魂不死的觀念。如《左傳·成公三年》記楚王釋放晉國將軍知罃歸晉：

> 王送知罃，曰：「子其怨我乎？」對曰：「二國治戎，臣不才，不勝其任，以爲俘馘。執事不以釁鼓，使歸即戮；君之惠也。臣實不才，又誰敢怨？」王曰：「然則德我乎？」對曰：「二國圖其社稷，而求紓其民；各懲其忿，以相宥也；兩釋纍囚，以成其好。二國有好，臣不與及，其誰敢德？」王曰：「子歸，何以報我？」對曰：「臣不任受怨，君不任受德；無怨無德，不知所報。」王曰：「雖然，必告不穀。」對曰：「以君之靈，纍臣得歸骨於晉，寡君之以爲戮，<u>死且不朽</u>。若從君惠而免之，以賜君之外臣首；首其請於寡君，而以戮於宗，亦<u>死且不朽</u>。若不獲命，而使嗣宗職；次及於事。而帥偏師，以修封疆，雖遇執事，其弗敢違。其竭力致死，無有二心，以盡臣禮。所以報也。」

同年，晉楚交戰，楚敗：

> 楚師還，及瑕，王使謂子反曰：「先大夫之覆師徒者，君不在。子無以爲過，不穀之罪也。」子反再拜稽首曰：「君賜臣死，<u>死且不朽</u>。臣之卒實奔，臣之罪也。」

這些講法都是說，若在自己國家被國君處死，則死而不朽。死在本族宗廟，亦死而不朽。但若死在異國，則否。陳來據此推斷「死而不朽」的意思是指死後的精神魂魄可與宗族祖先精神魂魄在一起。〔註175〕

楚人對「靈魂不死」觀念的篤信與執著，不僅充分體現在他們對已逝祖先形魄與魂靈的安置和侍奉上，更是虔誠表現於他們對祖先鬼神的祭祀與祈禱上。從包山 M2、望山 M1、天星觀 M1 以及新蔡楚墓出土的占卜類簡文來

〔註175〕陳來《古代思想文化的世界》（北京：三聯書店，2002 年 12 月），頁 123～124。

看，楚人求助於鬼神的事由，大致爲政治前程、居家生活及自身健康。〔註176〕前者主要是關於出入事王是否順利，何時獲爵的問題；後者則爲新宅可否長居，疾病吉凶等情況。更爲有意義的是，簡文的行文順序與措詞排列表明，楚人在其祭祀活動中，確乎已將其過世祖先的靈魂區分爲人神與人鬼兩個不同的系統。〔註177〕以下將分別就楚地簡帛所見人神及人鬼的信仰對象來進行討論。〔註178〕

（一）楚地簡帛所見人神譜系

人神原爲人鬼所變。田桂民認爲人鬼得變爲人神，與天神、地祇並列，是因爲中國自殷人起，便重鬼好祀，認爲鬼有無上的權威，以爲人死後魂盛者升天而爲神，與天神、地祇同樣擁有主宰生靈、賞罰善惡的神通。〔註179〕楚人神可大分爲：

1. 先祖：原始楚部落時期之始祖

楚地簡帛常見老僮、祝融、鬻熊三位楚人先祖，其世系排列與《世本》所記相符合，此乃楚人所從出。包山、新蔡〔註180〕與望山簡均稱之爲「楚先」或「三楚先」。以下依楚地簡帛材料的發表順序，對所見「楚先」記載作一整理。〔註181〕

〔註176〕江陵望山一號墓墓主染疾後多次向簡大王、聲王、悼王、東宅公、王孫悼等
　　　　先王先公先祖禱求；天星觀一號墓墓主染疾後也多次向章公、惠公等先公禱
　　　　求，詳陳振裕〈望山一號墓的年代與墓主〉，《中國考古學會第一次年會論文
　　　　集》，北京：文物出版社，1980 年、湖北省荊州地區博物館〈天星觀一號楚
　　　　墓〉，《考古學報》1982 年 1 期、中山大學古文字研究室楚簡整理小組〈江陵
　　　　昭固墓若干問題的探討〉，《中山大學學報》1977 年 2 期。
〔註177〕胡雅麗《尊龍尚鳳——楚人的信仰禮俗》（武漢：湖北教育出版社，2003 年
　　　　1 月），頁 24～29。
〔註178〕討論的分類據胡雅麗《尊龍尚鳳——楚人的信仰禮俗》，武漢：湖北教育出
　　　　版社，2003 年 1 月、鄔濬智〈楚簡所見楚國人神人鬼信仰系統初探〉，《立德
　　　　學報》4 卷 2 期，2007 年 6 月。
〔註179〕田桂民〈早期中國神仙信仰的形成與演化〉，《南開學報》哲社版 2003 年 6
　　　　期，頁 39。
〔註180〕新蔡簡見有楚先的簡文係引自賈連敏〈新蔡竹簡中的楚先祖名〉，《華學》7
　　　　輯，廣州：中山大學出版社，2004 年。
〔註181〕陳偉〈楚人禱祠記錄中的人鬼系統以及相關問題〉，「第一屆古文字與古代史
　　　　學術研討會」論文，臺北：中央研究院歷史語言研究所，2006 年 9 月 22～24
　　　　日，頁 2～8。又見「武漢大學簡帛研究中心」，http://www.bsm.org.cn，2008/2/7。
　　　　又收入陳昭容主編《古文字與古代史》，臺北：中央研究院歷史與語言研究所，

「楚先（三楚先）」主要見於包山 M2、望山 M1 及新蔡簡：

　　舉禱楚先老僮、祝融、毓熊，各一羊。（包山 M2 簡 216～217）

　　舉禱楚先老僮、祝融、毓熊，各兩羖。（包山 M2 簡 236～238）

　　☐楚先老禮、祝融、毓熊各一羊。（望山 M1 簡 120、121）

　　☐楚先老禮、祝融各一羖。（望山 M1 簡 122、123）

　　☐楚先既禱。（望山 M1 簡 124）

　　就禱三楚先純一羊，纓之兆玉，壬辰之日禱之。（新蔡簡乙一 17）

　　就禱三楚先純一羊。（新蔡簡乙三 41）

　　就禱三楚先純一羊。（新蔡簡甲三 214）

　　☐三楚先、地主、二天子、坐山、北方。（新蔡簡乙四 26）

　　☐薦三楚先。（新蔡簡甲三 105）

　　就禱三楚先。（新蔡簡零 314）

　　就禱三楚先。（新蔡簡乙三 31）

　　舉禱楚先老童、祝融、褆熊各兩羊。（新蔡簡甲三 188、197）

　　是日就禱楚先老嬗、祝融。（新蔡簡甲三 268）

　　☐祝融、空熊各一羊，纓之兆玉，壬辰之日禱之。（新蔡簡乙一 24）

　　有祟見於司命、老嬗、祝融、空熊。（新蔡簡乙一 22）

　　☐祝融、空熊☐（新蔡簡零 288）

　　☐老童、祝融、穴熊☐（新蔡簡甲三 35）

　　☐祝融、穴熊、昭王☐（新蔡簡零 560、522、554）

　　☐祝融、穴熊☐（新蔡簡零 254、162）

　　☐祝融、穴熊、昭王、獻惠王☐（新蔡簡甲三 83）

　　☐司命、老童☐（新蔡簡零 429）

　　☐禱楚先與五山。（新蔡簡甲三 134、108）

　　☐於楚先與五山。（新蔡簡零 99）

　　三楚先在傳世文獻和楚地簡帛當中的名稱，除了第三位楚先，其餘二者是差不多符合的，故第三位楚先的部份我們會花比較多的篇幅來討論。

　　（1）老童（僮、禮、嬗）

　　　2007 年。該文對楚簡人鬼系統之說明極其詳細、對簡文的整理極為清楚，本
　　論文逕引其整理後的簡文。感謝陳偉教授於大作初次發表時慷慨俯允筆者逕
　　引其論文內容。

典籍文獻中關於楚先老童的記載有：

a.《史記・楚世家》：「楚之先祖出自帝顓頊高陽。高陽者，黃帝之孫，昌意之子也。高陽生稱，稱生卷章，卷章生重黎。」集解引徐廣曰：「《世本》云老童生重黎及吳回。」又引譙周曰：「老童即卷章。」索隱云：「卷章名老童，故《世本》云『老童生重黎』。」《尙史》卷 105：「卷章即老童之訛。」《山海經》袁珂注校云：「老童、卷章並字形相似」，〔註182〕游國恩主編《離騷纂義》推測「蓋字形相近而誤」。〔註183〕

b.《大戴禮記・帝繫》，記作：「顓頊氏娶於滕氏，滕氏奔之子，謂之女祿氏，產老童。」

c.《楚辭・離騷》「帝高陽之苗裔兮」，王逸注引〈帝繫〉曰：「顓頊娶於騰隍氏女而生老僮，是爲楚先。」

《史記・楚世家》以爲老童爲顓頊之孫、《大戴禮記・帝繫》與王逸《楚辭章句》以爲老童爲顓頊之子，大概是神話時代口傳文本不穩定所造成的世系次序不同之故。老童之「童」在楚簡和文獻中有從人、從示、從女的寫法。從示，表示其爲人神；從女，黃德寬認爲這可能表示這名楚先祖係女性。〔註184〕「老童」在其他文獻中也有異寫，如《山海經・西山經》「騩山」云「神耆童居之」，郭璞注：「耆童，老童，顓頊之子。」「老童」之「老」寫作「耆童」之「耆」，大概是同義字的互換結果。

（2）祝　融

念祖之情尤熾的楚人，對祖先奉祀唯謹，認爲忘祖廢祀，罪莫大焉。楚人供奉祝融的心態，就是絕好的例證。《國語・鄭語》和《史記・楚世家》都說，楚人是祝融的後裔。在楚人心目中，祝融不只是能「昭顯天地之光明」的火神兼雷神，更是他們的始祖，所以要世世代代祭祀他。《左傳・僖公廿六年》記夔子不祭祝融和楚人的另一位祖先鬻熊，竟被楚人視爲大逆不道，以至招來了亡國之禍。如此說來，祝融和鬻熊的魂靈是絲毫不得褻瀆的。更詳細的有關祝融的討論見本論文第參章第二節「灶神信仰研究」。

〔註182〕袁珂《山海經校注》上海：上海古籍出版社，1983 年 7 月。
〔註183〕游國恩主編《離騷纂義》（北京：中華書局，1980 年），頁 9。
〔註184〕黃德寬〈新蔡葛陵楚簡所見「穴熊」及相關問題〉，《古籍研究》2005 年卷下。劉信芳〈楚簡「三楚先」、「楚先」、「荊王」以及相關祀禮〉（《文史》4 輯，2005 年）從之。

（3）毓熊（穴熊／鬻熊）

楚簡「毓」字，本作㐬。學者對此的考釋有很多不同意見。毓熊相當於哪一位楚人遠祖，以及他與「穴熊」的關係，也存在多種說法：

a. 毓熊即鬻熊

李學勤根據包山簡的資料認為：

> 從世系知道，楚先祖名某熊的有穴熊、鬻熊二人。這個字是從「女」、「蟲」省聲，古音在東部。它和在質部的「穴」字不會有什麼關係，因而這一楚先祖名是穴熊的可能性應該排除。鬻熊的「鬻」是喻母覺部字。竹簡此字可與通假。包山簡提到的這個楚先祖不是別人，乃是文獻中的鬻熊。〔註185〕

李學勤此說為包山楚簡整理小組所採納，並得到多位學者的贊同。〔註186〕

郭店簡、上博簡陸續出版後，其中與此字相關的字形資料，引起此字讀為「鬻」的新思考。曾憲通指出：

> 郭店楚簡和上博竹書公佈後，人們發現所謂「蚩」符其實有着不同的來源。通常釋為「融」字的「蚩」符是蟲的省變，而一般釋為「流」字的「蚩」符則來源於毓字的省文即「㐬」形的訛變，有的「蚩」符旁邊還保留著圓圈形，便是倒子頭形的割裂，後來更連倒子的頭部也省略了，最後訛成了「蚩」形。於是兩個來源不同的「蚩」形遂混而為一。〔註187〕

董蓮池則認為：

> 簡文鬻字作㑷，表明㑷之讀音近於鬻，過去囿於字從蟲省，需要運用通轉理論才能講通。今既知其從女從帶有水液表示的倒子，此字實應直接釋為毓，毓字見《說文》，與鬻上古均覺部喻母，古音相同，無需通轉，故見於《史記·楚世家》中的「鬻熊」在簡文中可以寫

〔註185〕李學勤〈論包山簡中一楚先祖名〉，《文物》1988 年 8 期。

〔註186〕許學仁師〈包山楚簡所見之楚先公先王考〉，《魯實先先生學術討論會論文集》，臺北：臺灣師範大學國文學系、中國文字學會，1993 年；曾憲通〈從「蚩」符之音讀在論古韻東冬的分合〉，《第三屆國際中國古文字學研討會論文集》，香港：問學社有限公司，1997 年；李零〈古文字雜識（二則）〉，《第三屆國際中國古文字學研討會論文集》，香港：問學社有限公司，1997 年；何琳儀《戰國古文字典》（北京：中華書局，1998 年），頁 276；劉信芳《包山楚簡解詁》（臺北：藝文印書館，2003 年），頁 231。

〔註187〕曾憲通〈再說「蚩」符〉，《古文字研究》25 輯，北京：中華書局，2004 年。

作「毓熊」。〔註 188〕

黃德寬更指出：「由郭店、上博楚簡的『流』字，進而釋楚先祖名『嬧』者，即『毓』字，讀爲『鬻』，是一個進步。」〔註 189〕季旭昇師亦認爲妣讀作鬻比較合理。〔註 190〕

b. 毓熊即穴熊即長琴

與上述明確主張讀爲「鬻」的意見不同，望山簡整理者在相關的考釋中寫道：「簡文嬧會是指《山海經》的長琴，還是指《史記》的穴熊或鬻熊，待考。」〔註 191〕李家浩認爲：「🐛應分析爲從二蟲從『女』聲，疑即『嬧』或『妣』的異體。嬧會既不是穴熊，也不是鬻熊，而是《山海經・大荒西經》中的長琴。」〔註 192〕在 1994 年 10 月，新蔡楚簡的資料部份披露後，李家浩 1996 年 2 月在這篇論文末尾補記說：

> 該墓竹簡所記祭禱的楚先，位於「老僮、祝融」後的「空會」之「空」作「穴」下「土」。我們認爲這個字從「穴」從「土」聲，《史記・楚世家》的「穴熊」之「穴」即其訛誤。上古音「土」屬透母魚部，「女」屬泥母魚部，韻部相同，聲母都是舌音，故可通用。新蔡楚簡的發現，不僅證明本文在包山楚簡🐛的釋讀是合理的，同時還證明《山海經》的長琴與《楚世家》的穴熊應該是同一個人。本將長琴與穴熊作爲二人，現在看來應予糾正。〔註 193〕

〔註 188〕董蓮池〈釋戰國楚系文字中從充的幾組字〉，《古文字研究》25 輯，北京：中華書局，2004 年。

〔註 189〕黃德寬〈新蔡葛陵楚簡所見「穴熊」及相關問題〉，《古籍研究》2005 年卷下。

〔註 190〕季旭昇師〈從新蔡葛陵簡說「熊」字及其相關問題〉，《第十五屆中國文字學國際學術研討會論文集》（臺北縣：輔仁大學，2004 年 4 月），頁 125。

〔註 191〕朱德熙、裘錫圭、李家浩〈望山一、二號墓竹簡釋文與考釋〉，《江陵望山沙塚楚墓》（北京：文物出版社，1996 年），頁 272 考釋 101。

〔註 192〕李家浩〈包山竹簡所見楚先祖名及其相關的問題〉，《文史》42 輯，北京：中華書局，1997 年。

〔註 193〕不過後來賈連敏對李家浩的看法提出異議：新蔡簡的資料中，其一，有一例相當於包山、望山簡毓熊的先祖名首字作「禮」，顯示「示」或「女」是義符，不能將「女」看作聲符。其二，穴熊之「穴」七見，三例從「土」，四例逕作「穴」，表明「土」爲義符，字當釋爲「穴」。《上海博物館藏戰國楚竹書》（三）公佈的《周易》56 號簡「取皮在穴」，「穴」從土，而馬王堆帛書本和傳世本《周易》此字皆作「穴」，更是一個直接的證明。……🐛不一定是「蟲」字省體，而可能是與「穴」讀音相近的另外一個字，或許就是《說文》中的「蚰」字。🐛讀若昆，古音屬見紐文部，「穴」古音屬匣紐質部，聲母同屬牙音，

c. 毓熊即穴熊即鬻熊

新蔡簡對三楚先的祭祀，出現了二個系統，去掉重複出現的老童和祝融，第三位分別是毓熊與穴熊。黃德寬言道：〔註194〕

> 如果「毓熊」即楚先祖「鬻熊」，那麼很自然與「穴熊」就非一人。望山、包山和新蔡簡又確實出現了「老童、祝融、鬻熊」三位先祖的組合，這就與新蔡簡「老童、祝融、穴熊」的組合形成並列，「三楚先」是指前者還是指後者目前還難以確定。按漢語表達的慣例，只有在對象明確的情況下，才會有以數字稱代這樣的簡稱，「三楚先」應該只會指代其中一組祭祀對象，而不大可能是兩組中的任意一組。從新蔡簡看，以「穴熊」與「老童、祝融」組合爲祭禱對象者占絕對優勢；而從分佈看，三批出自不同地點的楚簡（望山、包山、新蔡）卻都有以「鬻熊」與「老童、祝融」組合的，也不能排除「三楚先」中最後一位可能指的是「鬻熊」。因此，看似明確的「三楚先」問題，實際上並未眞正解決。

黃氏並以爲：

> 由於「穴熊」是確定無疑的，也不能排除另一種可能，即所謂「鬻熊」的「毓」，不讀「鬻」而讀爲「穴」。古音學家將「充」聲的「流」、「梳」、「琉」等歸入幽部（來母），而從「穴」聲的「狖」（狖）也在幽部（喻母），因此，讀「毓」爲「穴」也不是完全沒有可能。如果這種解釋正確，那麼「三楚先」就是「老童、祝融、穴熊」，與新蔡簡以此組合爲絕對優勢的情況就比較吻合了。

魏宜輝、周言也贊成毓熊和穴熊應爲一人，但與黃德寬的看法相反，他們主張後者應向前者歸併。他們認爲所謂「穴」字可能是「六」的變體，「六」古音爲來紐、覺部，與「充」、「鬻」讀音很近。〔註195〕

d. 鬻熊不是穴熊：老童、祝融、鬻熊一組、老童、祝融、穴熊一組

爲旁紐，多相通。從新蔡簡辭例看，將□熊讀爲「穴熊」，要比讀爲「鬻熊」適當。詳貫連敏〈新蔡竹簡中的楚先祖名〉，《華學》7輯，廣州：中山大學出版社，2004年；貫連敏〈戰國文字中的「穴」〉，《楚文化研究論集（6）》，武漢：湖北教育出版社，2005年。

〔註194〕以下的説法詳見黃德寬〈新蔡葛陵楚簡所見「穴熊」及相關問題〉，《古籍研究》2005年卷下。

〔註195〕魏宜輝、周言〈再談新蔡楚簡中的「穴熊」〉，「簡帛研究網」，http://www.jianbo.org/，2004/11/8。

　　劉信芳將「三楚先」與「楚先」分別看待，認爲前者特指「老童、祝融、穴熊」三位先祖，後者稱先祖、先公中三位最傑出者，指「老童、祝融、鬻熊」：

> 1. 依據目前所能見到的文例，「三楚先」與「楚先」也許是兩個不同的概念，前者所指爲「老童、祝融、穴熊」，後者所指爲「老童、祝融、鬻熊」，尚未有例外。2. 如果認爲「三楚先」中最後一位是「鬻熊」，勢必將楚簡「嬈熊」與「穴熊」理解爲同一個人，這是很難作出合理説明的。黃德寬讀「毓」爲「穴」，尚缺乏更充分的證據。魏宜輝、周言將「穴熊」讀爲「鬻熊」，是將簡文「穴」字統統解爲從「六」之字的誤字，再通假讀爲「鬻」，恐怕不足憑信。3. 如果認爲「三楚先」包括「嬈熊」，勢必將其劃入楚人祀譜中的先祖譜系，然而《史記・楚世家》記熊通曰：「吾先鬻熊，文王之師也，蚤終。成王舉我先公，乃以子男田令居楚。」此先公特指鬻熊，因爲其他先公與楚受周封無關。楚人既有稱「鬻熊」爲「先公」的成例，將「嬈熊」劃入楚人祀譜中的先公譜系較爲妥當。〔註196〕

黃錫全亦有類似的意見：

> 據目前的材料，嬈酓、禓酓之前明確記有楚先，而在穴酓、空酓前面，目前所見材料多殘缺或不清楚，就是連舉，也未見有楚先的字樣。説明二者很可能不是同一組，而有可能「楚先老僮、祝螎（融）、嬈酓」爲一組，「老嬗（童）、祝螎（融）、穴（空）酓」爲另一組。黃氏認爲楚人始終沒有忘記穴熊，是因爲自他以後，「其後中微，或在中國，或在蠻夷，弗能紀其事。」《大戴禮記》及司馬遷能記下他的名字，説明他在歷史上有特別的影響，故楚人不敢忘；而楚人難忘鬻熊，是因爲他活動於周文王時，子事文王，是楚國發展的開端，故。〔註197〕

宋華強以爲嬈熊理當是文獻中的鬻熊，「三楚先」無疑就是簡文中的「楚先老童、祝融、鬻熊」。「楚先」包括「三楚先」和不包括「三楚先」的可能性都是存在的。宋氏不同意視嬈熊與穴熊爲同一人的看法。對於上揭黃氏、賈氏

〔註196〕劉信芳〈楚簡「三楚先」、「楚先」、「荊王」以及相關祀禮〉，《文史》4 輯，2005 年。

〔註197〕黃錫全〈楚簡中的嬈酓、禓酓與穴酓空酓再議〉，《簡帛研究 2004》（桂林：廣西師範大學出版社，2006 年 10 月）頁 11。

與魏、周二氏的意見，他逐一作了反駁：

> 段玉裁早就指出，《說文》「狄」字說解中「穴」聲的「穴」是「宂」的誤字。清代治《說文》其他三大家也都支持段玉裁的看法。可見黃先生這個證據是靠不住的。楚簡「宂」字有寫作「宀」形的，但從沒有寫作「蚰」形的，賈說不可信。楚簡「六」字和「穴」字的差異明顯，雖然「形體很近」，卻未必「很容易相混」。所以魏宜輝、周言所舉的這條理由也是沒有說服力的。

宋氏進一步指出，其實穴熊屬於「三楚先」的看法本身就是有問題的。根據較為完整的簡文，他從三個方面來說明：

> 1. 凡是前面標明「楚先」的，後面出現的先祖名都是「老童、祝融、鬻熊」這樣的組合（包括包山簡和新蔡簡）；而凡是出現「老童、祝融、穴熊」這樣組合的簡文，前面都沒有「楚先」兩字，這說明「三楚先」只能是老童、祝融、鬻熊三位先祖的組合，而不是老童、祝融、穴熊三位先祖的組合，因為後者並不被稱作「楚先」。2.「老童、祝融、穴熊」的組合可以和昭王以下的先王合祭，三楚先或「楚先老童、祝融、鬻熊」這樣的組合並沒有與其他先王合祭的現象。3.「老童、祝融、穴熊」的組合前面還曾出現司命，而三楚先和「楚先老童、祝融、鬻熊」這樣的組合前面從不出現其他神靈。這些情況都說明穴熊所在的組合與「三楚先」或鬻熊所在的組合是不同的。
>
> 〔註 198〕

e. 第三位楚先並非確指

　　邴尚白早先根據望山簡，認為老僮等三位楚先並不定要一起祭禱。既然他們的搭配並非固定，那麼新出現之楚先名「空酓」也未必是「妣酓」。〔註 199〕後來他據新蔡簡簡文「三楚先」後並未明白說出那三位祖先，認為「三楚先」之「三」有可能只是一個虛數，未必有三個固定的楚先，受祀楚先也未必只有三個。但既然言「三」，或許指的是特定的三位祖先，這裡以「老童、祝融、鬻

〔註198〕宋華強〈《離騷》「三后」即新蔡簡「三楚先」說——兼論穴熊不屬於「三楚先」〉，《雲夢學刊》2006 年 2 期。宋華強於文中又提出三楚先即〈離騷〉「三后」，邴尚白提出 7 點意見反駁可參，詳邴尚白《葛陵楚簡研究》（臺北：臺灣大學中文系博士論文，2007 年 1 月），頁 209～211，本論文不再贅述。

〔註199〕邴尚白《楚國卜筮祭禱簡研究》（埔里：暨南大學中文系碩士論文，1998 年），頁 136。

熊」的可能性最大。因為相較於鬻熊，穴熊除了是楚國先祖外，幾乎毫無事蹟可言。〔註200〕

　　按：陳偉曾對與此議題相關的諸多文章作了綜合討論，由於陳文對各家說法進行了全面檢討，對本論文的進一步論說幫助很大，是以下面將迻錄陳文部份討論內容。再提出筆者的看法。

　　陳偉首先對宋華強的說法提出了駁證：〔註201〕

　　　　他就第三條理由所說的「『老童、祝融、穴熊』的組合前面還曾出現司命」，應該是指新蔡乙一22。而在包山236～238號簡提出的禱祠方案中，與「楚先老童、祝融、鬻熊」同時列出的神靈還有太、后土、司命、二天子（列於「楚先」前）以及高丘、下丘（列於「楚先」後）。包山簡中另有兩條簡文：「有敓見新王父、殤。以其故敓之。舉禱，犆牛，饋之；殤因其常牲（包山簡222）」、「有敓見於絕無後者與漸木立。以其故敓之。舉禱於絕無後者，各肥豬，饋之。命攻解於漸木立，且徙其尸而桓之（包山簡249～250）」

　　　　簡文中的前一個「敓」，整理小組考釋讀如「祟」。可從。後一個「敓」，整理小組讀如「說」。李零讀為「奪」，認為是禳奪之義。曾憲通認為敓即奪之古文，當讀為挩，今通作脫，義為解脫。這幾種解釋實質差異並不大。至此，我們可以看出，簡文前段的「有敓（祟）見」的神靈，也就是後段禱祠的對象。在這種情形下，包山236～238號簡中司命與楚先老童、祝融、鬻熊同時接受禱祠及其先後順序與新蔡乙一22號簡中司命與老童、祝融、穴熊同時「有敓見」當可等量齊觀。

　　　　實際上，新蔡乙一22與同見上揭的甲三35、乙一24，從字形、內容看，大概可以連讀，即：

　　　　　　有敓見於司命、老童、祝融、穴熊。癸酉之日舉禱【乙一22】

〔註200〕邴尚白《葛陵楚簡研究》（臺北：臺灣大學中文系博士論文，2007年1月），頁202～207。

〔註201〕以下說法詳陳偉〈楚人禱祠記錄中的人鬼系統以及相關問題〉（「第一屆古文字與古代史學術研討會」論文，臺北：中央研究院歷史語言研究所，2006年9月22～24日。又見「武漢大學簡帛研究中心」，http://www.bsm.org.cn，2008/2/7。又收入陳昭容主編《古文字與古代史》，臺北：中央研究院歷史與語言研究所，2007年），頁6～7。

於司命一勌，舉禱於【甲一15】 老童、祝融、穴熊各一𦍋，纓之兆玉，壬辰之日禱之。【乙一24】

如果這一處理不誤，那麼宋先生所說「司命」與「老童、祝融、穴熊」的組合就在同一條簡文中再次顯現，而這條簡文與包山236～238號簡中「司命」與「楚先老童、祝融、鬻熊」在神祇組合上的一定雷同也更加確定。由於楚人禱祠的神祇組合有其內在規定性，宋華強將穴熊排除在「三楚先」之外的這條材料，恰恰具有相反的意味。

我們還看到，新蔡乙一17所記對於「三楚先」的祭品，與乙一24所記對於 老童、祝融、穴熊 的相同。根據包山簡得到的經驗，在一定情形下，對於同一神祇的祭品相同。這也傾向於表明穴熊列於「三楚先」之內，或者說三楚先也指老童、祝融、穴熊。

雖然陳偉認為劉信芳對黃德寬與魏宜輝、周言之說的反駁，應可憑信，但陳偉指出劉氏論證的不周全處：

其一，在整理者提供的新蔡簡釋文中，「三楚先」的表述與「楚先」不同，從未後續具體先祖名。因而我們無從得知它只是指「老童、祝融、穴熊」三人，也無從得知它與「楚先」是兩個不同的概念。楚卜筮簡中，對於神靈往往採用異名，如「宮后土」又稱「宮地主」，「蔡公子家」又稱「親父」，「夫人」又稱「親母」。「三楚先」與「楚先」後敘列三位先祖名大概也屬於同神異稱現象。其二，《史記・楚世家》記云：「周文王之時，季連之苗裔曰鬻熊。鬻熊子事文王，蚤卒。其子曰熊麗。熊麗生熊狂，熊狂生熊繹。〔註202〕熊繹當周成王之時，舉文、武勤勞之後嗣，而封熊繹於楚蠻，封以子男之田，姓芈氏，居丹陽。」相形之下，《楚世家》後文記熊通語（「成王舉我先公，乃以子男田令居楚」），無論看時代，還是看爵位，顯然都是在說熊繹。不能當作鬻熊列在楚人先公譜系的證據。〔註203〕

〔註202〕《路史》：「楚公族有繹氏」。《路史》又載「楚熊繹之後有實氏」，可能是楚滅掉古實國後，分封給公族子弟，其後便以采邑為氏。

〔註203〕陳偉〈楚人禱祠記錄中的人鬼系統以及相關問題〉（「第一屆古文字與古代史學術研討會」論文，臺北：中央研究院歷史語言研究所，2006年9月22～24日。又見「武漢大學簡帛研究中心」，http://www.bsm.org.cn，2008/2/7。又收入陳昭容主編《古文字與古代史》，臺北：中央研究院歷史與語言研究所，2007

陳氏結合文獻證據，以爲卜筮簡中毓熊、穴熊合而爲一的可能性應該說更大
一些：

> 我們注意到，古書中實際上存在穴熊亦稱鬻熊的線索。《大戴禮記‧
> 帝繫》云：「季連產付祖氏，付祖氏產內熊，九世至於渠。」《路史》
> 卷十七「高陽」條「附敍始封於熊，故其子爲穴熊」句下羅苹注引
> 《大戴》作：「附祖氏產穴熊。」聯繫《史記‧楚世家》所載，今本
> 「內熊」之「內」當爲「穴」字之誤。孔廣森補注：「《楚世家》云：
> 附沮生穴熊。其後中微，弗能紀其世。廣森謂鬻熊即穴熊聲讀之異，
> 《史》誤分之。穴熊子事文王蚤卒，其孫以熊爲氏，是爲熊麗。歷
> 熊狂、熊繹、熊艾、熊䵣、熊勝、熊楊至熊渠，凡九世也。但穴熊
> 上距季連劣及千歲，所云產者，亦非父子繼世。」《帝繫》「九世至
> 於渠」之後的文句是：「娶縣出自熊渠，有子三人」。「娶縣出自」云
> 云，難以索解。這給孔廣森的解讀帶來一些不確定因素。不過，孔
> 氏將穴（誤作「內」）熊與鬻熊視爲一人，從《帝繫》所記世次看，
> 應該說有其道理。如果眞的鬻熊、穴熊合一的話，其原因除孔廣森
> 所說「聲讀之異」外，上文所述楚禱祠記錄中習見的同神異名現象，
> 也是應該考慮的因素。〔註204〕

　　筆者以爲楚禱祠記錄神名常與傳世文獻相異，如湘君、湘夫人在簡文中
稱作二天子〔註205〕、少司命（司過、司中）在簡文中稱作司禍〔註206〕、東皇
太一在簡文中稱作太或蝕太、雲中君在簡文中稱作雲君（或司祿）、行又可作
步，類似的例子不勝枚舉。楚先之毓熊又作穴熊，又作鬻熊，應該也是楚先
名在楚簡與典籍文獻中常見的同神異名的現象。是以在更確切的證據出現
前，本論文暫從陳偉說，以爲毓熊、穴熊、鬻熊三者即一人之異名，暫作鬻
熊。

　　　　年），頁7～8。

〔註204〕陳偉〈楚人禱祠記錄中的人鬼系統以及相關問題〉（「第一屆古文字與古代史
　　　　學術研討會」論文，臺北：中央研究院歷史語言研究所，2006年9月22～24
　　　　日。又見「武漢大學簡帛研究中心」，http://www.bsm.org.cn，2008/2/7。又收
　　　　入陳昭容主編《古文字與古代史》，臺北：中央研究院歷史與語言研究所，2007
　　　　年），頁8。

〔註205〕徐文武〈論楚人的山川崇拜〉，《荊州師專學報》社科版1996年3期，頁61。

〔註206〕許富宏〈略論二司命的祭祀對象及命名來源〉，《南通師範學院學報》哲社版
　　　　15卷4期，1999年。

　　鬻熊在楚人的祭壇上之所以有這麼高的地位乃因他曾任周文王的重臣。《史記‧楚世家》提到：「周文王之時，季連之苗裔曰鬻熊。鬻熊子事文王；蚤卒。」楚武王熊通亦言：「吾先鬻熊，文王之師也。」（《史記‧楚世家》）賈誼《新書‧政語下》也錄有周文王問政於鬻熊的對話：

> 周文王問於鬻子曰：「敢問君子將入其職，則其於民也何如？」鬻子
> 對曰：「……君子將入其職，在其於民也，旭旭然如日之始出也。」
> 周文王曰：「受命矣。」曰：「君子既入其職，則其於民也，何若？」
> 對曰：「君子既入其職，則其於民也，暵暵然如日之正中。」周文主
> 曰：「受命矣。」曰：「君子既去其職，則其於民也，何若？」對曰：
> 「君子既去其職，則其於民也，暗暗然如日之已入也，故君子將入
> 而旭旭者，義先聞也；既入而暵暵者，民保其福也，既去而暗暗者，
> 民失其教也。」周文王曰：「受命矣。」

此外，《新書》中還保留有周武王問兵於鬻熊的事。武王問怎樣才能做到「守而必存」、「攻而必得」、「戰而必勝」的問題。鬻熊回答道：「和可以守，而嚴可以守，而嚴不若和之固也，和可以攻，而嚴可以攻，而嚴不若和之得也；和可以戰，而嚴可以戰，而嚴不若和之勝也。」繼武王之後，周成王也曾問請教鬻熊如何「使民富且壽」：

> 周成王問鬻子曰：「寡人聞聖人在上位，使民富且壽。若夫富則可爲
> 也，若夫壽則在天乎？」鬻子對曰：「夫聖王在上位，天下無軍兵之
> 事，故諸侯不私相攻，而民不私相鬥也，則民得盡一生矣。聖王在
> 上，則君積於德化，而民積於用力，故婦人爲其所衣，丈夫爲其所
> 食，則民無凍餓，已得二生矣。聖人在上，則君積於仁，吏積於愛，
> 民積於順，則刑罰廢而無夭遏之誅，民則得三生矣。聖王在上，則
> 使人有時，而用之有節，則民無屬疾，民得四生矣。」（《藝文類聚‧
> 帝王部‧周成王》引賈誼書）

鬻熊之所以列入楚先之中，乃是因爲他在周初，任文王師，歷經文、武、成王三世，常爲周王室政治諮詢對象，且是楚國接受周朝祿位的第一人之故。〔註207〕

　　除了三楚先，天星觀簡見有：「舉禱宮禖豕酒食。」晏昌貴以爲「宮禖」即「宮禖」，爲供奉於宮之禖。各民族禖神皆爲其先妣，所以楚國之「宮禖」

〔註207〕孫重恩〈楚始受封者——鬻熊〉（《江漢論壇》1981 年 4 期）認爲這些功勞
　　　　還成爲周楚發生矛盾時楚國拿來要挾周室的本錢，熊通甚至因此而稱王。

應即女祿，即高唐神女。〔註208〕《山海經》卷16記顓頊娶女祿而生老童，若晏氏所言不差，楚人所祀楚先之列，除了老童、祝融、鬻熊外，可能還有身爲老童之母的女祿。

2. 先公、先王：楚國自立以後的歷代先王

除了三楚先之外，楚人還祭祀其他的先王。譬如《國語·楚語下》所記：「子期祀平王，祭以牛俎於王。」楚人打勝仗之後，也常祭祀祖先，報告戰果。《左傳·宣公十二年》記楚莊王邲之戰獲勝後，「祀於河，作先君宮；告成事而還。」另外《左傳·昭公元年》記有：「令尹命伯州犁對曰：『君辱貺寡大夫圍……圍布几筵，告於莊、共之廟而來。』」公子圍外出履行軍國大事，先到祖、父之廟告別。這種所謂「告別」，顯然是到宗廟去向祖父莊王和父親共王行祭祀之禮，以求得他們在天之靈的幫助。

楚簡所見的受祀先王，其中熊麗到武王諸王，屬於先公系統。此乃楚民族所由生，包山簡裡有一個集合性名稱——「荊王」。楚簡中對「荊王」的禱祠記錄目前爲止僅見四例：

舉禱荊王，自熊麗以就武王，五牛、五豕。（包山 M2 簡 246）

賽禱於荊王，以逾順至文王以逾☐（新蔡簡甲三 5）

☐荊王、文王以逾至文君。（新蔡簡零 301、150）

☐荊王就禱銅牢，兆；文王以逾，就禱大牢。（新蔡簡乙四 96）

劉信芳認爲楚簡之所以稱武王之前的先公爲荊王，是介於楚王、楚公二者間的權變性說法，既依後世楚王例尊稱先公爲王，又考慮了當時尚未成爲正式諸侯國「楚國」的實際情況。〔註209〕

楚始封之君，一說以爲是熊繹。除前引《史記·楚世家》之外，《漢書·地理志》、《左傳·昭公十二年》杜預注等，亦持此說。楊權喜也說道：

早期楚民族文化發展可分兩階段。楚居丹陽前期，相當於熊繹至熊渠時期。西周早期，周成王初封熊繹於荊山丹陽，是楚國之始。楚國初年處於偏僻山區，歷經艱辛，勤奮創業。……楚居陽後期，大約相當於西周中期的熊渠前後，楚國開始向江漢平原擴展……曾從

〔註208〕晏昌貴〈楚卜筮簡所見神靈雜考（五則）〉，《簡帛》1 輯，2006 年 10 月，頁234～235。

〔註209〕劉信芳〈楚簡「三楚先」、「楚先」、「荊王」以及相關祀禮〉，《文史》4 輯，2005 年。

荊山丹陽出發，出兵攻打楊越等民族，到了長江沿岸地區，並征服
了一部份「江上楚蠻之地」。〔註210〕

另有一說以為是熊麗，《墨子・非攻下》記「好攻伐之君」質疑墨子說：「昔
者楚熊麗始封此睢山之間，越王繄虧出自有遽，始邦於越，唐叔與呂尚邦齊、
晉。此皆地方數百里，今以並國之故，四分天下而有之。」這裡說的是楚、
越、齊、晉四國的始封之事，熊麗與唐叔、呂尚並列，自當也是立國之君。
梁玉繩認為：「麗是繹祖，睢為楚望。然則繹之前已建國楚地，成王蓋因而封
之，非成王封繹始有國耳。」〔註211〕

　　針對包山 M2 簡 246 所載，聯繫《戰國策・楚策一》「威王問於莫敖子華」
章記楚威王說：「自從先君文王，以至不穀之身，亦有不為爵勸，不為祿勉，
以憂社稷者乎？」陳偉推測，楚人將熊麗至武王與文王以後的楚君看作兩個
系列。他認為從新蔡簡來看，可知新蔡簡中的荊王乃是與「文王以逾」並列、
而位次居先的一個範疇。〔註212〕

〔註210〕楊權喜《楚文化》（北京：文物出版社，2000 年 10 月），頁 23。同書頁 25
　　　　曰：「早期楚民族文化由多支系構成。在該文化分佈範圍內，據古文獻記載，
　　　　西周中期至春秋早期曾有過權、羅、夔等小國的存在。這些小國多屬楚民族
　　　　的支系。」但同書頁 203～231 從俞偉超及王光鎬的聲明出發，也提到了楚文
　　　　化淵源等問題的研究，至今仍未得到圓滿的結果。
〔註211〕清・梁玉繩《史記志疑》（北京：中華書局，1981 年），頁 1006。
〔註212〕陳偉〈楚人禱祠記錄中的人鬼系統以及相關問題〉，「第一屆古文字與古代史
　　　　學術研討會」論文，臺北：中央研究院歷史語言研究所，2006 年 9 月 22～24
　　　　日。又見「武漢大學簡帛研究中心」，http://www.bsm.org.cn，2008/2/7。又收
　　　　入陳昭容主編《古文字與古代史》，臺北：中央研究院歷史與語言研究所，2007
　　　　年。陳偉還指出包山簡 246「自熊麗以就武王」這一集合是楚未封國時的荊
　　　　王集團；新蔡甲三 137 及新蔡甲三 267「自文王以就聖桓王」這一集合是楚
　　　　正式封國之後的楚王集團，都是在同一系列內的繫聯，使用「就」；而新蔡簡
　　　　甲三 5 的「荊王以逾順至文王以逾」、新蔡簡零 301、150 的「文王以逾至文
　　　　君」以及新蔡甲三 201 的「竟平王以逾至文君」，或者是從未封國的「荊王」
　　　　系列過渡到封國之後「文王以逾」系列，或者從「自文王以就聖桓王」的楚
　　　　王系列過渡到非王身分的「文君」，與「就」判然有別，故使用「逾」字。楚
　　　　王世系為鬻熊（楚先之一）→傳子熊麗→傳子熊狂→傳子熊繹→傳子熊艾→
　　　　傳子熊䵣→傳子熊勝→傳兄弟熊楊→傳子熊渠→傳子熊摯紅→傳兄弟熊延→
　　　　傳子熊勇→傳兄弟熊嚴→傳子熊霜→傳兄弟熊徇→傳子熊咢→傳子熊儀→傳
　　　　子熊坎→傳子蚡冒→傳兄弟武王（以上為荊王系列）→傳子文王→傳子莊敖
　　　　→傳兄弟成王→傳子穆王→傳子莊王→傳子共王→傳子康王→傳子郟敖→傳
　　　　伯叔→靈王→傳兄弟子比→傳兄弟平王→傳子昭王→傳子惠王→傳子簡王→
　　　　傳子聲王→傳子悼王→傳子肅王→傳兄弟宣王→傳子威王→傳子懷王→傳子

3. 墓主自出之嫡系及五世以內的近祖

（1）墓主自出之嫡系

以包山簡記錄爲例，簡文所記包括昭王、文平輿君、邵公子春、司馬子音、蔡公子家。昭王即楚王熊軫，是包山 M2 墓主邵𣱵所在邵氏宗族的始祖；文平輿君以至蔡公子家則依次爲邵𣱵的高祖父、曾祖父、祖父、父，是爲其近祖。前者乃邵氏宗族所由出，後者乃邵𣱵氏族所由出。以望山簡記錄爲例，簡文所記包括簡王、聲王、悼王、東宅公、王孫悼。簡王、聲王、悼王是世系相次的祖孫三代楚王，東宅公是悼王之子，王孫悼之父，墓主悼固爲王孫悼之子。因此，楚簡王當是望山 M2 墓主悼固之遠祖，楚聲王以下至王孫悼分別爲悼固之高祖父、曾祖父、祖父、父，是爲其近祖。墓主悼固以悼爲氏，楚悼王應即悼固所在悼氏宗族的始祖。

（2）墓主五世以內近祖

包山 M2 簡中多次提到禱祠昭王以至親父五世。在望山 M1 簡中也有禱祠五代祖先的記錄。陳偉推測，連續禱祠五代先人，大概是戰國中期楚國貴族中的流行作法。〔註213〕秦家嘴簡所見禱祠五世父母的紀錄更多：

　　禱□都於五世王父以逾至親父。（秦家嘴 M1 簡 2）

　　賽禱五世以至親父母。（秦家嘴 M13 簡 1）

　　☑五世王父、王母。（秦家嘴 M13 簡 5）

　　☑五世王父、王母順至親父、母。（秦家嘴 M99 簡 10）

　　賽禱於五世王父、王母。（秦家嘴 M99 簡 11）〔註214〕

《爾雅·釋親》：「父之考爲王父，父之妣爲王母。王父之考爲曾祖王父，王父之妣爲曾祖王母。曾祖王父之考爲高祖王父，曾祖王父之妣爲高祖王母。」《釋名·釋親屬》：「祖，祚也，祚物先也。又謂之王父。王，眂也，家中所

　　　頃襄王→傳子考烈王→傳子幽王→傳兄弟哀王→傳兄弟負芻（以上爲楚王系
　　　列）。陳偉以爲祭祖對象在同一系列則用「就」，在不同系列或不同身份（如
　　　王與非王）則用「逾」。

〔註213〕陳偉〈望山楚簡所見的卜筮與禱祠——與包山楚簡相對照〉，《江漢考古》1998
　　　年 2 期，頁 73～75。

〔註214〕晏昌貴〈秦家嘴「卜筮祭禱」簡釋文輯校〉，《湖北大學學報》2005 年 1 期。
　　　新蔡簡簡原釋文零 282 有「五世」，宋華強〈新蔡簡兩個神靈名簡說〉改釋爲
　　　「五祀」（「簡帛研究網」，http://www.jianbo.org/，2006/7/1），本論文從之，
　　　故不列於此。

歸睡也。王母亦如之。」王父、王母即祖父、祖母。「五世王父、王母」當是指與當事人相隔「五世」的祖先。《禮記・喪服小記》：「有五世而遷之宗，其繼高祖者也。是故祖遷於上，宗易於下。」孔疏：「繼高祖者，至子五世。繼曾祖者，至孫五世。繼祖者，至曾孫五世。繼禰者，至玄孫五世也。是皆五世，不復與四從兄弟爲宗，故云『皆至五世則遷』，各自隨近相宗。」孔疏又云：「此五世合遷之宗，是繼高祖者之子，以其繼高祖之身，未滿五世，而猶爲宗。其繼高祖者之子，則已滿五世，禮合遷徙，但《記》文要略，唯云『繼高祖』，其實是繼高祖者之子也。」所謂「五世」，是指以當事人爲起點，上數五輩。這與「父子曰世」的說法相合。〔註215〕以此推算，「五世」王父母是指當事人高祖父的父母；四世指高祖父母，即《釋親》所謂「高祖王父」、「高祖王母」；三世指曾祖父母，即《釋親》所謂「曾祖王父」、「曾祖王母」；二世指祖父母，即《釋親》所謂「王父」、「王母」；一世於簡文中則稱「親父母」。秦家嘴 M13 簡 1 的「五世」之後，晏昌貴以爲或承前省「王父」。〔註216〕這當然是可能的。作爲另一種可能，陳偉認爲該簡也許是連後文共用「父母」二字。在這種情形下，五世王父、王母，也可稱作「五世父母」。〔註217〕

4. 殤

殤，即不幸早死者。《儀禮・喪服》云：「年十九至十六爲長殤；十五至十二爲中殤；十一至八歲爲下殤；不滿八歲以下，皆爲無服之殤。」《儀禮・喪服》依死者的年齡，將其分作不同的等次。《儀禮・喪服》：「子、女子子之長殤、中殤」，鄭注：「殤者，男女未冠笄而死，可殤者。」但包山簡稱之爲「殤」者，是墓主邵 放叔伯輩的長者東陵連敖子發。東陵是地名，連敖爲職官，子發死前既已任官職，應已成年。陳偉引《小爾雅・廣名》：「無主之鬼謂之殤」，以爲子發稱殤，可能因爲其無子嗣後代。〔註218〕《楚辭・九歌》中

〔註215〕《尚書・畢命》鄭注。孔疏云：「父子易人爲世。《大禹謨》云：『賞延於世。』謂緣父及子也。」又《周禮・秋官・大行人》鄭注：「父死子立曰世。」

〔註216〕晏昌貴〈秦家嘴「卜筮祭禱」簡釋文輯校〉，《湖北大學學報》2005 年 1 期。

〔註217〕陳偉〈楚人禱祠記錄中的人鬼系統以及相關問題〉，「第一屆古文字與古代史學術研討會」論文，臺北：中央研究院歷史語言研究所，2006 年 9 月 22～24 日，頁 10～11。又見「武漢大學簡帛研究中心」，http://www.bsm.org.cn，2008/2/7。又收入陳昭容主編《古文字與古代史》，臺北：中央研究院歷史與語言研究所，2007 年。

〔註218〕陳偉〈湖北荊門包山卜筮楚簡所見神祇系統與享祭制度〉，《考古》1999 年 4 期，頁 54。

有另國殤，即爲國捐軀於疆場者，〔註219〕湯炳正認爲這些人死時亦應已成年。殤之本義，本指未成年而死。引申言之，凡不終其天年而犧牲的戰士，皆得謂之殤。〔註220〕

從簡文看，子發雖被稱爲「殤」，但仍歸屬於人神系統。而那些爲國戰死者，似乎亦未被簡單的置於殤鬼之列。另外，新蔡簡還有一條記載也值得重視，即：「就禱三世之殤」（簡乙四109）參照上述分析，這裡「三世」的計數應該是以當事人爲起點，向上計數三代，包括父、祖與高祖之輩，如此則是人神。殤作爲未成年死者之名，既可指長輩，也可指晚輩。因而如果再向下計數，則還應包括子、孫、曾孫三世，如此則是夭鬼。故楚人所謂「殤」者，似乎應包含兩個層次，一是那些未成年而死者，屬於人鬼；二是那些雖已成年，但卻未盡天年，以其有功於國者而可歸於人神之位。

5. 靈 巫

在楚境內執行巫術的靈巫，死後也是楚人所崇拜的對象。〔註221〕靈巫又稱靈子、靈君子，〔註222〕作爲被禱祠的對象，見天星觀簡文：

舉禱巫豬豕、靈酒、棧鐘樂之。（滕本頁25、380、451）

新蔡簡文：

☑靈君子、戶、步、門☑（甲三76）

☑靈君子祝其特牛之禱。鄭憲占之：兆□☑（乙四145）

☑宗、靈君子☑（零602）

☑君、地主、靈君子，己未之日，弍禱昭☑（乙四82）

夏柰之月，己丑之日，以君不懌之故，就禱靈君子一豬；就禱門、

戶純一羊；就禱行一犬。壬辰之日禱之。（乙一28）

包山M2簡文：

〔註219〕一般以爲〈國殤〉在祭爲楚國捐軀者，但許建崑以爲從〈國殤〉通篇語法結構上看，敗戰而死的可能是敵軍不是楚軍。〈國殤〉可能祭的是敵國之。詳氏著〈〈國殤〉乃祭祀戰死楚境之敵國軍士考〉，「傳統文學與現代詮釋」研討會，臺中：東海大學中國文學系，1997年5月31日。

〔註220〕湯炳正《楚辭類稿》，成都：巴蜀書社，1988年。

〔註221〕祭巫之事嘗見於古書，《左傳・隱公十一年》：「公之爲公子也，與鄭人戰於狐壤，止焉。鄭人囚諸尹氏（杜注：尹氏，鄭大夫）。賂尹氏而禱於其主鍾巫，遂與尹氏歸而立其主。十一月，公祭鍾巫……」

〔註222〕宋華強〈楚簡神靈名三釋〉，「武漢大學簡帛研究中心」，http://www.bsm.org.cn/，2006/12/12。

舉禱巫一全豬，俎豆保逾之。（簡244）

且爲巫綳珮，速巫之厭一犴於地主。（簡219）

望山 M1 簡文：

嘗巫甲戌。（簡113）

舉禱大夫之私巫。（簡119）

從楚人將靈巫與戶、步、門、地主等神祇合祀且使用主要用來祭祀天神、地祇、人神的舉禱可知，靈巫亦是以人神的身份出現在楚人祭壇上的。楚人對待死去靈巫的態度和現今鄂溫克民族對他們死去薩滿祭司的方法很相像。遊牧的鄂溫克薩滿採風葬。風葬後拾骨土葬，並於其上用石堆成敖包，袖也變成守護神。〔註223〕

（二）楚地簡帛所見人鬼譜系

人鬼系統主要是指那些非正常死亡及絕無後者的鬼魂。包山占卜類簡記載稍多，望山、新蔡占卜類簡則相對較少。這些人鬼依其死亡的地點可大分爲死於荊楚的「荊亡」及死於中原的「夏亡」二類，〔註224〕細分則有以下八類（睡虎地簡〈詰咎〉篇記有諸多作祟的鬼怪，以下亦將一併討論之）。

1. 不壯死／殤

不壯死者，即未及成年而死。未及壯年而死，心中必有所遺憾，鬼魂自然滯留人間作祟。望山 M1 簡176有：「使攻解於下之人不壯死」。未及成年而死也稱「殤」，如新蔡乙四109「三世之殤」，指的是當事人下數子、孫、曾孫三代夭折之鬼。睡虎地《日書》有夭鬼及哀乳之鬼（哀乳之鬼指缺奶而死的嬰兒鬼魂），亦應即不壯死之殤。

2. 不 辜

不辜，即無罪而冤死者。《墨子‧非攻上》：「至殺不辜人也，扡其衣裘、取戈劍者，其不義又甚入人欄廄，取人馬牛。」《呂氏春秋‧聽言》：「誅不辜之民以求利。」《尚書‧大禹謨》：「與其殺不辜，寧失不經。」孔傳：「辜，

〔註223〕內蒙古民族研究所《鄂溫克族研究文集（2）》（呼和浩特：內蒙古人民出版社，1989年），頁299。

〔註224〕楊華〈新蔡祭禱禮儀雜疏（四則）〉，《新出簡帛與禮制研究》（臺北：臺灣古籍出版社，2007年4月）頁24～25。楊華還以爲荊亡和夏亡的死亡空間，連同睡虎地秦簡中的室鬼、中鬼、外鬼、外死來看，他們由近至遠的排列應是：室鬼（中鬼）、外鬼（外死）、荊亡、夏亡。

罪。」無罪而冤死，心中勢必憤恨不平，自然作祟於人。包山 M2 簡 217 有：「舉禱楚先老僮、祝融、毓熊各一牂，使攻解於不辜」、簡 248「舉禱社一豬。使攻解日月與不辜」；望山 M1 簡 78「與不辜與明祖」；天星觀簡有「使攻解於不辜」；睡虎地《日書》也有不辜鬼。

3. 兵死／強死

兵死就是戰死沙場或因兵災而死者。《淮南子·說林》：「戰兵死之鬼，憎神巫。」高誘注：「兵死之鬼，善行病人，巫能祝劾殺之。」王念孫《讀書雜志·淮南內篇十二·說林》：「戰字後人所加。古人所謂兵者，多指五兵而言。兵死，謂死於兵也。〈曲禮〉曰：『死寇曰兵。』《釋名》曰：『戰死曰兵』，言死爲兵所傷也。《周官·冢人》曰：『凡死於兵者，不入兆域。』皆是也。」兵死屬凶亡。生命突然而止，驚恐而亡，其鬼易祟。包山 M2 簡 241 有：「使攻解於明祖與兵死」；九店 M56 簡 43 有：「帝謂爾無事，命爾司兵死者。」

強死，即非因病、老而死——人尚壯健而死於非命。《左傳·文公十年》：「初，楚范巫矞似謂成王與子玉、子西曰：『三君皆將強死。』」孔穎達疏：「無病而死，謂被殺也。」漢·王充《論衡·死僞》：「何謂彊死？謂伯有命未當死而人殺之邪！」天星觀簡有「思攻解於強死」，晏昌貴認爲即與兵死一類。〔註225〕

4. 害

害，顧名思義當指專事危害生人之鬼，或是指死而屍體不全，其魄因無所依憑，變成遊鬼作祟於人者。包山 M2 簡 244 有：「舉禱害一全豬⋯⋯。」

5. 水上與溺人

水上與溺人，均爲溺水而亡者。從字面上來看，二者的區別在於前者是漂在水上的鬼，後者是沈在水下的鬼。溺斃爲凶死，驚懼而亡，其鬼易祟。包山 M2 簡 246 有：「舉禱荊王，自熊繹以迄武王，五牛、五豕。使攻解於水上與溺人。」

6. 絕無後者

絕無後者，即因無繼承人而絕祀者。《左傳·成公八年》：「宣孟之忠而無

〔註225〕晏昌貴〈天星觀「卜筮祭禱」簡釋文輯校〉，《楚地出土簡帛文獻思想研究（2）》（武漢：湖北育出版社，2005 年 4 月），頁 289～290。「強死」見所輯天星觀簡文 164、165、166、169 號。

後，爲善者其懼矣。」《史記・孟嘗君列傳》：「孟嘗絕嗣無後也。」無後繼者供祀，香火中斷，其鬼無所依歸而爲厲。香火中斷也可以稱殤，詳上。包山楚簡中，墓主邵佗的兄弟邵良、邵乘、縣貉公即屬此例。另包山 M2 簡 249～250 有：「有祟，見於絕無後者與暫木位，以其故說之。舉禱於絕無後者各肥豬，饋之。命攻解於暫木位，且有其處而桓之，尚吉。」「絕無後者」亦見曹操〈軍譙令〉：「將士絕無後者，求其親戚以後之。」戰死而致無後，需從親戚中尋求繼嗣者。

7. 暫木位／祖位／明祖

暫木位見包山 M2 簡 249～250。它可能是臨時用作安置死者魂魄的木牌位，功能類似禮書所謂之「重」。「暫木位」簡文文例詳見上文「絕無後者」所引。先秦時期，人死葬後虞祭才有神主牌位。虞祭之前則用「重」代替，虞祭之後將「重」埋在廟門之東。因爲「重」具有臨時神主的作用，所以棄用時處理不周到，就有作祟的可能。

新蔡楚簡中，零 354 有「☐重」，甲三 92、甲三 203、甲三 244 有「弇重」。文例分別作：

　　　　☐弇重，長蹈人☐（甲三 92）

　　　　☐吳𣪘無授一赤，有杓，有弇重，有雁首；吳惠授一𠤕、二赤弇☐
　　　（甲三 203）

　　　　☐授二赤，弇重，窑人黽鵬授二，有杓☐（甲三 244）

　　　　☐重，☐連教授☐（零 354）

上引各「重」字分別作 ![字形], ![字形], ![字形], ![字形], 末一字殘漶。〔註226〕此五字原整理者不識，釋文照描其形。〔註227〕

按楚簡「重」字大概有二種寫法：

第一型：從「人」、「東」省、「壬」者，如《郭店・成之聞之》簡 10 ![字形]。

第二型：從「人」、「東」省、「土」者，如《郭店・唐虞之道》簡 19 ![字形]。
〔註228〕

〔註226〕甲三 203 所引文例末一殘字也可能作此。

〔註227〕河南省文物考古研究所《新蔡葛陵楚墓》（鄭州：大象出版社，2003 年 10 月），頁 191、194、196、219。

〔註228〕季旭昇師《說文新證》下冊（臺北：藝文印書館，2004 年 11 月），頁 24：「春秋以後『人』形足下加『土』《說文》遂說爲從『壬』。戰國文字『東形上部或省略。』」郭店諸字形引自張光裕師主編、袁國華師合編《郭店楚簡研究・

以楚簡第二型「重」字視新蔡諸重字，諸字與此「重」字不同者，僅在上部所從側「人」形不是明顯分作二筆，而幾乎是一氣呵成，然其應係「重」字無疑。〔註 229〕此外，《訂正六書通》收有許多散佚不傳的璽印文字，其頁473 收有諸多「重」字中，步重私印「重」字作𦈢，〔註 230〕與新蔡簡此群字極似，亦可以作爲本論文視新蔡簡此字爲「重」字之佐證。

《儀禮·士喪禮》：「管人盡階，不升堂，受潘，煮於垼，用重鬲」，鄭注：「木也，懸物曰重」、賈公彥疏：「先煮潘，後煮米爲鬻，縣於重。」〔註 231〕《儀禮·士喪禮》：「夏祝鬻餘飯，用二鬲，於西牆下。冪用疏布久之，繫用靲，縣於重，冪用葦席，北面左衽，帶用靲，賀之，結於後」，鄭注：「以飯尸餘米爲鬻也。重，主道也。士二鬲，則大夫四，諸侯六，天子八，與簋同差。久，讀爲灸，謂以蓋塞鬲口也。靲，竹篾也。以席覆重，辟屈，而反兩端交於後⋯⋯。」根據上引《儀禮·士喪禮》經傳，新蔡楚簡簡文「重」指的應是被木架高撐起來的雙數鬲，充作暫時神主使用。何以言「弇」？因爲鬲裝入稀飯後要用粗布塞在鬲口，並以席覆上。席如何覆蓋住鬲？胡培翬《儀禮正義》謂：「以席覆重⋯⋯當是四面旋轉覆之。」

不過本論文將新蔡楚墓簡此字釋作「（弇）重」，視作喪葬暫主的一種，將遭遇到兩個問題：〔註 232〕

第一個問題：爲何在清理新蔡楚墓時，清理出來的器物中未發現有「弇重（鬲）」？其實我們可以有以下二種角度的理解：其一、新蔡葛陵楚墓在歷史上曾多次被盜，整理小組清查墓葬填土的過程中，先後發現了七個盜洞，清查後所得的陪葬容器僅剩青銅簠（匜）、青銅豆、陶豆、陶碗、陶缽各一，及一些青銅、陶器碎片。單就陪葬簠（匜）來說，光從本論文所引遣策簡文

第一卷·文字編》，臺北：藝文印書館，1999 年。該書之校遺補缺可參鄔濬智〈《郭店楚簡研究·第一卷·文字編》校讀記〉，《書目季刊》40 卷 4 期，2007 年 3 月。

〔註 229〕此字字形之隸定，爲筆者與業師袁國華先生討論所得，然袁國華師認爲新蔡「弇重」的具體意涵仍待考證。

〔註 230〕明·閔齋伋輯、清·畢弘述篆訂《訂正六書通》（上海：上海書店，1981 年 3 月），頁 473。

〔註 231〕錢玄、錢興奇《三禮辭典》（南京：江蘇古籍出版社，1998 年 3 月），頁 600～601：「重」是喪禮時用以懸鬲之木架。鬲中盛粥，謂之「重鬲」。

〔註 232〕以下討論見鄔濬智〈讀楚簡困學記得（六題）〉，「第一屆清華中文系全國研究生論文發表會」論文，新竹：清華大學中文系，2005 年 10 月 5 日。

例中便可知陪葬的簠（匠）不會僅僅只有一個，由此足見被盜的文物數量不寡。清理墓葬陪葬品後未見「弁重」，是可以理解的。其二、《禮記・雜記》：「重，既虞而埋之」，鄭注：「就所倚處埋之」，孔穎達疏：「『就所倚處埋之』，謂於祖廟門之東也」，「弁重」也有可能未被放入擺放陪葬品的墓室，而是在虞祭之後直接被埋在祖廟門外。如果鄭注屬實，這也可以解釋爲什麼整理者清理新蔡墓葬墓室裡的相關陪葬品後，未曾見到「弁重」。

第二個問題：《儀禮》鄭注：「士二鬲，則大夫四，諸侯六，天子八。」而新蔡楚墓墓主爲大夫級平輿君，根據我們所整理出來的遣策簡文可知，他至少配用四組「弁重」，何以簡文記載與遣策登記情況有所出入？研究出土文物與先秦禮制多年的王世民說過：

> 先秦文獻的有關記載本身存在著矛盾和疑問……最近幾年發現的幾批新資料，主要是晉侯墓地和郿縣窖藏的青銅器……晉侯墓地中完整的晉侯墓僅有列鼎五件（M64，M93），聯想到《王制》「次國之君不過七命，小國之君不過五命」的記載，這是說明西周時期晉國的地位不高？還是說明什麼問題？值得考慮。郿縣出土的四十三年鼎有五件和四件二組，器主先任職「虞林」，後「官司歷人」，屬王之卿大夫，聯想到《典命》「王之三公八命，其卿六命……」的記載，是否也值得考慮。〔註233〕

王世民認爲，若以後代典籍所記之體制與晉侯與郿縣出土之青銅器器主和其所配屬的青銅器數量相對照，明顯的可以發現兩者有很高的不對應性。換句話說，從大量的墓葬出土禮器組合中，我們可以發現有很大一部份與文獻記載有所出入。新祭簡文所記墓主平輿君所用之「弁重」禮器配置數與《儀禮》鄭注不符，這有可能是因爲鄭玄所處時空較晚，對東周禮崩樂壞造成的諸國異制不甚熟悉之故。

除了「重」，天星觀 M1 簡有「祖位」與「明祖（明）」、望山 M1 簡見有「明祖」可能指的都是祖先牌位之類。「明祖」，劉信芳《包山楚簡解詁》以爲還可以讀作「盟詛」。〔註234〕但顧及此攻解對象通常伴隨不辜（人鬼）出現，而盟詛的對象多半是神格較高之山川自然神，故還是讀其作與不辜同格的「明

〔註233〕王世民〈關於古代禮制的考古學研究〉，臺北：中央研究院歷史語言研究所專題演講，2005 年 1 月 9 日。

〔註234〕劉信芳《包山楚簡解詁》，臺北：藝文印書館，2003 年。

祖」較佳。

8. 物魅及其他橫死人鬼

中國文化中常見精怪，精怪不僅有自然物做爲牠的原形，而且牠本身通常具有靈性，可以變幻莫測。「然而萬物可以變成精靈，其實是人們將靈魂的觀念賦予自然物的結果。」〔註235〕最初的精靈物魅、精怪，其形多爲動物，或帶有動物的特色，後來才有動物形的人鬼。精怪和人鬼一起，有時被稱爲鬼物、百鬼，但仍有一定界限。在自然崇拜中，開始一切自然物的神都帶著精怪形象，它們可以合稱爲精，也可合稱爲神，以後神界發生分化，才形成不同職司和等級。

自然物擬人化是精怪或物魅觀念的最初源頭，也可以說是精怪觀念形成的預備階段。〔註236〕然而，在這一階段，這些能說話的自然物尚以直接外觀形態的面目呈現在人的意識中，「它們最多只是精怪的發端，而不是成熟的精怪。」〔註237〕具有神異力量的精怪物魅，其產生時間要較爲後起。睡虎地《日書》簡中記錄了各式各樣的鬼。這些鬼多爲橫死人鬼，少數爲物魅之流。鬼的名稱形形色色，如丘鬼、哀鬼、祠鬼、遽鬼、哀乳之鬼、棘鬼、字鬼、宗人生爲鬼、暴鬼、陽鬼、游鬼、粲迉之鬼、癘鬼、餓鬼、刺鬼、明鬼，〔註238〕填補了先秦物魅鬼怪發展的空白。

四、人神人鬼的祭祀與攻解

楚人認爲，人死爲鬼，靈魂不滅，甚至可以上天入地。《楚辭·招魂》云：

　　魂兮歸來！君無上天些。虎豹九關，啄害下人些。一夫九首，拔木

〔註235〕劉仲宇〈物魅、人鬼與神祇──中國原始崇拜體系形成的歷史鉤沉〉，《宗教哲學》3卷3期，1997年7月，頁18。

〔註236〕將自然物人格化的情況，在未開化人群的思維和實踐中，仍舊普遍存在著。中國進入文明時代已久，所以很難再尋得其跡，但在一部份少數民族的神話和口傳歷史中，還保留著一些痕跡。譬如納西族的《創世紀》就說：「很古很古的時候，天地還是渾沌不分的時代，『男神石』、『女神石』會唱歌的時代、樹木會走路的時代、石裂縫會說話的時代……」《創世紀》所見的光怪陸離，以現今的角度來理解，會覺得它很滑稽且不合理，但這對納西族而言卻可能是一種近乎歷史的回憶。

〔註237〕劉仲宇〈物魅、人鬼與神祇──中國原始崇拜體系形成的歷史鉤沉〉，《宗教哲學》3卷3期，1997年7月，頁17～18。

〔註238〕詳可參李曉東、黃曉芬〈從《日書》看秦人鬼神觀及秦文化特徵〉，《歷史研究》1987年4期。

九千些。豺狼從目，往來侁侁些。懸人以嬉，投之深淵些。致命於
帝，然後得瞑些。歸來歸來！往恐危身些。魂兮歸來！君無下此幽
都些。土伯九約，其角觺觺些。敦脄血拇，逐人駓駓些。參目虎首，
其身若牛些。此皆甘人。歸來歸來，恐自遺災些！

楚人還相信，不平常的人死後可變成不平常的鬼雄，《九歌‧國殤》說：「身
既死兮神以靈，子魂魄兮爲鬼雄。」楚人喪葬中的招魂、引魂習俗，洋溢著
濃烈的靈魂不滅觀念。〔註239〕荊楚故地的鬼神文化，涵蘊著奇詭絢爛而宏富
的內容。

　　既然人死後要變鬼，而鬼可作祟於生者，亦可佑護生者，故而楚人不惜
費盡心思去討好死者，祭鬼祀祖。楚人上至君，下至民，素有祭祀之習。淫
祀之風，遍浸朝野，蔚然盛行。《新論‧言體》說：

昔楚靈王驕逸輕下，簡賢務鬼，信巫祝之道，齋戒潔鮮，以祀上帝，
禮群神，躬執羽紱，起舞壇前。吳人來攻，其國人告急，而靈王鼓
舞自若，顧應之曰：「寡人方祭上帝，樂明神，當蒙福佑焉，不敢赴
救。」而吳兵遂至，俘獲其太子及后姬以下，甚可傷。

　　楚卜筮祭禱簡文雖然多見楚人對人神、人鬼的祭禱——或用罷禱、或用
舉禱、或用賽禱。但具體祭祀細節的描敘並不是很多。以下輔以傳世禮書及
其他先秦文獻，試擬構出戰國楚人可能的人神人鬼祭禮與禳祓，其餘不足處
謹待後出材料予以補充。

1. 人神——祭祖〔註240〕

　　祭祖禮是春秋戰國時期人們非常重視的祭禮之一，人們崇拜自己祖先的
靈魂，是因爲他們認爲祖先是最親近可靠的保護神。祭祖，或是以其成功告
於神明，或是向祖先祈福並希望祖先能代爲驅趕作祟的鬼怪。楚人對祖先的
祭祀，亦是以此爲出發點。

（1）時間與地點

　　周人對宗廟有四時定期之祭，《禮記‧王制》：「春曰礿，夏曰禘，秋曰嘗，
冬曰烝。」至於不定時之禱，文獻可見者，出征遠行、戰勝報捷、封爵受位等

〔註239〕陳紹棣《中國風俗通史‧兩周卷》（上海：上海文藝出版社，2003 年 6 月），
　　　　頁 353。
〔註240〕完整的楚人祭祖禮儀式流程的討論，亦可參鄔濬智〈戰國楚簡所見楚人祭祖
　　　　禮研究〉，《興大人文學報》40 期，2008 年 3 月。

重大事情，都可到祖廟致祭。〔註 241〕楚地簡帛所見之祭祖禮，主要導因於祈福、除祟、問病、求功名等等，〔註 242〕祭祖之事由並不固定，祭祖之時間或亦不定。又楚地簡帛所見卜筮祭禱事由，依所涉之性質與時效，可分爲二類：常規貞問（歲貞、集歲貞、三歲貞、月貞、七日貞）、非常規貞問（疾病貞、因事而貞）。〔註 243〕不論是常規貞問或非常規貞問，其中都未見類似有周人宗廟四時定期之祭，是可推之楚人祭祖，其時間或許較多視事而不視時而定。

　　楚人祭祀祖靈一般是在宗廟內舉行，新蔡簡甲三 134、108 有「☐甲戌闢，乙亥禱楚先與五山……」，《儀禮・士喪禮》鄭注：「凡廟門有事則開，無事則閉」，《儀禮・少牢饋食禮》有祭前掃除宗廟之事，簡文中的「闢」字應是指祭祖之前將廟門打開之意。〔註 244〕楚人把宗廟看得同社稷一樣重要，當是他們重視祖先崇拜的態度在現實生活當中的反映。據《荀子・強國》記載，楚懷王客死於秦後，楚頃襄王「國舉焉，負三王之廟，而辟於陳蔡之間。」國都臨時遷徙，首先移走宗廟。〔註 245〕

（2）對　象

　　宗廟祭祀的對象通常是一位本族的遠祖，或是始祖，或是本族遠祖中聲名顯赫者；再加進幾位近祖。供奉祖靈的數量，由祭祀者的地位決定，《禮記・王制》載周禮天子七廟，諸侯五廟，大夫三廟，士一廟，庶人祭於寢而不准設廟。今檢諸楚簡所見楚人祭祀系統，與周禮不遠：周禮以后稷一人爲始祖，楚禮以老童爲始祖，以老童與祝融、鬻熊三人合稱「楚先」；周禮以文王、武王二受命之王爲不遷之祧，楚禮對熊麗以後的歷代楚王亦有常祭，只不過是將其安排成多人爲代表的集體祭位，如先公「荊王熊麗以就武王」或先王「文王以就過世諸王」這兩種集團即是。〔註 246〕

〔註 241〕石璠〈春秋戰國時期的巫覡信仰〉，《中國歷史博物館館刊》1991 年總 15～16 期，頁 28。

〔註 242〕胡雅麗《尊龍尚鳳──楚人的信仰禮俗》（武漢：湖北教育出版社，2003 年 1 月），頁 24～29。

〔註 243〕陳偉《包山楚簡試探》（武漢：武漢大學出版社，1996 年），頁 151～156。另可參氏著〈葛陵楚簡所見的卜筮與禱祠〉，《出土文獻研究》6 輯，上海：上海古籍出版社，2004 年 12 月。

〔註 244〕于成龍《楚禮新證──楚簡中的紀時、卜筮與祭禱》（北京：北京大學考古文博學院博士論文，2004 年 5 月），頁 70。

〔註 245〕遷移宗廟並非搬遷整個建築物，而是背負祖先的遺像和牌位。

〔註 246〕陳偉〈楚人禱祠記錄中的人鬼系統以及相關問題〉，「第一屆古文字與古代史

　　周禮祭祖，天子七廟：太祖＋文、武二祧＋四親廟（高祖、曾祖、祖、父）。四親廟是周禮祭祖的核心內容。目前所知，楚簡所見受祀的核心親祖亦是四廟，如包山 M2 簡所見的固定祭祖核心爲蔡公子家（父）、邵公子春（分宗始立之君）、平輿君文（始封之君）、昭王（得氏之王）即是。〔註247〕雖然楚人亦祭「核心四代」，但並不表示受祀祖先只能向上追溯祭到第四代。包山 M2 墓簡和秦家嘴簡提到可以向上祭到五世王父母；望山 M1 墓主悼固可以向上祭到五代至楚簡王；新蔡墓主平輿君成可以向上祭到五代至楚平王等。但目前所見，楚人祭祖至多只能向上追溯到五代。

　　《禮記・曲禮下》：「支子不祭，祭必告於宗子。」《禮記・王制》也有類似的說法──庶出之小宗沒資格爲大宗立廟致祭。但我們看到悼固可以祭其祖父東宅公之昆弟蕭哲王、平輿君成可以祭其祖父之兄惠王與父之堂兄簡王和自己遠房堂兄弟聲王。這種小宗祭祀楚王大宗的例子顯然違背周禮。楊華認爲這和楚國獨特的宗法制有關：楚王立儲不分長幼，而是在所有直系諸子中選立儲君。要完成選立，諸王子之間才有嫡庶之分。由是可見楚人長幼嫡庶之別不甚分明。〔註248〕

　　（3）祭祀受體──尸

　　對尚未成爲人神的人鬼，在喪禮結束前會立「重」做暫時性的神祖，之後再依其輩次進入宗廟。楚人之「重」制詳前文，而久死之人鬼或已成爲人神的祖先，則會立尸。根據方述鑫的研究，立尸的制度在商代已有之。〔註249〕「尸」，《說文》：「陳也。」《禮記・郊特牲》注：「此尸神像，當從主訓之。」段玉裁注：「祭祀之尸本象神而陳之，而祭者因主之，二義實相因而生也。」《儀禮・士虞禮》：「祝迎尸」鄭注以爲用尸象神是因爲：「孝子之祭，不見親之形象，必無所繫，立尸而主意焉。」可見尸是宗廟祭祀時象徵死去祖先爲

學術研討會」論文，臺北：中央研究院歷史語言研究所，2006 年 9 月 22〜24 日。又見「武漢大學簡帛研究中心」，http://www.bsm.org.cn，2008/2/7。又收入陳昭容主編《古文字與古代史》，臺北：中央研究院歷史與語言研究所，2007 年。

〔註247〕楊華〈楚禮廟制研究──兼論楚地的「淫祀」〉，《楚文化研究論集（6）》（武漢：湖北教育出版社，2005 年 6 月），頁 504。這是一個固定的組合，見包山 M2 簡 200、202〜203、205〜206、214〜215。

〔註248〕楊華〈楚禮廟制研究──兼論楚地的「淫祀」〉，《楚文化研究論集（6）》（武漢：湖北教育出版社，2005 年 6 月），頁 506。

〔註249〕方述鑫〈殷墟卜辭中所見的「尸」〉，《考古與文物》2000 年 5 期，頁 22。

神而接受祭祀的替身。

　　a. 立尸的原因與原則〔註250〕

　　楚地簡帛未見立尸制度的說明，以下將據禮書記載推測楚人立尸的規則。

　　（a）立尸的原因

　　關於立尸的原因，《儀禮・士虞禮》「祝迎尸」，鄭注：「尸，主也。孝子之祭，不見親之形象，心無所繫，立尸而立意焉。」《禮記・坊記》云：「祭祀之有尸也，宗廟之有主也，示民有事也。」唐・杜佑《通典》：「祭所以有尸者，鬼神無形，因尸以節醉飽，孝子之心也。」宋・衛湜《禮記集說》引呂大臨言：「求神必以其類，升其堂也，入其室也，其形不可見也，其聲不可聞也，烹熟擅薌而薦之，莫知其來享也，此孝子之心所以必立尸也。」宗廟有主，卻不能表現出鬼神享用祭品的動狀，立尸正可以滿足這方的不足；兼以立尸可以見親之形象，所以祭祖必立尸。

　　（b）立尸的原則

　　甲、筮　尸

　　尸的最終人選也要透過卜筮來決定。《儀禮・特牲饋食禮》：「前期三日之朝，筮尸，如求日之儀。命筮曰：『孝孫某，諏此某事，適其皇祖某子，筮某之某爲尸，尚饗。』……乃宿尸。」鄭注：「三日者，容宿賓、視濯也。某之某者，字尸父而名尸，連言其親，庶幾其馮依之也。」《儀禮・少牢饋食禮》：「宿。前宿一日，宿戒尸。明日，朝服筮尸，如筮日之儀。命曰：『孝孫某，來日丁亥，用薦歲事於皇祖伯某，以某妃配，某氏。以某之某爲尸。尚饗。』」

　　乙、宿　尸

　　筮尸吉，之後則必須宿尸。宿尸即肅尸，是把祭日告訴尸，使其徹戒的活動。《儀禮・特牲饋食禮》：「乃宿尸。主人立於尸外門外，子姓兄弟立於主人之後，北面，東上。尸如主人服，出門左，西面。主人辟，皆東面，北上。主人再拜，尸答拜。宗人擯辭如初，卒曰：『筮子爲某尸，卜曰吉，敢宿。祝許諾，致命。』尸許諾。主人再拜稽首。尸入，主人退。」《儀禮・少牢饋食禮》：「……則乃宿尸。祝擯，主人再拜稽首，祝告曰：『孝孫某，來日丁亥，用薦歲事於皇祖伯某。以某妃配，某氏。敢宿。』尸拜，許諾，主人又再拜稽首。主人退，尸送，揖，不拜。若不吉，則遂改筮尸。」

〔註250〕關於立尸之禮的討論另可參鄭憲仁〈古代祭祖立尸制度淺探〉，《孔孟月刊》
　　　　33 卷 7 期，1995 年 3 月。

丙、以孫爲尸

爲尸者必須是死者的孫或孫輩，《禮記・曾子問》：「孔子曰：『祭成喪者必有尸，尸必以孫……』」、《禮記・祭統》：「夫祭之道，孫爲王父尸。所使爲尸者，於祭者子行也」、《禮記・曲禮上》：「禮曰：『君子抱孫不抱子。』此言孫可以爲王父尸，子不可以爲父尸」，注：「以孫與祖昭穆同。」

（4）祭祖禮

商代的祭尸之禮簡單分爲飲禮、冊祝禮。〔註251〕但西周之後，各國祭祖禮要更爲複雜。楚簡雖然有個別的祭祖禮儀，但未見完整的祭祖禮說明，以下將輔以周禮，綜合討論楚祭祖禮。

a.卜（筮）日、齋戒

祭祀須卜筮擇問吉日，詳後。祭祀前則須齋戒。《儀禮・少牢饋食禮》鄭注：「筮日既戒諸官，以齋戒矣」，《禮記・祭統》又說：「是故君子之齋也，專致其精明之德也。」經由齋戒的作用，可使心靈達至極度澄明靈覺之狀態，專心思慮親人昔日的居處、笑語、志意、所樂與所睹，於是當祭祀之時，在莊嚴肅穆的氣氛之下，隱然親人已臨降於祭尸身上。〔註252〕齋戒沐浴能被除不祥，盛其服飾，是儀禮隆重歡欣鼓舞的表現。如此神方能降臨。〔註253〕《楚辭・九歌・雲中君》有：「浴蘭湯兮沐芳，華彩衣兮若英」，王逸注：「靈巫先浴蘭湯，沐香芷，衣五彩衣，飾以杜若之英，以自潔清也」即是。

楚簡中亦有齋戒紀錄，稱作「內齋」、「野齋」，如望山 M1 簡：

　　　☐歸玉大王。己巳內齋。（簡 106）

　　　☐君特牛。己未之☐卜，庚申內齋。（簡 132）

　　　☐祭殿，〔註254〕甲戌。己巳內齋。（簡 137）

　　　☐日所可以齋。（簡 154）

　　　☐☐己巳。甲子之日內齋。（簡 155）

　　　辛未之日野齋☐（簡 156）

　　　☐齋。（簡 157）

〔註251〕方述鑫〈殷墟卜辭中所見的「尸」〉，《考古與文物》2000 年 5 期，頁 22～24。
〔註252〕王祥齡《中國古代崇祖敬天思想》（臺北：學生書局，1992 年），頁 206。
〔註253〕李倩〈楚辭、漢賦中所見之巫風〉，《東南文化》1993 年 3 期，頁 13。
〔註254〕按此字作 ，或可隸作「穼」，從「尢」得聲，讀作「喪」。詳鄔滄智〈從楚簡《周易》「亡」、「喪」二字談到包山簡的「喪客」與望山簡的「祭喪」〉，「第十二屆政治大學中文系所友學術研討會」論文，2005 年 5 月。

□齋。（簡 158）

及新蔡簡甲三 134、108：「□甲戌關，乙亥禱楚先與五山。庚午之夕內齋。□」等。「內齋」和「野齋」，商承祚以爲等於上引《禮記・祭統》的「致齋」和「散齋」。

b. 筮尸、宿尸、迎妥尸

楚地簡帛未見筮尸、宿尸、妥尸紀錄，但從傳世禮書當中或可一窺大概：筮尸是從幾位侯選者中挑出尸的筮占活動，《儀禮・少牢饋食禮》：「……又遂筮尸，重尸也。即肅尸……。」妥尸作法見《儀禮・士虞禮》：「尸及階，祝延尸」，鄭注：「延，進也，告之以升。」然後使尸坐定。《儀禮・士虞禮》：「主人及祝拜妥尸，尸拜，遂坐。」鄭注：「妥，安坐也。」《禮記・郊特牲》：「坐尸於堂……詔妥尸。古者尸無事則立，有事而後坐也。尸，神像也。」鄭注：「將祭之，祝則詔主人拜妥尸，使之坐。尸即至尊之坐，或時不自安，則以拜安之也。」〔註 255〕迎妥尸是饗尸之前的重要動作。之後才能進獻犧牲酒食。

c. 饋　食

迎妥尸且降神之後，接著進獻祭品使尸饗食。《儀禮・士虞禮》提到：「尸取奠，左執之。取菹襦於醢，祭於豆間，祝命佐食墮祭，佐食取黍稷肺祭授尸，尸祭之，祭奠，祝祝，主人拜如初，尸嚌醴，奠之。」《禮記・禮運》亦有：「玄酒在室，醴醆在戶，粢醍在堂，澄酒在下。陳其犧牲，備其鼎俎。」

楚簡祭祖禮見有「饋」、「饋之」，如：

志事少遲得。以其故説之。罷禱於昭王特牛，饋之。（包山 M2 簡200）

移石被裳之説，罷禱於昭王特牛，饋之。（包山 M2 簡 203）

罷禱於昭王特、大羿，饋之。（包山 M2 簡 205）

□樂之，饋祭子西君鉶牢□（新蔡簡甲二 38、39）

饋當即饋祀，意指進獻酒食祭鬼神，或稱饋，或稱饋食、饋薦、饋祭。《尚書・酒誥》：「爾尚克羞饋祀。」孔傳：「能考中德，則汝庶幾能進饋祀於祖考

〔註 255〕周人祭祖或有配享，《儀禮・少牢饋食禮》：「孝孫某敢用柔毛、剛鬣、嘉薦、普淖用薦歲事於皇祖伯某，以某妃配某氏。尚饗。」楚人祭祖時亦有先妣配享之例，如新蔡簡零 92：「□妣配饗賜□」即是。另如包山 M2 簡 199～200有蔡公子家夫人配享的紀錄、新蔡簡甲三 200 有文君夫人配享的紀錄，皆可證楚人祭祖有配享之制。

矣。」《儀禮·特牲饋食禮》:「特牲饋食之禮,不諏日」,鄭注:「祭祀自孰始日饋食,饋食者,食道也;諏,謀也。」《周禮·春官·大宗伯》:「以饋食享先王」,鄭注:「饋食者,著有黍稷,互相備也」,《荀子·禮論》:「卜筮視日,齋戒脩除,几筵饋薦告祝,如或饗之」,楊倞注:「饋,獻牲禮也;薦,進黍稷也。」饋祀之俗一直延用到後世。宋·王安石《參知政事歐陽修三代制六道·父》:「尚其享此,以稱饋祀之盛」、宋·汪應辰〈樞密院計議錢君嬪夫人呂氏墓志銘〉:「婦人德止於柔順,職止於饋祀。」即是。

祭祀的主要活動是獻牲,分爲血、腥、爓、饋食四個步驟。依《儀禮》、《禮記》,其中血、腥、爓祭是獻神的,饋食是獻尸的。〔註256〕楚人祭祖所用祭品有酒食、各式犧牲、玉器等,使用等級依受祭對象及主(令)祭者的身份而有所不同。〔註257〕

d. 降　神

(a) 蒿　燎

「求神於陽」(請求祭祀對象自天下降)所使用的香氣,除了來自食物的芳香之外,簡文多見之蒿、蒿之、蒿祭之的燎煙亦可求神來格。楚簡中的「蒿」(蒿之、蒿祭之)主要出現於包山簡和望山簡中,如:

賽禱東陵連敖,豵豕,酒食,蒿之。(包山 M2 簡 210～211)

舉禱於殤東陵連敖子發,肥豵,蒿祭之。(包山 M2 簡 225)

舉禱兄弟無後者邵良、邵乘、縣貉公各豵豕、酒食,蒿之。(包山 M2 簡 227)

舉禱東陵連敖豵豕、酒食,蒿之。(包山 M2 簡 243)

☐王之北子,各豵豕,酒食,蒿之。(望山 M1 簡 117)

到目前爲止,學界對「蒿」的解釋主要有以下幾種:

甲、《包山楚簡》整理者認爲:「蒿,借作郊,郊祭。」〔註258〕李零據李學勤〈釋郊〉〔註259〕一文中的觀點,也認爲《包山楚簡》中的「蒿之」應讀

〔註256〕曹堅〈談上古祭祀用牲的禮儀〉,《安順師專學報》社科版 1995 年 1 期,頁 66。

〔註257〕于成龍《楚禮新證——楚簡中的紀時、卜筮與祭禱·第三章·楚簡中的祭禱制度》,北京:北京大學考古文博學院博士論文,2004 年 5 月。

〔註258〕劉彬徽、彭浩、胡雅麗、劉祖信〈包山二號楚墓簡牘釋文與考釋〉,見湖北省荊沙鐵路考古隊《包山楚簡》(北京:文物出版社,1991 年),頁 55 注 409。

〔註259〕李學勤〈釋郊〉,《文史》36 輯(北京:中華書局,1992 年),頁 7～10。

作「郊之」。〔註260〕並指出此種用法的「蒿」也見於《望山楚簡》,《荀子・禮論》等儒書,「郊止乎天子」之說,未必可信。〔註261〕

乙、《望山楚簡》整理者認爲:《左傳》僖公二十六年「公使展禽犒師」,孔穎達疏:「犒者,以酒食饗饋軍師之名也。服虔云『以師枯槁,故饋之飲食』。」《公羊傳》莊公四年《經》「王二月,夫人姜氏饗齊侯天祝丘」,何休注:「牛酒曰犒,加飯羹曰饗。」《淮南子・氾論》「鄭賈人弦高……乃矯鄭伯之命犒以十二牛」,高誘注:「酒肉曰享,牛羊曰犒。」疑古代以酒食饋鬼神亦可曰犒,簡文「蒿」字當讀爲「犒」。〔註262〕

丙、吳郁芳認爲:郊祭在古代是國之大典,而《包山楚簡》中所有的祭祀都只是楚大夫邵佗(鄒按:當爲邵𨘍)的家祭記錄,其賽禱、舉禱時以「酒飲,蒿之」的對象也只是其死去的親屬,顯然「蒿之」與「郊祭」兩不相涉。拙見以爲蒿即蒿草,其根曰「藁本」,古人用作香料。古時奠祭之酒醴必求芬芳,鬼神聞到了酒香也就欲享了「酒飲」。人們慣用香草浸酒或濾酒,如《論衡・異虛》曰:「夫暢草可以熾釀,芳香暢達者,將祭灌暢降神。」楚人也習以香草熾釀,如楚地產的香茅就曾是用來縮酒的貢品。蒿草的根、葉都是泡酒的香料,如《荀子・大略》謂:「蘭茝藁本、漸千蜜醴……漸千香酒」,《楚辭・大招》謂:「吳酸蒿蔞,不沾薄只。」藁本、蒿蔞應當就是蒿草的根、葉。據此可見,《包山楚簡》中奠祭鬼神時的「酒飲,蒿之」,是指用蒿草泡酒使之芳香。〔註263〕

丁、李家浩認爲:「蒿祭之」、「蒿之」與「饋祭之」、「饋之」處在同樣語法位置,它們的意思應該相同或相近。而「饋祭之」、「饋之」,即向鬼神進食物的祭祀,所以李零把「蒿祭之」、「蒿之」讀爲「郊祭之」、「郊之」,無疑是錯誤的。而且,郊祭是祭天,在祭典裡最爲重要。從這一點來說,簡文的「蒿祭之」、「蒿之」也不可能讀爲「郊祭之」、「郊之」。包山簡中的「蒿之」當同

〔註260〕李零〈包山楚簡研究(占卜類)〉,《中國典籍與文化論叢》1 輯,北京:中華書局,1993 年。又李零〈考古發現與神話傳說〉,《學人》5 輯(南京:江蘇文藝出版社,1994 年),頁 145 註 49。

〔註261〕李零《中國方術續考・秦漢禮儀中的宗教》(北京:東方出版社,2001 年),頁 162。

〔註262〕湖北省文物考古研究所、北京大學中文系《望山楚簡》(北京:中華書局,1995 年),頁 105,補正五。

〔註263〕吳郁芳〈包山楚簡卜禱簡牘釋讀〉,《考古與文物》1996 年 2 期。

於望山簡，亦當讀爲「犒」。〔註264〕

　　戊、胡雅麗認爲：「蒿」即「焚燒香蒿」，〔註265〕吳振武亦同意胡文的看法。〔註266〕

　　己、劉信芳認爲：整理小組注：「借作郊，郊祭。」似不可信。《禮記·祭儀》：「眾生必死，死必歸土，此之謂鬼。骨肉斃於下陰爲野土，其氣發揚於上爲昭明，焄蒿悽愴，此百物之精也，神之著也。」鄭玄注：焄謂香臭也，蒿謂氣烝出貌也。簡文「蒿祭」僅用於「殤」及「無後者」（參簡 225、227），以氣烝也，使神有所憑依，此所謂「蒿祭」。〔註267〕

　　按：筆者以爲胡雅麗解「蒿」字爲「蒿燒」，最爲適當。近期范常喜曾撰文檢討前人諸說，並提出與胡氏相似的觀點，茲迻引如下：

　　　　讀如「郊」，釋爲「郊祭」已如吳郁芳先生和李家浩先生所駁，恐不
　　　　足信。而簡 225「舉禱於殤東陵連嚻子發，肥豵，蒿祭之。」祭品
　　　　中未有「酒飲」，但同樣也用了「蒿」，而且正如李家浩先生所說「蒿
　　　　之」同「饋之」處於同樣的語法位置上，其意思雖然不一定相同，
　　　　但可能應同「饋之」一樣，屬於一種祭祀儀式。由此可見，吳郁芳
　　　　先生認爲「蒿之」即「蒿草泡酒使之芳香」的說法可能也不夠準確。
　　　　望山楚簡整理者以及李家浩先生認爲當讀如「犒」，但文獻中「犒」
　　　　多用於軍隊，用於祭祀則相當罕見。劉信芳先生認爲「蒿祭」中的
　　　　「蒿」，其義當同於《禮記·祭儀》中的說的「焄蒿」之「蒿」。不
　　　　過需要指出的是，對於「焄蒿悽愴」一句，我們同劉先生的理解可
　　　　能有些不同。此句疏云：

　　　　　　焄蒿悽愴，此百物之精也者，焄謂香臭也，言百物之氣或香或
　　　　　　臭。蒿謂烝出貌，言此香臭烝而上出，其氣蒿然也，悽愴者謂
　　　　　　此等之氣，人聞之情有淒有愴，百物之精也者，人氣揚於上爲
　　　　　　昭明，百物之精氣爲焄蒿悽愴，人與百物共同，但情識爲多，

〔註264〕李家浩〈包山祭禱簡研究〉，《簡帛研究 2001》（桂林：廣西師範大學出版社，2001 年），頁 30～31。

〔註265〕胡雅麗〈楚人祭祀勾沈〉，《楚文化研究論集（5）》（安徽：安徽人民出版社，2002 年），頁 217～233。

〔註266〕吳振武〈范解楚簡「蒿（祭）之」與李解獄篋「燹夆馨香」〉，「2007 中國簡帛學國際論壇」論文，臺北：臺灣大學中文系，2007 年 11 月 10～11 日。

〔註267〕劉信芳《包山楚簡解詁》（臺北：藝文印書館，2003 年），頁 229。

故特謂之神，此經論人，亦因人神言百物也。神之著也者，人
氣發揚於上爲昭明，是人神之顯著。

《禮記‧祭儀》這段文字只是解釋何爲「鬼神」，鄭注「蒿謂氣烝出
貌」中的「氣」指的當是「骨肉斃於下陰爲野土，其氣發揚於上爲
昭明」中的「氣」，即「鬼氣」。「蒿」是用來形容這種「氣」的，而
非「蒿」義爲「氣烝」。而其中的「著」是「顯著」的意思，也不能
理解爲「憑依」。所以劉先生用此來解釋簡文中的「蒿祭之」也是欠
妥當的。所以對「蒿之」、「蒿祭之」的解釋還得另作他途。

研究焚香史的學者指出：從芳香植物或動物分泌物提取的天然香料，
用於驅蟲、薰燒、敬神等諸般現象，是遠古先人在掌握火的使用後，
燃燒柴木時，發現了香木、香脂有散香清神作用，從此人們有意識地
將香木、香脂直接焚燒，升煙祭天。這在世界其他古民族如古埃及和
古希臘中都可以見到。蒿指的可能就是這種薰燒敬神的動作。〔註268〕

筆者以爲考量當時的祭祀禮俗，胡、范二人將「蒿」解釋成「蒿燎」是
很妥切的。此外還有可以補充說明者，《禮記‧郊特牲》：「魂氣歸於天，形魄
歸於地，故祭，求諸陰陽之義也」、《禮運》：「故天望而地藏也，體魄則降，
知氣在上」、《淮南子‧五術》：「天氣爲魂，地氣爲魄。」古人以爲人死之後，
魂升於天、魄歸於地。

《禮記‧祭義》提到「報氣（魂、神）」者是以「燔燎羶薌，見以蕭光」，
也就是燃燒牛、羊的腸間脂以及香蒿之火光以饗神（魂、氣）；而「報魄」則以
「薦黍稷，羞肝、肺、首、心，見間以夾甒，加以鬱鬯」。簡文所見蒿祭，應是
用來饗死者之魂。另《大雅‧生民》有「載謀載惟，取蕭祭脂」，意指「占卜吉
日，取蕭和祭牲的脂合在一起焚燒，產生香氣，使上達於神。」同一篇「卬盛
于豆，于豆于登，其香始升，上帝居歆」，意指「我把祭祀用的食品裝在豆、登
等禮器裡面，香氣上升的時候，上帝就要安然來饗。」《周頌‧載芟》「有飶其
香，邦家之光」，就是說「由於豐收所舉行的祭祀、酒食之芬芳，是邦家的榮耀。」
使用的亦是同樣的祭法。西周中期𤼈簋銘文「炳蓬馨香」講的也是這個。〔註269〕

〔註268〕范常喜〈戰國楚祭禱簡「蒿之」、「百之」補議〉，「簡帛研究網」，
　　　　http://www.jianbo.org/，2005/8/24。
〔註269〕完整釋文見吳振武〈試釋西周𤼈簋銘文中的「馨」字〉，《文物》2006 年 11
　　　　期，頁 61～62。

　　簡文出現「蒿祭」之處，受祭者皆爲人神人鬼，所用祭品都有猗（肥豕）、猗豕，除包山 M2 簡 225 外也都進獻酒食。是可推知蒿祭以猗（肥豕）、猗豕爲牲，其脂或用以薰蒿；而酒食之香氣可用於上達於天，〔註 270〕鬱酒亦可灌祭於地，二者皆能滿足人神人鬼的魂與魄。

　　筆者還發現有「蒿」之簡文則無「饋」，反之亦同，蒿與饋在舉行的方式上或許是相互排斥的。至於二者不同時使用的原因，筆者以爲使用蒿祭者，除了望山簡的「☐王之北子」意義不明外，如東陵連敖等皆爲殤無後者，依《禮記・曾子問》：「祭成喪而無尸，是殤之也」，祭祀這類人鬼並不立尸；而從《儀禮・少牢饋食禮》與《儀禮・特牲饋食禮》的內容看，饋食是以尸爲對象的。饋食施用於有尸的祭祀場合，蒿則施用於無尸的祭祀場合，這大概就是蒿、饋二者不能同時使用的原因。〔註 271〕

　　（b）樂　之

　　《禮記・禮運》：「列其琴瑟管磬鐘鼓，修其祝嘏以降上神與其先祖」、《禮記・郊特牲》：「聲音之號，所以詔告於天地之間也」、《詩・周頌・有瞽》：「喤喤厥聲，肅雝和鳴，先祖是聽。」音樂亦是「求神於陽」的方法之一。楚簡祭祖禮多見「樂之」、「棧鐘樂之」，如天星觀M1簡：

　　　　舉禱巫豬、靈酒，棧鐘樂之。（滕本頁 25、380、451）

　　　　舉禱祊特牛，樂之。（滕本頁 26、30、451）

　　　　舉禱社特牛，樂之。（滕本頁 26、86）

　　　　賽禱夜吏特豢，樂之。（滕本頁 251、451、586）

　　　　賽禱白朝特牺，樂之。（滕本頁 26、88、451、522、589）

　　　　☐大牢，樂之。（滕本頁 87、452、779）

新蔡簡文中亦多見，如：

　　　　樂之，百（埋）之，裸之。舉禱於子西君特牛，樂☐（甲一 27）

　　　　☐之，裸，樂之。辛酉之日禱之。（甲三 46）

　　　　☐中特牛，樂之，就禱☐（甲三 14）

　　　　☐特牛，樂之。就禱戶一羊，就禱行一犬，就禱門☐（甲三 56）

〔註 270〕《禮記・郊特牲》：「有虞氏之祭也，尚用氣。血、腥、爓祭，用氣也。」血腥味也是招神的手段之一。

〔註 271〕和「北子」一齊使用蒿祭的皆爲無後之殤，祭不立尸。祭不立尸是爲厭祭。新蔡簡中另有一神祇「公北」使用厭祭，不知二者是否爲同一神祇。

□樂且裸之，舉禱□（零 331～1）

□樂之。占之：吉□惠王（？）。良志占之曰□（甲三 241）

天星觀和新蔡葛陵墓主均爲封君，規格較高，祭禱祖先時使用樂，這是其他楚簡中少見的。從二墓簡文看來，用樂祭禱的對象似乎不限於祖先，天星觀簡中的「巫」、「夜吏」、「白朝」很難說是祖先人鬼，「祗」是類似於社鬼之類的地域神，而新蔡簡中的門、行、戶等「五祀」內容，更是庶物崇拜中的家居神祗。〔註 272〕

新蔡簡顯示，祭禱時不僅僅用樂，還與「裸」和「饋」結合起來。樂、百（埋）、裸是祭禱時的一個儀式組合，完整的組合見於簡甲一 27 和甲三 46、甲三 298 等，如：「……樂之，百（埋）之，裸之。祝……（甲三 298）」。有時候，「饋」與「樂」也單獨組合，舉行儀式，見於甲二 38、39 和甲三 145、甲三 200 等。最完整的組合，見於甲三 136，即「饋」、「樂」、「百（埋）」、「裸」同時舉行：「……璧，以罷禱，大牢饋，棧鐘樂之，百（埋）之，裸。埢貞之曰：『吉。既告且……』」

簡文中多次提到祭禱時用鐘樂娛神，所用的鐘是「棧鐘」。〔註 273〕「棧鐘」之「棧」在簡文中或從月辶止，有時候或省去月部，從辶止。陳偉指出：

> 從「辶」之「前」見於包山第 185、193 號簡。前鐘，已見於信陽 1 號楚墓竹簡 2-018（作「前」）與天星觀楚墓竹簡（作「鏽」）。其中天星觀簡云：「與禱巫豬靈酒，鏽鐘樂之。」文例與此相同，可以印證對「前」字的釋讀。〔註 274〕

關於前（鏽）鐘，李家浩指出信陽簡和天星觀簡中的「前鐘」應讀爲「棧鐘」，「棧」有「編」義，棧鐘即是編鐘。〔註 275〕本論文從之。天星觀、新蔡等祭禱簡文的內容，說明墓主生前將編鐘用於祭禱禮儀。曾侯乙墓除出土有簡牘之外，亦有大批編鐘，〔註 276〕這可作爲此種禮儀的實物證據。另羅新慧以爲簡文常見之「鏽鐘」、「延鐘」未必要讀爲「棧鐘」，因爲金文當中尙見「走鐘」、

〔註 272〕以楊華〈新蔡簡所見楚地祭禱禮儀二則〉（「武漢大學簡帛研究中心」，http://www.bsm.org.cn/，2004/8/1。又收入丁四新主編《楚地出土簡帛文獻思想研究（2）》，武漢：湖北教育出版社，2005 年 4 月）爲討論基礎。

〔註 273〕尙見新蔡簡甲三 209「□景平王大牢，饋，棧鐘樂之，逾夏□」。

〔註 274〕陳偉〈新蔡楚簡零釋〉，《華學》6 輯，北京：紫禁城出版社，2003 年。

〔註 275〕李家浩〈信陽楚簡「樂人之器」研究〉，《簡帛研究》3 輯，桂林：廣西教育出版社，1998 年。

〔註 276〕湖北省博物館編《隨縣曾侯乙墓》，北京：文物出版社，1980 年。

「行鐘」、「游鐘」等，「鏥鐘」、「延鐘」當與此同，表移鐘之意。新蔡簡文「延鐘樂之」即將鐘移至祭禱之處以擊鐘娛神。〔註277〕羅說可備一參。

　　（c）百（埋）之

　　楚簡「樂之」、「棧鐘樂之」後通常接著「百（埋）之」。楚簡中的「百（埋）之」也省作「百（埋）」，主要見於新蔡楚簡，如：

　　　　樂之，百（埋）之，祼之。舉禱於子西君特牛，樂☒（甲一27）

　　　　☒樂之，百（埋）之，祼之。祝☒（甲三298）。

　　　　☒大牢饋，棧鐘樂之，百（埋）之，祼。墻貞之曰：「吉。既告且☒
　　　　（甲三136）

　　　　☒王大牢，百（埋）之，祼。壬辰之日禱之。（零40）

　　　　☒樂之，百（埋）之，祼。以祈☒（零287）

　　　　☒舉禱於昭王大牢，樂之，百（埋），祼。（乙二1）

「百（埋）」字的解釋，到目前為止有以下幾種說法：

　　甲、何琳儀認為如字讀「百」：《淮南子・時則》「季夏之月……律中百鐘」，注「百鐘，林鐘也。是月陽盛陰起，生養萬物，故云百鐘。」此「百鐘」與簡文「百之」暗合。〔註278〕

　　乙、楊華認為：「百」應讀如字，後代寫作「貉」，又寫作「貊」。「百之」，應當是立標而祭，意為以十百倍之虔誠進行祭禱，而求十百倍之神佑。〔註279〕

　　丙、范常喜以為：這裡的「百」可能應當讀如「柏」，其性質當是一種類似於包山楚祭禱簡中「蒿之」，義為「燃柏以祭」。「柏」字異體即作「栢」，而且「百」、「柏」二者也可以相通，如：《詩經・邶風・柏舟》毛傳：「柏音百，字又作栢。」《銀雀山漢簡釋文》：「……柏（百）里系（奚）曰惡聞其請（情）」（論・三十六・八）《後漢書・和殤紀》：「登百岯山。」李注：「即柏岯山也。」〔註280〕

　　丁、宋華強提出另一種意見：新蔡簡的「百之」表示的就是以某種方式

〔註277〕羅新慧〈釋新蔡簡「樂之」、「百之」、「贛之」及其相關問題〉，《考古與文物》
　　　　2008年1期，頁52。
〔註278〕何琳儀〈新蔡竹簡選釋〉，《安徽大學學報》哲社版28卷3期，2004年5月。
〔註279〕楊華〈新蔡簡所見楚地祭禱禮儀二則〉，「簡帛研究網」，
　　　　http://www.jianbo.org/，2004/8/1。又收入丁四新主編《楚地出土簡帛文獻思
　　　　想研究（2）》，武漢：湖北教育出版社，2005年。
〔註280〕范常喜〈戰國楚祭禱簡「蒿之」、「百之」補議〉，「簡帛研究網」，
　　　　http://www.jianbo.org/，2005/8/24。

把受祭神靈「請下來」的行爲。「百」字當讀爲表示「來」、「至」之義的「各」，這也是「各」字的本義。……新蔡簡「樂之」、「百之」、「贛」這一類話記錄的不是祭禱儀式中的內容，而是祭禱儀式結束後娛神降神儀式中的內容。「百」字應讀爲「各」，「百之」即「各之」，意思是請神靈來享受祭禱。〔註281〕又宋華強以爲樂、百、貢應是一組在祭禱儀式之後娛神降神的儀式，並引《禮記·禮運》：「故玄酒在室，醴醆在戶，粢醍在堂，澄酒在下。陳其犧牲，備其鼎俎，列其琴、瑟、管、磬、鐘、鼓，脩其祝嘏，以降上神與其先祖」以證。邴尚白從之。〔註282〕

戊、何有祖以爲：我們在楚地日書中發現了一個「百」用作「祓除」之意的例子，《睡虎地秦墓竹簡·日書甲種》11 正 2 有「利以兌（說）明（盟）組（詛）、百不羊（祥）。」與之相似的例子還有：《日書甲種》「毆（驅）其央（殃），去其不羊（祥）」、「利以除凶厲，兌（說）不羊（祥）」。其中「百不祥」與「去其不羊（祥）」、「兌（說）不羊（祥）」用意近似。但「百」自身並無此義項，當是與「泊」（上博簡）字一樣是讀作「祓」的。同時也說明瞭「泊（祓）」、「說」之間用法的確有相似之處。〔註283〕

按：新蔡簡顯示，「埋（埋之）」常與「裸（裸之）」和「饋（饋之）」結合，「之」指的是受祭對象，所以它們應是祭禱時的一個儀式組合，作動詞用。有時候，「埋（埋之）」與「樂（樂之）」等也自成一種組合，所以「埋（埋之）」應是一種祭祀法，而不應如何琳儀所說是「樂之」的補充說明——指「百鐘」，也應非宋華強所說爲「各（各之）」，指降神來饗等等，另宋華強引以爲證的《禮記·禮運》，其祭禱過程爲陳設犧牲→奏樂→祝嘏→降神娛神，與楚簡所見之完整祭禱過程：蒿／饋→樂→百→裸→祝號並不相符，是以其引用《禮記·禮運》以證明樂、百、裸爲降神娛神祭後儀式的說法恐不能成立。

關於范常喜的意見，筆者以爲祭禱簡裡已有一個專門表示煙焄的「蒿（蒿之、蒿祭之）」字，應不需再有一個「柏（柏之）」字來表達相似的祭法，況且他所舉「柏邳山」之例爲山祭，與簡文此處「百」祭人神人鬼的情況並不相符，所以范常喜的看法尚待商榷；至於楊華指出「百」是「百倍」義，指

〔註281〕宋華強〈新蔡簡「百之」、「贛之」解〉，「武漢大學簡帛研究中心」，http://www.bsm.org.cn/，2006/8/13。

〔註282〕邴尚白《葛陵楚簡研究》，臺北：臺灣大學中文系博士論文，2007 年 1 月。

〔註283〕何有祖〈新蔡簡「百之」試解〉，「武漢大學簡帛研究中心」，http://www.bsm.org.cn/，2007/1/22。

「求得百倍之護佑」，筆者以爲「百」由形容詞轉品爲動詞，太過曲折與費事，應非正解；樂之、裸之的受者都是受祀神靈，而何有祖讀「百之」作「祓之」，則所祓當爲作祟致病者，「祓之」之前的「樂之」爲「樂神靈」、「祓之」之後的「裸之」爲「裸神靈」，二者之間卻夾了個「祓鬼祟」，顯然不合乎祭祀的流程。再者，季旭昇師曾說：

> 睡虎地簡的「利以兌（說）明（盟）組（祖），百不羊（祥）」和「利以除凶厲，兌（說）不羊（祥）」句法雖然看似相同，但並不因此說「百」字和「兌」字的用法一定同類，一般讀「利以兌（說）明（盟）組（祖）、百不羊（祥）」，二小句中間加頓號，是把「百不羊（祥）」看成和「盟祖」同類，「百不祥」即「各種不祥」似乎也解得通。〔註284〕

是以何有祖據睡虎地簡，以「百」爲「祓」的說法未見理想。

「百（百之）」意義目前仍不十分清楚，但筆者以爲其應與「裸（裸之）」「饋（饋之）」、「蒿（蒿之、蒿祭之）」一樣，爲一特定的祭禱法。從祭祀的流程來看，《禮記‧禮運》以爲宣祝嘏辭說之前需要瘞埋，而「百（百之）」恰恰都在楚簡「祝號」之前，筆者不排除「百（百之）」是瘞埋一類的祭禱法。〔註285〕詹鄞鑫指出：「近年來在鳳翔縣發掘的雍都秦國宗廟，太廟、昭廟、穆廟之間有一片空庭，在太廟及庭中共發現各類祭祀坑 181 座，其中有牛坑 86、羊坑 55、車坑 2、人坑 8，這些都是祖先祭禮瘞埋犧牲的實證。」〔註286〕後來宗廟之祭發展出瘞繒及瘞毛血的儀式：前者指埋繒帛於地以祭，《禮記‧禮運》：「故先王秉蓍龜，列祭祀，瘞繒，宣祝嘏辭說，設制度」（《孔子家語》亦引此說）；後者又稱「瘞血」，指在正祭前一天殺牲口，用部份毛血貯放於淨器中，當正祭時，贊禮官唱「瘞毛血」，便由執事者捧毛血瘞於坎中。將毛、血埋葬在土中，以滋養土地，使萬物生生不息，並有潔淨之義。〔註287〕

〔註284〕季旭昇師〈《柬大王泊旱》解題〉，「簡帛研究網」，http://www.jianbo.org/，2007/2/3。

〔註285〕「百」古屬幫紐鐸韻，「埋」古屬明紐之韻，聲同韻異，似乎無法直接通讀，待考。

〔註286〕詹鄞鑫《神靈與祭祀——中國傳統宗教綜論》（南京：江蘇古籍出版社，1992年），頁 238。

〔註287〕不過周代的瘞祭對象大多還是以山川社稷爲主。另《藝文類聚‧禮部上》記：「吉禮之別十有二，一曰禋祀、二曰實柴、三曰槱燎、四曰血祭、五曰埋沉、六曰疈辜、七曰肆獻、八曰饋食、九曰祠、十曰禴、十一曰嘗、十二曰烝。」

　　楚祭祖禮中，饋食（陳列祭品）之後用樂是求神於陽，有時不饋而蒿，蒿亦是求神於陽；之後用埋和祼則是求神於陰（請求祭祀對象自地下上升至人間）。陽魂陰魄相合，祖先之靈方能降享。最後再祝號之，方能使祖先或神靈傾聽主（令）祭者的願望。

（d）祼　之

「祼」即祼（灌）祭，此字於楚簡寫作「贛」，多見於新蔡簡，如：

　　☑贛。凡是戊辰以會己巳禱之。（甲一 10）

　　☑樂之，百（埋）之，贛。舉禱於子西君特牛，樂☑（甲一 27）

　　☑之，贛，樂之。辛酉之日禱之。（甲三 46）

　　☑文君、文夫人祝其大牢，百（埋）之，贛，樂之。辛酉之日禱之。

　　（乙四 128＋甲三 46）

　　☑璧，以罷禱大牢，饋，棧鐘樂之，百（埋）之，贛。盬姉占之曰：

　　「吉，既告，且☑（甲三 136）

　　☑樂之，百（埋）之，贛。祝號☑（甲三 298＋甲三 295）

　　☑禱於文夫人鋼牛，樂且贛之。舉禱於子西君鋼牛，樂☑（乙一 11）

　　☑舉禱於昭王大牢，樂之，百（埋），贛。（乙二 1）

　　☑昭王大牢；百（埋）之，贛。壬辰之日禱之。（零 40）

　　☑樂之，百（埋）之，贛。以祈☑（零 287）

　　☑樂且贛之。舉☑（零 331～1）

包山 M2 簡 243～244 亦有「舉禱東陵連敖狵豕、酒食，蒿之；贛之衣裳各三稱。」劉信芳即讀「贛」作「貢」。〔註 288〕

　　新蔡簡的部份，早先宋國定、賈連敏在〈新蔡「平夜君成」墓與出土楚簡〉一文中讀此字作「韸」：

　　其他簡或稱爲「首贛」（鄒按：「首」爲「百」之誤），疑與「鐘樂」
　　有關。《說文》：「韸，䪍也，舞也。從『夂』，從『章』，樂有章也。」

〔註 289〕

　　從字音上來看，筆者也不排除簡文「百」（幫紐鐸韻）字讀作「䪍」（滂紐職韻）的可能。「䪍」即「副」，新蔡簡出現「百」字之處幾皆見有特牛、大牢等牲禮。簡文「百」字或可讀「䪍」，相當於《周禮・春官》的「䪍辜祭」。

〔註 288〕劉信芳《包山楚簡解詁》（臺北：藝文印書館，2003 年），頁 248。

〔註 289〕宋國定、賈連敏〈新蔡「平夜君成」墓與出土楚簡〉，《新出簡帛研究》，北京：文物出版社，2004 年 10 月。

後來賈連敏等（新蔡簡整理者）把「贛」字讀爲「貢」〔註290〕，楊華從之：

> 「貢（贛）」，是向神祇進獻物品，《國語·魯語下》：「社而賦事，蒸
> 而獻功」，獻功即獻貢，韋昭注：「獻五穀、布帛之功也。」〔註291〕

邴尙白亦從之。〔註292〕宋華強還認爲從簡文中的「贛樂之」和「樂且贛之」
來看，「贛」字與表示娛神的「樂」字關係密切，讀爲「向神祇進獻物品」的
「貢」字並不合適，因爲前面已經有了「饋」字，再用「貢」字便語義重複。
〔註293〕

　　按：樂、埋、裸並非祭後的降神娛神儀式，上文已論及。本論文以爲「贛」
當讀作「裸」，「贛」古屬見紐侵韻，「裸」古屬見紐元韻，聲同而韻旁轉可通。
「裸」即祭祖禮中的裸祭。周聰俊指出：

> 人之生也，魂魄二者和合，及其死也，魂魄離散。聖人以生存之時，
> 神形和合，故其設教，則設法將此魂魄藉禮儀之施設，求其重新聚
> 合，彷彿生人而祭之。正祭之前，必須用鬱鬯之酒灌地以求神於陰，
> 取膟膋和蕭焫之以求神於陽。神既來格，然後可享。廟祭之禮，代
> 有異尙。殷人尙聲，以其欲作樂以求諸陽，然後迎牲；周禮變於殷，
> 先求諸陰，故尙臭鬯，酌鬯酒灌地以降神，然後迎牲。〔註294〕

《周禮·天官·冢宰》：「凡祭祀，裸將之事。」鄭注：「唯人道宗廟有裸，天
地大神，至尊不裸，莫稱焉。」

　　「饋」後樂之（棧鐘樂之）以「求神於陽」，神方降格，此時再埋、再裸
以「求神於陰」，神才能受享。因而將簡文「贛」字讀作「裸」，十分符合祭
禮的進行流程及簡文上下文意所需。楚簡之「裸」（求神於陰）幾乎都在「樂」
（求神於陽）之後（只有新蔡簡甲三46例外），殷禮亦是先「求神於陽」，再
「求神於陰」，可見這部份的楚禮是較爲接近殷禮的。

　　（e）祝號（冊告）

〔註290〕河南省文物考古研究所編《新蔡葛陵楚墓》，鄭州：大象出版社，2003年10
　　　　月。

〔註291〕楊華〈新蔡簡所見楚地祭禱禮儀二則〉，「武漢大學簡帛研究中心」，
　　　　http://www.bsm.org.cn/，2004/8/1。又收入丁四新主編《楚地出土簡帛文獻思
　　　　想研究（2）》（武漢：湖北教育出版社，2005年4月），頁254。

〔註292〕邴尙白《葛陵楚簡研究》，臺北：臺灣大學中文系博士論文，2007年1月。

〔註293〕宋華強〈新蔡簡「百之」、「贛之」解〉，「武漢大學簡帛研究中心」，
　　　　http://www.bsm.org.cn/，2006/8/13。

〔註294〕周聰俊《裸禮考辨》（臺北：文史哲出版社，1994年12月），頁27。

祈禱重在告神以事，藉以祈福彌災，祝辭多，故須書於簡策以告鬼神。傳世典籍多見冊祝之禮，如《國語・晉語》：「川涸山崩，策於上帝」，韋注：「以簡策之文告於上帝」即是。楚簡所見祭祖禮亦多有祝號冊告之禮，如新蔡簡文：

　　☐樂之，百（埋）之，裸之，祝號。（甲三 298＋甲三 295）

　　☐舉禱佩玉各璆璜，冊告自文王以就聲桓王，各束錦加璧。（甲三 137）

　　☐璧，以罷禱大牢饋，棧鐘樂之，百（埋）之，裸。鹽蓆占之曰：「吉。既告，且☐（甲三 136）

　　☐既皆告，且禱巳☐（甲三 138）〔註 295〕

祝號其實是祝禱〔註 296〕和號呼的合稱。正面的祈求叫祝，反面的願望則叫詛或呪。求神禳災叫禱，統言之都叫祝禱。但祝禱未必都念念有辭，也有可能是大聲呼叫，這就叫祝號。《尚書・召誥》說：「嗚呼！皇天上帝」，《爾雅》：「號雩」，郭璞注「吁嗟」，都是利用聲音溝通人神的祝號。〔註 297〕

　　祝號又稱策祝、筴祝、祝告、冊祝、號祝。《周禮・春官・大宗伯》「六曰筴祝」，孫詒讓正義：

　　　　〈聘禮記〉：云「百名以上書於策。」筴祝蓋亦多文辭，必書於簡策以告神，故特以「筴」為名。《國語・晉語》云：「川涸山崩，策於上帝。」韋注云：「以簡策之文告於上帝。」此遠罪之筴祝也。《書・金縢》周公為武王禱疾，云：「史乃冊祝曰：『惟爾元孫某，遘厲虐疾。』」《史記・魯世家》「冊」作「策」，《集解》引鄭《書注》云：「策，周公所作，謂簡書也。祝者讀此簡書，以告三王。」此遠疾之筴祝也。《書・洛誥》：「戊辰，王在新邑烝祭歲，文王騂牛一，武王騂牛一，王命作冊逸祝冊，惟告周公其後。」《史記・周本紀》亦說武王克殷，祭社，使尹佚筴祝告受命，然則筴祝不徒遠罪疾矣。

〔註 295〕根據陳斯鵬〈戰國秦漢簡帛中的祝禱文〉（《簡帛文獻與文學考論》，廣州：中山大學出版社，2007 年 12 月。又見《學燈》2008 年 1 期、「簡帛研究網」，http://www.jianbo.org/，2008/1/1）的研究，新蔡簡中的祝禱文，稍微完整的至少應有二組。

〔註 296〕新蔡簡零 533、零 243、零 439 見有「祝禱」。零 720「祝」下一字殘，亦應是「祝禱」。

〔註 297〕詹鄞鑫《神靈與祭祀──中國傳統宗教綜論》（南京：江蘇古籍出版社，1992 年 6 月），頁 296～297。

從孫詒讓的解釋可以知道「冊祝」或「策告」這種祈禱方式包括兩項內容：一是奉獻祭品，二是有祝史一類的人「讀筴書祝文」，以昭告神靈。周人立尸作為祖先的代表，但尸不是人神溝通的中介，中介者是祝，在祭祖儀式中人神交接的任務需要祝來完成。〔註298〕

（f）致福、致命

《儀禮・少牢饋食禮》祝瑕主人曰：「皇尸命工祝，承致多福，無疆於女孝孫。來女孝孫，使女受祿於天，宜稼於田。」祭祀本受福祿於神，以祭祀之酒肉送與他人，其意為共享福祿；又祭後有「致命」之事，即祭者向令祭者復命，《周禮・春官・大宗伯》：「國有大故，則令禱祠；既祭，反命於國。」

于成龍指出致福、致命亦多見於楚簡祭祖禮，如包山 M2 簡 205：「罷禱於昭王特、大牂，饋之。邵吉為位，既禱致福」、包山 M2 簡 206：「罷禱於文平輿君、邵公子春、司馬子音、蔡公子家各特豢，饋之。邵吉為位，既禱致福」、包山 M2 簡 224：「攻尹之攻執事人姬舉、衛　為子左尹放舉禱於親王父司馬子音特牛，饋之。臧敢為位，既禱致命」、包山 M2 簡 225：「攻尹之攻執事人姬舉、衛桉為子左尹放舉禱於殤東陵連敖子發，肥豵，蒿祭之。臧敢為位，既禱致命。」〔註299〕

最後還應當說明的是，宗廟祭祀，安排觀禮賓客亦是重要的準備工作之一。新蔡簡甲一 23 有「與賓禱之」即是，《詩經・周頌・有瞽》「我客戾止，永觀厥成」亦可證當時確有此禮。為何宗廟之祭需要安排觀禮賓客？《郭店・語叢一》簡 88 解釋道：「賓客，清廟之文也。」

（g）其他與祖先祭有關的祭禱名

甲、「罷禱」

楚簡「罷禱」見：

> 罷禱於昭王特牛。饋之：罷禱文平輿君、邵公子春、司馬子音、蔡公子家各特豢、酒食；罷禱於夫人特貓。（包山 M2 簡 200）

> 罷禱於昭王特牛，饋之；罷禱於文平輿君、邵公子春、司馬子音、蔡公子家各特豢、酒食。（包山 M2 簡 203）

> 罷禱於昭王特、大牂，饋之。（包山 M2 簡 205）

〔註298〕劉源《商周祭祖禮研究》（北京：北京商務印書館，2004 年 10 月），頁 310。

〔註299〕于成龍《楚禮新證——楚簡中的紀時、卜筮與祭禱》（北京：北京大學考古文博學院博士論文，2004 年 5 月），頁 75。

罷禱於文平輿君、部公子春、司馬子音、蔡公子家各特牂，饋之。（包山 M2 簡 206）

罷禱先君東宅公特牛，饋□□（望山 M1 簡 112）

罷禱王孫悼冢。（望山 M1 簡 119）

□璧，以罷禱大牢，饋，棧鐘樂之，百（埋）之，裸。盬姓占之曰：
「吉，既告，且□（新蔡簡甲三 136）

「罷」字最早見於鄂君啓節，「罷禱」釋讀，諸家爭論不休。此字在《郭店楚簡》出版前後，學界討論的方向也不太一樣，茲先摘錄各家說法如下：

（甲）《郭店楚墓竹簡》出版前：

　子、廣州中山大學楚簡整理小組：罷一說即羆，《爾雅・釋器》：「旄謂之羆。」《疏》：「旄牛尾一名羆，舞者所執也。」執羆作舞而禱告於先君神祈爲罷禱。〔註 300〕

　丑、朱德熙、李家浩：從節銘文義來看，「歲翼返」（按朱、李以「罷」爲「翼」異體）似應讀爲「歲代返。」「代」從「弋」聲，「弋」、「翼」古通。〔註 301〕周鳳五同意朱德熙對於鄂君啓節該字的字形考釋，並認爲罷禱應當讀爲代禱，賽禱是禱詞獲得效驗之後報答鬼神的儀式，代禱和與禱則是配套的兩種禱辭，所謂代禱就是由主持禱祠儀式的巫覡，以巫覡的名義代替當事人舉行祭祀，如《尙書・金縢》所載。至於與禱，就是由當事人親自祭祀祖先，並對祖先提出要求與承諾，如《左傳・哀公二年》衛太子蒯聵親自禱祠祖先。〔註 302〕

　寅、《包山楚簡》：將罷禱讀作嗣禱，引《國語・魯語》：『茍爭姓實嗣。』注：『嗣，嗣世也。』罷禱即後人對先輩的祭祀，對象只限墓主人

〔註 300〕廣州中山大學楚簡整理小組《戰國楚簡研究（3）》，廣州：中山大學，1977年；轉引自下述陳偉武〈戰國楚簡考釋斠議〉，《第三屆國際中國古文字學研討會論文集》（香港：中文大學，1997年），頁 652。

〔註 301〕朱德熙、李家浩〈鄂君啓節考釋（八篇）〉，《紀念陳寅恪先生誕辰百年學術論文集》（北京：北京大學出版社，1989年），頁 189。又收入朱德熙《朱德熙文集（5）》，北京：商務印書館，1999年9月。

〔註 302〕周鳳五〈讀郭店竹簡〈成之聞之〉札記〉，《古文字與古文獻》試刊號（臺北：楚文化研究會，1999年10月），頁 46～48；邴尙白亦贊同之，見氏著《楚國卜筮祭禱簡研究》（埔里：暨南國際大學中文系碩士論文，1998年），頁 80～89。

　　的近祖及直系先人。〔註303〕張軍也有類似的意見，他以爲罷禱即
　　羽禱，爲羽舞以祭。〔註304〕

卯、李零：罷禱即翌禱，罷字從羽從能，能是之部字，翌是職部字，
　　此以音近讀爲翌，翌是表示次年、次月、次日……而翌禱則是來
　　年的禱。〔註305〕

辰、吳郁芳：罷當作罷，即今劈殺之劈，古與剖、副音義相通。《周禮·
　　春官》曰：「大宗伯……以副、辜祭四方百物。」鄭玄注曰：「副爲
　　罷。」又引鄭司農言曰：「罷、辜，劈磔牲以祭，若今時磔狗祭以止
　　風。」可見《包山楚簡》中的罷禱當爲罷禱，即殺牲以祭。〔註306〕
　　黃人二也有類似的意見。〔註307〕

巳、陳偉武：罷爲能字異構……傳世文獻和出土文獻都有「能」、「乃」
　　互作之例……罷（能）若讀爲「乃」……乃，而也。……在此應
　　讀作仍，訓爲因仍、連續。……舉禱義爲初始祭神求福，罷禱則
　　是因仍而祭禱之義。〔註308〕

午、何琳儀：讀「祀」。《集韻》：「祀，或從巳。」《說文》：「祀，祭無
　　己也。從示，己聲。」〔註309〕

未、孔仲溫：不論是釋罷爲從羽能聲，或以罷爲熊的繁形古體，個人
　　以爲罷應讀爲熊，楚簡中的罷禱疑讀爲禜禱，屬《周禮·春官·
　　太祝》所掌「六祈」之一。〔註310〕

（乙）《郭店楚簡》出版後：

〔註303〕湖北省荊沙鐵路考古隊編《包山楚簡·釋文》（北京：文物出版社，1991 年
　　　　10 月），頁 53。
〔註304〕張軍《楚國神話原型研究》（臺北：文津出版社，1994 年 1 月），頁 734。
〔註305〕李零〈包山楚簡研究（占卜類）〉，《中國典籍與文化論叢》1 輯，1993 年 9
　　　　月，頁 437。
〔註306〕吳郁芳〈包山楚簡卜禱簡牘釋讀〉，《考古與文物》1996 年 2 期，頁 75～76。
〔註307〕黃人二《戰國包山卜筮祝禱簡研究》（臺北：臺灣大學中文系碩士論文，1996
　　　　年 6 月），頁 74～80。
〔註308〕陳偉武〈戰國楚簡考釋斠義〉，《第三屆國際中國古文字學研討會論文集》（香
　　　　港：中文大學，1997 年），頁 652～657。
〔註309〕何琳儀《戰國古文字典》（北京：中華書局，1998 年 9 月），頁 77。
〔註310〕孔仲溫〈楚簡中有關祭禱的幾個固定字詞試釋〉，《第三屆國際中國古文字學
　　　　研討會論文集》，香港：中文大學，1997 年。又收入《孔仲溫教授論文集》（臺
　　　　北：學生書局，2002 年 3 月），頁 350～356。

子、劉信芳：罷禱，疑與宜祭相關。〔註311〕

丑、李家浩：目前對與禱和罷禱的確切意思還不清楚，但是從祭禱簡
文看，它們的性質卻是比較清楚的……與禱和罷禱的區別，似乎
在於罷禱用牲，而與禱不用牲。〔註312〕

寅、何琳儀：讀爲「一禱」猶「皆禱」。《書・金縢》：「乃卜三龜，一
習吉。」其中「一習」，《史記・周本紀》引作「皆曰」，可資佐證。
關於典籍中「一」或「壹」可訓「皆」，學者多有論及。「與（舉）
禱」爲始禱，「賽禱」爲終禱，其間的「罷禱」，似是整個祭禱過
程，即「皆禱」。〔註313〕

卯、宋華強：我們懷疑「罷」當讀爲「烝」。「罷」從「能」聲，「能」
是泥母之部字，「烝」是章母蒸部字。聲母都是舌音，韻部有嚴格
的陰陽對轉關係，讀音相近。《說文・言部》：「訥，厚也。從言，
乃聲。」朱駿聲《說文通訓定聲》說：「《詩・泮水》『烝烝皇皇』，
據《傳》訓『厚』，則以『烝』爲之。」是「乃」與「烝」可以相
通。「乃」與「能」通，則「能」亦可通「烝」。典籍中祭名之「烝」
有兩種詞義。一是古代四時之祭中冬祭的專名，見於《爾雅・釋
天》、《周禮・春官・大宗伯》、《禮記・王制、祭統》、《公羊傳・
桓公八年》、《春秋繁露・深察名號》等書。二是一般性的祭名，
見於《爾雅・釋詁》：「禋、祀、祠、烝、嘗、禴，祭也。」「烝」
即「烝」。〔註314〕

按：《郭店・五行》簡16所引詩文：「要人君子，其義罷也」與傳世《詩
經》：「淑人君子，其儀一也」對讀後，知「罷」字應讀爲「一」。新蔡簡乙四
82、148「罷禱」作「弍禱」〔註315〕、「聑禱」亦可證。〔註316〕但是《郭店・
成之聞之》簡17有「福而貧賤，則民欲其福之大也；貴而罷讓，則民欲其貴

〔註311〕劉信芳《荊門郭店竹簡老子解詁》（臺北：藝文印書館，1999年），頁77。

〔註312〕李家浩〈包山祭禱簡研究〉，《簡帛研究2001》（桂林：廣西師範大學出版社，
2001年9月），頁33～34。

〔註313〕何琳儀《戰國文字通論（訂補）》（南京：江蘇教育出版社，2003年），頁301。

〔註314〕宋華強〈楚簡翌禱新釋〉，「武漢大學簡帛研究中心」，http://www.bsm.org.cn/，
2006/9/1。

〔註315〕乙四82簡文作「☑己未之日弍禱昭王☑」。

〔註316〕范常喜以爲聑禱即翌禱（罷禱），詳氏著〈新蔡楚簡聑禱即翌禱說〉，「武漢大
學簡帛研究中心」，http://www.bsm.org.cn/，2006/10/15。

之上也。」詹今慧學姐對照典籍中的文例後認為此處「罷讓」讀為「能讓」較好，他並認為楚簡裡一和罷在使用上可視為一組同形字。〔註317〕如此則簡文「罷禱」之「罷」，其讀音至少有二種可能，這增加了釋讀「罷禱」的困難。

　　再者，目前出現「罷禱」的簡文並無充足的線索得以讓我們判斷它是否與「羽禱」、「罷禱」有關；李零提出的「翌禱」、何琳儀提出的「祀禱」與「皆禱」、陳偉提出的「仍禱」、周鳳五提出的「代禱」，也未見得以支持其假說成立的關鍵證據；李家浩以為罷禱用牲、舉禱不用牲，但筆者全面整理楚簡罷禱、舉禱相關記錄之後，發現此二禱皆用牲。

　　而劉信芳認為「罷禱」與宜祭有關、孔仲溫以為罷禱與禜祭有關。經過初步的分析，包山簡所見「罷禱」主要祭的是包山墓主邵𢾫的氏族始祖昭王、直系近祖文平輿君、䣄公子春、司馬子音、蔡公子家：

昭王 → 文平輿君子良 → 䣄公子春 → 司馬子音 → 蔡公子家 → 左尹𢾫
　　　　　　　　　　　　　　　　　　　　　　　↳ 東陵連敖子發

　　新蔡簡所見「罷禱」，雖然簡文殘，但同簡有「棧鐘樂之」，新蔡其他簡文中，能用「棧鐘樂之」等級的受祭者有昭王、獻惠王、文夫人（通常與文君合祭）、子西君，這些人除了子西君與惠王外，也都是新蔡墓主平輿君成的氏族始祖、直系近親：

　　　　　↗ 子西君
平王 → 昭王 → 惠王
　　　　　↳ 平夜文君／文夫人 → 王孫厭 → 平輿君成

　　然而劉信芳所提出的「宜祭」，主要在祭社而非先公先王先祖；孔仲溫所提出的「禜祭」，主要在止雪霜風雨之災，與先公先王先祖亦無關係。

　　包山楚簡整理者以「罷禱」為「嗣禱」，雖然在字形的分析上不是很精確，但整理者指出「罷禱」為後人對先人的祭祀，從出現「罷禱」的簡文上下線索來看，這種判斷是較為合理的。而宋華強提出「罷」即祭祀祖先的「烝」，乍看之下甚為合理，但卻無法解釋其他與「烝」合為宗廟四時之祭的「礿」、「禘」、「嘗」，為何不被楚人使用來祭祖的原因，雖然周初以前時享未有定制

〔註317〕詹今慧《先秦同形字研究舉隅》（臺北：政治大學中文系碩士論文，2005年），頁167～168。

定稱，但周世時享已成定制。〔註318〕綜上，根據目前所見的資料，只能知道「罷禱」專指先人之祀，至於「罷禱」相當於傳世文獻中的那種祭祀，則尚不能斷定。

乙、就　禱

詳本論文第參章第三節「門戶行諸神信仰研究」。

最後要補充說明的是，新蔡祭禱簡中，多次提到祭禱的時間，例如：

夏夕之月，己丑之日，以君不懌之故，就禱陳宗一貓，壬辰之日禱之。（乙一4、10，乙二12）

☐王大牢，百（埋）之，裸。壬辰之日禱之。（零40）

☐就禱於子西特牛。壬辰之日禱之。（甲三202、205）

這些祭禱的時間記錄，較之以包山簡、望山簡要詳細得多。楊華認爲從上引乙一4、10和乙二12三支相同的簡文看來，己丑之日墓主身體有病，到壬辰之日才舉行祭禱，前後相隔三天，這似乎說明病占和病禱並不同日。〔註319〕病占與病禱並不同日的結論，可從新蔡簡中「擇日」而祭的記錄得到證明：

擇日於是期，賽禱於司命、司祿☐（甲三4）

擇日於八月前祭競平王，以逾至文君。占之：吉。既敘之☐（甲三201）

☐之祟，擇日於八月之中賽禱☐（甲三302）

由簡文內容來看，幾乎可以肯定楚人占、禱不同日。更爲重要的是，新蔡簡記錄了舉行祭禱的具體時間：

庚申之昏以起辛酉之日禱之。（甲三109）

☐甲戌之昏以起乙亥之日薦之。（甲三119）

☐戊申之夕以起己酉☐（甲三126＋零95）

☐起己酉禱之。（甲三144）

☐戊申以起己酉禱之。（乙二6、31）

〔註318〕梁煌儀《周代宗廟祭禮之研究》第三章・第十三節「時享」，臺北：政治大學中文系博士論文，1986年7月。

〔註319〕楊華〈新蔡簡所見楚地祭禱禮儀二則〉，「武漢大學簡帛研究中心」，http://www.bsm.org.cn/，2004/8/1。又收入丁四新主編《楚地出土簡帛文獻思想研究（2）》，武漢：湖北教育出版社，2005年4月。

非常明顯，以上一組日期，庚申→辛酉、甲戌→乙亥、戊申→己酉，都是前後相繼的兩天。「起」讀作「迄」。〔註320〕簡文中的「某日以迄某日」，即從前一天開始，到後一天為止。

　　除了祭禱的迄止時間，祭禱開始的時間更值得特別注意。新蔡祭禱簡中多次明言起於「某日之夕」、「某日之昏」，楊華認為這意味著楚人禱祠鬼神，重在夜間，這與當時人對於鬼神活動規律的認識有關。楚人認為鬼魂都在夜間活動，那麼對鬼魂的禱祠也必然要在夜間進行。而新蔡簡的材料說明了楚人尤其重視夜禱。〔註321〕李大明認為，夏代祭天用〈九歌〉之樂，楚人若用〈九歌〉，應當也承襲了夏禮。而《禮記・祭義》「夏后氏祭其暗」，鄭注：「暗，昏時也。」故楚人〈九歌〉之亦祭當是夜祭，〔註322〕此亦可證楚人有在夜間進行祭禱的習慣。王紀潮提到通古斯語系民族中薩滿降神多在晚上進行，如楚克齊人的薩滿降神活動則完全是在夜晚進行，並伴隨有鼓舞。楚人在晚上舉行祭禱也不能說是特色，應是薩滿教招魂圖式中一種程式化的東西。〔註323〕

2. 人鬼 —— 攻解除祟

《禮記・曾子問》：

> 曾子問曰：「祭必有尸乎？」孔子曰：「祭成喪者必有尸，尸必以孫。孫幼，則使人抱之。無孫則最於同姓可也。祭殤必厭，蓋弗成也。祭成喪而無尸，是殤之也。」……孔子曰：「有陰厭，有陽厭。」曾子問曰：「殤不祔（鄭注：備）祭，何謂陰厭、陽厭？」孔子曰：「宗子為殤而死，庶子弗為後世。其吉祭，特牲。祭殤不舉，無所俎，無玄酒不告利成，是謂陰厭。凡殤，與無後者，祭於宗子之家，當室之白，尊於東房，是謂陽厭。」

古代祭鬼神、山川、社稷皆用尸，但人鬼中之殤及無後者無尸。一般來說，楚簡中所見人鬼多是作祟的源頭，所以多半是被攻解的對象。但楚簡當中針

〔註320〕李天虹〈新蔡楚簡補釋四則〉，「簡帛研究網」，http://www.jianbo.org/，2003/12/17。又收入《第十五屆中國文字學國際學術研討會論文集》，臺北縣：輔仁大學，2004 年 4 月。

〔註321〕楊華〈新蔡簡所見楚地祭禱禮儀二則〉，「武漢大學簡帛研究中心」，http://www.bsm.org.cn，2004/8/1。又收入丁四新主編《楚地出土簡帛文獻思想研究（2）》，武漢：湖北教育出版社，2005 年 4 月。

〔註322〕李大明〈論〈九歌〉及其祭祀特徵〉，《青海民族學院學報》社科版 1990 年 1 期，頁 83。

〔註323〕王紀潮〈楚人招魂的薩滿教圖式〉，《社會科學戰線》2006 年 1 期，頁 211。

對人鬼之祟一般只用「攻解」，並沒有更仔細的除祟說明，以下將以典籍文獻為主，說明一般常見的的除祟、厭勝之術，以為作為楚簡資料的補充。

人鬼作祟，即厲鬼，厲鬼既然被視為不祥的存在，常常帶來疾病及災異，欲化解厲鬼為祟，溫和的方武是透過收屍、埋骨，以安撫鬼魂。在「鬼神不歆非類」（《左傳・僖公十年》）的想法下，根本的化解之道在使厲鬼重新納入祭祖。若溫和的安撫若不能奏效，則透過禓、儺及其他巫術儀式以驅逐厲鬼。

驅鬼儀式在商代就已經存在，《合集》6030 有一字象人載著面雕二方眼孔、耳有垂飾的方尖形面具，郭沫若以為即「魌」字，魌即驅鬼巫師，〔註324〕此驅鬼巫師應即商代儺祭的執行者。劉源的研究也提到，商代卜辭常見有對作祟死者進行禳祓之祭的記錄。〔註325〕

典籍文獻中常見的驅鬼儀式有：「禓」，見本論文第壹章「緒論」中關於「禓五祀」的討論。「儺」，《說文》：「行有節也」，與儺祭意義無涉，姚振黎以為應是「𩁝」之借字。「𩁝」，《說文》：「見鬼驚詞」。〔註326〕儺的最初表現方式為儺祭。《禮記・月令》將儺祭分為國儺與鄉儺二種。《禮記・月令》：「天子居宮室左个，乘玄路，駕鐵驪，載玄旂，衣黑衣，服玄玉，食黍與彘，其器閎以奄，命有司大難旁磔，出土牛，以送寒氣。」孔疏：

> 《正義》曰：「此月（仲月）之時，命有司之官大為儺祭，今難（儺）去陰氣，言大者以季春為國家之儺，仲秋為天子之儺，此則下及庶人。故云大儺旁磔者，旁謂四方之門皆極磔其牲，以禳除陰氣；出土牛以送寒氣者，出猶作也。此時強陰既盛，年歲已終，陰若不去，凶邪恐來歲更為人害。」

除了國儺與鄉儺外，後世儺祭又發展出軍儺與寺院儺等。〔註327〕

舉行大儺儀式時，百宮臣民均參與其事，方相氏率百隸行種種厭勝儀式，以威脅厲鬼。驅除或中止厲鬼為祟最激烈的方式，即是對屍骨的毀壞，肢解、銷毀。這種使用強制、逼迫的手段迫使為祟厲鬼就範的方式，可視作是「厭

〔註324〕自晁福林〈商代的巫與巫術〉，《學術月刊》1996 年 10 期，頁 87 轉引。
〔註325〕劉源〈殷墟花園莊東地甲骨文所見禳祓之祭考〉，《甲骨學國際學術研討會論文集》，臺中：東海大學中文系，2005 年 11 月 19～20 日。
〔註326〕姚振黎〈從儺祭至儺戲之文化考察〉，《清雲學報》25 卷 2 期，2005 年 9 月，頁 241。
〔註327〕盧軍〈「儺戲」與巫文化〉，《尋根》2004 年 3 期。

「勝」的一種。〔註328〕《左傳》中就有許多暴戮屍體、肢解屍體，或將屍體與棘或馬屎等物共埋等現象，這些現象可從「厭勝」的角度來進行理解。直至漢代此種現象仍然存在。林素娟認為在形、氣、神密切關聯的情況下，毀壞屍體同時意味著消除厲鬼為祟的可能性。〔註329〕

　　遇厲作祟，有時也會採用由辟。由辟，謂遇到災禍，祭之以求消災除禍降福，是為非常之祭。由辟分為禳、祓、禬、禜、禳等，四者均為消弭禍殃祛除災害之祭：「祓」，《左傳・僖公六年》杜預注：「祓，除凶之禮」；「禳」，《周禮・天官・女祝》：「掌以時招、梗、禬、禳之事，以除疾殃」，鄭注：「卻變異日禳」；「禬」，《周禮・天官・女祝》鄭注：「禬猶刮去也」；「禜」，《說文》：「祀也」，元・戴侗《六書故・天文下》：「禜，祀以禜泠也」，《莊子・大宗師》：「陰陽之氣有沴」，《漢書・五行志中之上》：「氣相傷，謂之沴。沴猶臨莅，不和意也」；「禜」，《說文》：「禜，設綿蕝為營，以禳風雨、雪霜、水旱、癘疫於日月、星辰、山川也。」

　　「蕝」，《國語・晉語八》：「置茅蕝，設望表。」章昭注：蕝，謂束茅而立之。」禜以束茅進行消災之祭，後世亦有使用茅草制鬼的記載。如東晉・葛洪《抱朴子・登涉》記有：「山中見鬼來喚人，求食不止者，以白茅投之，即死也」即是。除了以茅制鬼之外，古人亦常以其他植物製品如桃符、桃杖驅鬼，〔註330〕如《左傳・昭公四年》記有冬季藏冰夏季出冰的習俗。由於出冰時室內外溫差極大，所以取冰之人容易得病。古人認為這是邪氣所致，在出冰前要用桃弧棘矢攘除災病。〔註331〕

　　另睡虎地《日書》中多見對各種鬼怪的禳祓方法：其一、椓鬼或送鬼；其二、製偶代表鬼怪之後，進行：刺偶以代刺鬼、埋偶以代埋鬼、食偶以滿

〔註328〕嵇童〈壓抑與安順——厭勝的傳統〉，《歷史月刊》1999 年 1 月號，頁 29：「厭勝的目的和其他法術一樣，基本上都是為了祈福避禍。但是，由於厭勝主要是用一種強制、逼迫的手段，所以，通常都用來禳除災禍、鎮壓妖邪或消滅敵人。」

〔註329〕林素娟〈先秦至漢代禮俗中有關厲鬼的觀念及其因應之道〉，《成大中文學報》13 期，2005 年 12 月。頁 91～93。

〔註330〕畢旭玲〈桃的驅鬼辟邪功能探源〉，《中文自學指導》2006 年 5 期。另可參本論文第參章「門戶行諸神信仰研究」。

〔註331〕秦簡《日書・詰咎》記有一種無家可歸的「哀鬼」喜歡與人為伍，被哀鬼纏上的人不思飲食，癖好清潔，面色蒼白，喪失生氣。驅除哀鬼的方法是用棘錐和桃棒敲擊病人的心臟部位。該書還記有野獸或牲畜逢人說話，這是「飄風之氣」作怪，用桃枝擊打它，再脫下草鞋來投擊它，妖像自會消除。

足鬼、移疾於偶以去人之疾患、焚偶以驅疫鬼；其三、使用桃弓棘矢、刀劍、斧、竹鞭、葦、茅、苕、桑杖、桃秉、牡棘枋及各種穢物驅鬼。〔註332〕「祭祀與驅逐，是對待不同神靈的方式，恰當地表現了祭祀的兩種初衷：祭是討好，驅是控制，討好和控制交互使用。當然，從產生先後來說，驅逐是後起的手段，是祭祀中企圖控制自然力的外化，是祭祀時與神靈討價還價一面的發展。」〔註333〕

　　楚人對人神人鬼的奉祀，最初都是爲了避禍求福。後來楚國貴族之所以盛祀先公先祖，並將先公先祖這類人鬼予以神化，是爲了加強王族統治權來源的不可侵犯性和統治權的神授性；之所以盛祀先公，並將先公予以神化，是爲了紀念他們開國建國的豐功偉業；之所以盛祀先王，並將先王予以神化，是爲了確保宗法制度的完善和時王權力的正當性。將先祖先公先王納入人神系統，具有明顯政治意圖。如此便能達到觀射父所言「昭孝息民，撫國家，定百姓」、「上所以教民虔也，下所以昭事上也」、「上下有序，則民不慢」（《國語‧楚語下》）的效果。「厲祭列於七祀，見於《禮記‧祭法》，聖人知鬼神之情狀而神道設教於無窮也」（《五禮通考‧祭厲》）。此種利用祭祀神道設教並神化統治階層的作法，早見於殷商，戰國依然盛行不輟。

　　「親事祖廟，教民孝也」（《郭店楚墓竹簡‧唐虞之道》簡5）、「民是以能有忠信」（《國語‧楚語下》）。重祀人神人鬼，一則在加強倫理功能，〔註334〕俾便推行忠孝之道（包括對國君的大忠大孝），；二則是在安撫因爲未知力量作祟而驚懼的心情。「面對掌控的自然與不能預測的未來，崇敬鬼神，試圖與鬼神交通，希望藉由祂們的指點來突破困局，在楚人看來，是解決生活問題最好方法。」〔註335〕

　　大抵從春秋戰國後、楚靈王在位時，楚國單純的鬼魂迷信變爲巫鬼結合的敬鬼狂熱。此一驟變當與居於西南地區的尙鬼部族和東南越族的巫鬼文化

〔註332〕劉信芳〈《日書》驅鬼術發微〉，《文博》1996年4期。其餘可參本論文第貳章第二節第一段「秦漢以前的鬼神觀念」。

〔註333〕劉曄原、鄭惠堅《中國古代祭祀》（臺北：臺灣商務印書館，1998年9月），頁196。

〔註334〕林素英師《古代生命禮儀中的生死觀》（臺北：文津出版社，1997年），頁181。

〔註335〕鄭金明〈六朝前楚地區民間鬼神信仰〉，《中興史學》11期，2005年6月，頁4。

影響有絕大的關係。張軍指出此後楚國巫鬼崇拜有四點突出的表現：〔註336〕

第一、遍設鬼祠：睡虎地簡〔註337〕《秦律答問》：「擅有鬼位」，就是說擅立鬼祠。

第二、尊崇厲神：《九章・惜誦》：「昔余夢登天兮，魂中道而無杭。吾使厲神占之兮，曰有志極而無勞。」〔註338〕

第三、隆祀國殤：《九歌・國殤》王逸注：「國殤，謂死於國事者。」又云：「言國殤既死之後，精神強壯，魂魄武毅，長爲百鬼之雄傑也。」國殤爲靈爲鬼雄，當與楚俗尚武有關。

第四、禱求先祖：出土楚簡表明，戰國楚人非常篤信先祖鬼靈的力量，如望山 M1 墓主多次向先王先公禱求去疾；天星觀 M1 墓主潘乘也這麼做。

　　古籍文獻對楚國的信鬼巫風大多採取批判否定態度。如《呂氏春秋・侈樂》：「楚之衰也，作爲巫音。」甚至把信鬼巫風的盛行看作楚國衰敗滅亡的根本原因。沉浸在巫風歌舞中的王公貴族，逐漸消磨勵精圖治的鬥志，過分地求神祈福也導致重神輕民，從而在根本上動搖政權的根基。〔註339〕所以，從統治階級的政權穩固、長治久安的角度來看信鬼巫風，實在是有百弊而無一利。但如果從藝術的角度來看巫風，情形卻又完全不同了。孫光認爲就楚國而言，信鬼巫風雖不是其亡國的罪魁禍首，卻也加速了國家的衰敗。可是信鬼巫風對於楚國藝術的發生發展，卻起著積極的促進作用。濃厚的信鬼巫風誘生了大量的原始宗教藝術，創造了濃郁的藝術環境和藝術氛圍。〔註340〕

五、人神人鬼信仰在後世的變化

　　兩周以來，隨著家族宗法制的確立，親近之祖靈的作祟看法逐步消失。隨著對祖宗亡靈作用的美化，祖先崇拜在各種崇拜中逐漸佔據了重要位置，

〔註336〕張軍《楚國神話原型研究》（臺北：文津出版社，1994 年 1 月），頁 436～442。

〔註337〕古雲夢睡虎地深受楚國文化影響，故張軍援以爲證。

〔註338〕張軍《楚國神話原型研究》（臺北：文津出版社，1994 年 1 月），頁 438 認爲厲神爲鬼官之長。

〔註339〕王瑞明〈論楚俗與楚國文化〉（《中國歷史文獻研究集刊（5）》，1984 年）認爲巫鬼信仰並未麻痺楚人思想的全部。在尚鬼氣氛裡，楚國不乏堅持真理、不恃鬼神者，像楚昭王亦以人才而不以鬼神爲寶。

〔註340〕孫光〈楚辭文學類型的原始宗教背景〉，《河北大學學報》哲社版 2005 年 2期，頁 116。

也出現了祠祭、家祭、墓祭等多種多樣的對祖先的祭祀形式。特別是宗廟、祠堂作爲祭祖的重要場所，其營建構造逐漸的受到重視。《禮記・曲禮上》就說：「宗廟爲先，廄庫爲次，居室爲後。」

　　秦漢之後，人們更加深信死後的世界，有天上與地下之分。而兩者皆是人世生活的另一種延續。再者，漢代承繼了商、周的觀念，都認爲人鬼人神有異於常人的能力，能支配生人的吉凶禍福。先民便常將極具威脅性卻又無法解釋的自然現象，歸因於祂們的作祟。生人在無法控制鬼祟之際，於是產生了一種精神上的防衛系統以保障安全。〔註341〕祭祀祖先和無主孤魂就是這種預防鬼祟以保障自身安全的方法。祭祀祖先及無主孤魂所進獻的物資犧牲，在進獻者的想像中能讓祖先或無主孤魂在另一個世界生活無虞，在中國人重「報」的觀念下，人們以爲死者既接受了這些貢品，自然當回報以福佑或是停止作祟。

　　同時生人爲了探求鬼祟的意念以求福避禍，還形成了許多與人鬼人神有關的習俗與觀念，譬如民間流行起「觀（關）落陰」——生人藉由被死者附身的巫爲媒介和死者溝通——的儀式。「觀（關）落陰」儀式之可行性主要建立在「死人之魂可以附於生人身上」的觀念上，漢・應劭《風俗通義》中就記載有附身代言之事：

> 謹案陳國漢直進到南陽，從京兆尹延叔堅讀《左氏傳》。行後數月，鬼物持其女弟言：「我痛死，喪在陌上，常苦飢寒。操一量不措掛柴後，昔上傅子方送我五百錢，在北墉中，皆亡取之。」又李幼「一頭牛，本券在書簏中。」往求索之，悉如其言。婦尚不知有此，女新從婿家來，非其所受，人哀傷，益以爲審。父母諸弟，衰到來迎喪，去精舍數舍，遇漢直與諸生十餘相追。漢直顧見其家，怪其如此。家見漢直，謂其鬼也。倘惘良久，漢直乃前爲父拜其說其本末，且悲且喜，凡所聞所見，若此非一。

人鬼趁張漢直外出求學，借託其魂，附於其妹，交待家中瑣事。〔註342〕此事爲應劭所記，可見當時人認爲人鬼是可以附於生人之身而言事的。正式的「觀（關）落陰」習俗則見漢・王充《論衡・論死》所載：「世間死者，今生人殄

〔註341〕鄭元慶〈辟邪鎮宅祐平安〉，《光華雜誌》1993 年 5 月。
〔註342〕蕭登福《先秦兩漢冥界及神仙思想探原》（臺北：文史哲出版社，1990 年 8月），頁 207～208。

而用其言，及巫叩元弦下死人魂，因巫口談，皆誇誕之言也。」漢時巫者得以經由施行巫術，使死人之魂上身，並爲其代言，生人得藉觀（關）落陰知道已死之人的意向。但理性的王充認爲此事實屬荒誕。

除了「觀（關）落陰」，漢時也確立了「歲末大儺」的習俗，並有完整的儀式，見《後漢書·禮儀志》。大儺由主持其事的方相氏戴上黃金色的上有四眼的假面具，蒙上熊皮，上衣爲黑色，下裳爲赤紅色，手持戈盾。率領十二位穿上有毛角獸形衣的人，一起歌舞、歡呼，最後並以火炬，驅疫鬼出門外。〔註343〕

道教廣泛流行後，中國的鬼文化呈現出道巫合一、鬼、神、仙相通的特點。道教吸收老莊哲學中「神人」、「至人」、「眞人」輕舉獨往、逍遙世外的思想，迎合人們渴望飛升成仙的心理，構築了一個完整的神仙譜系。而原本單純的人死後之魂魄，在道教裡演變成三魂七魄：人死後，七魄隨著屍體的腐敗消失；至於三魂，一魂到陰間報到，一魂歸於墳墓，一魂附在神主牌位受家人供養。〔註344〕

西元前後，佛教傳入中國，經三國、兩晉至南北朝而隆盛。根據佛教的說法，人死不一定爲鬼。人死後，要按照他的業力進入六道輪迴。積福修善的人，進入天道、人間道、阿修羅道；其他的進入畜生道、餓鬼道與地獄道。所以佛家認爲，家人一死，就以鬼來對待，是大不敬的，因爲他們不一定會淪爲鬼輩。鬼與人、畜生一樣，在一定的壽命後，將重新進入輪迴，做鬼也不是永遠的。〔註345〕佛教對中國鬼文化最大的影響主要表現在「地獄觀」上。世間之人，無論生前貴賤貧富，死後其鬼魂均要到陰間地獄接受冥王的審判。後來佛教的地獄觀念吸收了中國早期幽冥觀中「地下九層說」的某些因素，並與中國的官吏體制相結合，創造出漢化的「十殿閻王」。

不過漢代以後鬼文化的發展，除了受到道、佛的影響，儒學作爲中國傳統文化的主流，其「忠孝仁義」也深深左右中國鬼文化的演變，使其呈現出

〔註343〕具聖姬〈漢代的鬼神觀念與巫者的作用〉，《史學集刊》2001 年 2 期，頁 20～23。同時，漢人以爲人之將死，其魂魄即由人鬼所拘。譬如《史記·魏其武安侯列傳》記：「（魏其爲武安侯所陷），故以十二月晦論，棄世渭城。其春，武安侯病，專呼服謝罪，使巫視鬼者視之，見魏其、灌夫共守，欲殺之，竟死。」在後來的宗教中，此種觀念發展成：善人死則由祖先迎至天堂、惡人死則由牛頭馬面拘至地獄。

〔註344〕蔡文婷〈中國鬼小檔案〉，《光華雜誌》1996 年 9 月。

〔註345〕蔡文婷〈中國鬼小檔案〉，《光華雜誌》1996 年 9 月。

濃厚的倫理至上性特點。〔註346〕儒家對與鬼文化有關的喪葬、祭祀活動給予高度的重視，其目的不完全在於事鬼神，而在於以此爲手段來增強人們的忠孝仁義觀念，鞏固尊尊卑卑的等級制度。這種把喪祭活動制度化、規範化、義理化的做法，大大地推動了鬼文化的發展，同時又使中國的鬼文化具有濃厚的倫理色彩，這是中國鬼文化的重要特徵。

〔註346〕儒、釋、道對中國鬼文化的影響另可見靳風林〈論中國鬼文化的成因、特徵及其社會作用〉，《中州學刊》1995年1期。

第伍章　餘論——西漢以前楚人信仰譜系試構

劉仲宇說：

> 中國人很早就形成了自己的原始崇拜系統，這體系雖然早已湮沒在
> 上古歷史的塵埃中。但若想要了解它，仍能夠從文明時代的文獻中
> 尋找到線索，並一步步往上追溯。〔註1〕

中國古代宇宙觀最基本的三要素是天、地、人，《禮記・禮運》稱：「夫禮，必本於天，殽於地，列於鬼神」。《周禮・春官》記載，周代最高神職「大宗伯」的主要職責是「掌建邦之天神、人鬼、地示之禮」。《史記・禮書》也說：「上事天，下事地，尊先祖而隆君師，是禮之三本也。」由是可知，先秦的原始神靈應有天神、地祇和人鬼之分。

　　天界神靈主要指的是天神、日神、月神、星神、雷神、雨神和風雲諸神，祂們運作氣候、四季和風霜雪雨，對先民的生活和食物來源影響最大；地界神靈主要指的是社神、山神、水神、石神、火神及動植物諸神，祂們源於大地，與人類生存密切相關；人界神靈種類繁多，主要指的是祖先神、聖賢神、行業神、起居器物神等等，祂們直接與人們的日常生活發生密切關聯。這些神靈既哺育了人類成長，又給人類的生存帶來威脅，人類感激這些神靈，同時也對祂們產生了畏懼，因而對這眾多的神靈膜拜獻牲以祈求降福消災。先民對自身的生老病死和幻覺夢境，也是難以理解的。他們因而相信人死後，

〔註1〕劉仲宇〈物魅、人鬼與神祇——中國原始崇拜體系形成的歷史鉤沈〉，《宗教哲學》3卷3期，1997年7月，頁16。

脫身而出的精神有一種超自然的力量，這股力量能與生者在夢中交流，並可以作祟於生者，使其生病或遭災。上述對鬼神敬畏的心理是崇拜迷信行爲產生的重要因素。

《周禮·春官·大宗伯》：「凡神仕者，掌三辰之法，以猶鬼、神，示之居，辨其名物。以冬日至，致天神、人鬼；以夏日至，致地祇、物魅，以禬國之凶荒，民之札喪。」值得注意的是，《周禮·春官·大宗伯》在天神、人鬼、地祇之外還另立一類「物魅」。「物魅、人鬼和（天）神（地）祇，構成了古代中國中信仰體系的基本內容。這個體系，雖然著於禮典在周代，而其蘊釀，卻經歷了極爲漫長的歲月。」〔註2〕

徐小躍指出，三代秦漢以來，所奉行的多神崇拜，追究原因，當然是多方面的，而且是極其複雜的。但有一點可以肯定，在三代宗教崇拜中，缺乏一個全知全能的神來滿足人們的各種需要，這是多神崇拜的一個重要原因。從三代秦漢所奉行的天神、上帝、天命崇拜、鬼魂崇拜、祖先崇拜、庶物崇拜來看，諸種神靈的屬性和功用是不同的。幾乎是人們有一種單依人力而無法滿足的需要，就會有因應此種需要而產生的神祇。〔註3〕中國人在宗教意識中表現出的功利性格十分突出，「只有那些對民眾日常生活有影響的神靈才會獲得信奉。」〔註4〕

《楚辭·九歌》所傳誦者爲楚人所信仰的十位對象：東皇太一、雲中君、湘君、湘夫人、大司命、少司命、東君、河伯、山鬼及死於國難的殤魂。除了《楚辭·九歌》，傳世文獻中並無太多與楚人信仰譜系有關的系統性記錄。文獻的缺乏對討論楚人信仰的譜系而言是很大的障礙。所幸古楚地出土不少簡帛資料，補充了很多〈九歌〉的不足。〔註5〕本章擬根據〈九歌〉與本論文所論及

〔註2〕 劉仲宇〈物魅、人鬼與神祇——中國原始崇拜體系形成的歷史鈎沉〉，《宗教哲學》3卷3期，1997年7月，頁34。

〔註3〕 徐小躍〈中國傳統宗教的信仰模式及其對中國民間宗教的影響〉，《江西社會科學》2006年2期，頁23。

〔註4〕 楊海軍、王向輝〈民間土地神信仰的現象分析〉，《商洛師範專科學校學報》18卷3期，2004年9月，頁71。

〔註5〕 袁國華師〈楚簡與《楚辭》訓讀〉，《第四屆國際中國古文字學研討會論文集》（香港：香港中文大學中文系，2003年10月），頁429～442；蘇建洲〈出土文獻對《楚辭》校詁之貢獻〉，《中國學術年刊》27期，2005年3月，頁111～150；許學仁師〈楚地出土文獻與《楚辭》研究之「宏觀」「微觀」考察〉，《第四屆先秦兩漢學術國際研討會論文集》（臺北縣：輔仁大學，2005年11月），頁249～262；鄔濟智〈新材料促成新研究——試談戰國楚地出土簡帛在《楚

之神祇鬼怪，擴大討論並建構楚人的信仰譜系。以下將依「天文氣象神」、「大地季節神」、「人神人鬼」之順序，逐類說明戰國楚人之信仰對象。〔註6〕

第一節　天文氣象神類祭祀對象

一、太（太一／泰一／大一、太乙、東皇太一）

「太一」在先秦的內涵可以大別為：〔註7〕哲學的、宗教信仰的、星象的「太一」。在道家哲學中，「大」、「一」、「太一」就是「道」；在儒家哲學中，「太」等於「太極（《易傳》）」，是質樸混沌的（《荀子》），在星象學中，「太一」可以是不可侵犯的「歲星」。到漢代，「太一」和「北辰（帝星）」的關係更為密切，〔註8〕是天神中最尊貴者；楚人宗教中的「太一」早期稱「太」，應即東皇太一，到戰國末期，和哲學中的「太一」形象重疊。

地域與楚文化中心範圍幾乎重疊的屈家嶺文化中（B.C.30000 年前後），非常盛行的彩陶紋飾，以幾何紋與旋紋組合最為突出，尤其是彩陶紡輪上的各種旋形構成。〔註9〕其中一種陶紡輪上的彩色陰陽紋圖案，更是輕盈空靈，充分體現了屈家嶺文化人們的巧思匠心。這或許就是他們對宇宙思考的現實描繪。戰國以後出現的道家八卦太極圖與上述圖案如出一轍，二者應該不是巧合，它表明楚人對「太」的崇拜由來有自。〔註10〕

戰國時期流行於楚地的〈九歌〉，在其所祝諸神之中，「東皇太一」被列在首位，處位最尊。學者通過對出土戰國占卜類楚簡的研究，從禱祠的神祇中釋

辭》研究上的可能應用〉，《中國文化月刊》313 期，2007 年 1 月，頁 12～24。
〔註6〕　胡雅麗《尊龍尚鳳──楚人的信仰禮俗‧楚人的崇拜體系》（武漢：湖北教育出版社，2003 年 1 月）、〈楚人宗教信仰芻議〉（《江漢考古》2001 年 3 期）曾提出楚人信仰的系統，可惜討論的並不完整。本論文以之為基礎增補之。
〔註7〕　吳勇冀《郭店楚簡《太一生水》研究》（埔里：暨南大學中文系碩士論文，2002 年 6 月），頁 37～72。
〔註8〕　《史記‧天官書》：「中宮天極星，其一明者，太一常居。」
〔註9〕　張光直《古代中國考古學》（南京：江寧教育出版社，2002 年），頁 217～226。
〔註10〕　「荊楚文化網」，http://chu.yangtzeu.edu.cn/daguan/wenhua-8.html。彩陶紡輪的紋陽與道家的關聯，可參龐樸〈道家的玄思和先民的紡輪〉，「哲學在線」，http://www.philosophyol.com。太一是全天最尊之神。它的出現與楚國君主制的加強和天文知識的增進有關。太一本來是相當時天極星中最亮的一顆星，因它在星空中處於臨制四方的位置，正好用它來映照人間的君主、所以成了眾神之首。

讀出「太」字。並指出其與《楚辭‧九歌》所祀「太一」是同一神。〔註11〕包山楚簡另記有「蝕太」，陳偉、湯漳平等以爲亦應即「太（太一）」。〔註12〕爲何〈九歌〉中的「太一」之前要加冠「東皇」？筆者以爲這是因爲楚人的先祖炎帝、祝融，同時擁有火神、太陽神的形象（後來還擁有灶神、雷神形象，詳本論文第參章第二節「灶神信仰研究」），楚人是尊太陽以爲氏族圖騰的。〔註13〕但後來楚人的信仰和當地荊蠻土著的信仰結合後出現了至高神「太一」。爲使王族尊貴化、加強統治合理性，楚人就把自己的祖先神（太陽神）結合太一神，成爲「東皇太一」。〔註14〕

慢慢的原本無形的至高神太一也逐漸被賦予了具體的形象。湖北荊門漳河車橋戰國楚墓出土一件巴蜀式戈〔註15〕（見下圖），內部穿孔兩側書有「兵避太歲」銘文。〔註16〕其援部有一浮雕，根據李零的敘述，浮雕係作一「大」形戎裝神物，頭戴分竪雙羽的冠冕，身披鎧甲，雙手和胯下各有一龍，左足踏月，右足踏日。日內陰刻有一側首張翼之鳥，戈之年代屬戰國中晚期。〔註17〕李學勤以爲此戈圖像與馬王堆出土之「神祇圖」同。〔註18〕

馬王堆漢墓出土有一「神祇圖」〔註19〕（見下圖），主神之右書有「太一出行」、左書有一「社」字，一開始被稱作「太一出行圖」或「社神圖」，李零以爲其應係「避兵圖」。〔註20〕該圖爲細絹彩墨畫，接近正方形，圖象用淡

〔註11〕 如李零〈包山楚簡研究（占卜類）〉，《中國典籍與文化論叢》1 輯，北京：中華書局，1993 年；劉信芳〈包山楚簡神名與〈九歌〉神祇〉，《文學遺產》1993 年 5 期。

〔註12〕 陳偉〈望山楚簡所見的卜筮與禱祠——與包山楚簡相對照〉，《江漢考古》1997 年 2 期，頁 74、湯漳平〈再論楚墓祭祀竹簡與《楚辭‧九歌》〉，《文學遺產》2001 年 4 期，頁 20。

〔註13〕 如田兆元〈雲中君鳳神考〉（《學術月刊》1995 年 11 期）、崔世俊〈論〈九歌〉祭祀主體爲楚人祖先祭祀〉（《青島大學師範學院學報》21 卷 2 期，2004 年）等指出楚人以自身爲太陽的遠裔。

〔註14〕 如王涵〈太陽崇拜與太陽祭禮〉（《中國比較文學》1998 年 2 期）即視東皇太一爲太陽神。筆者以爲空出來的太陽神缺，便再造一個「東君」來彌補。

〔註15〕 王毓彤〈荊門出土一件銅戈〉，《文物》1963 年 1 期。

〔註16〕 俞偉超、李家浩〈論「兵辟太歲」戈〉，《出土文獻研究》（北京：文物出版社，1985 年），頁 138～145。

〔註17〕 李零〈「太一」崇拜的考古研究〉，《中國方術續考》（北京：東方出版社，2001 年 8 月），頁 220～221。

〔註18〕 李學勤〈「兵避太歲」戈新證〉，《江漢考古》1991 年 2 期。

〔註19〕 傅舉有《馬王堆漢墓文物》，長沙：湖南出版社，1992 年，頁 35。

〔註20〕 李零〈馬王堆漢墓的「神祇圖」應屬避兵圖〉，《考古》1991 年 10 期。

墨勾繪輪廓，再以顏色平塗繪制而成。圖中神怪共十位。其中太一神的地位最突出，位於該圖上部的中間，周世榮描述道：「該神頭部有鹿角狀重角，巨眼圓睜，怒目，張口作吐舌狀，裸上身，面部與上身赤紅，雙手下垂，著短褲，赤足跨腿作騎馬式。」〔註21〕圖下部也有三龍，但所繪和「兵避太歲戈」略有不同。李學勤以爲二圖之主神即太一。〔註22〕

兵避太歲戈

避兵圖

除了出土資料，漢·焦延壽《焦氏易林》亦記載有太一形象，其云：「方喙廣口，仁智聖厚，釋解倒懸，唐國大安」，又云：「大口宣唇，神使伸言，黃龍景星，出應德門，興福上天，天下安昌」，〔註23〕其言「方喙廣口」、「大口宣唇」與馬王堆「避兵圖」所見太一面容極爲相近。

二、大 水

「大水」作爲神祇載入先秦文獻，僅見於望山 M1、天星觀 M1、包山 M2、

〔註21〕周世榮〈馬王堆漢墓的「神祇圖」帛畫〉，《考古》1990 年 10 期。
〔註22〕李學勤〈古越閣所藏青銅兵器選粹〉，《文物》1993 年 4 期。不過李家浩〈再論「兵避太歲」戈〉，《考古與文物》1996 年 4 期，頁 33 對戈援中之主神是否爲太一，有他不同的看法：「兵避太歲戈是以太歲爲數術的。太一避兵圖是以太一爲數術的，如果按照上引褚少孫所說的五占家來分類（鄭按：《史記·日者列傳》引），它們應該分別屬於天一家和太一家之物，絕不能把它們混爲一談。……按理講，屬於太一家的戈，其上銘文應該作『兵避太一』，而不應該作『兵避太歲』，喧賓奪主。既然戈銘作『兵避太歲』，那就說明戈援圖像的中心神只能是太歲，絕不會是太一。」
〔註23〕連劭名〈馬王堆帛畫「太一避兵圖」與南方楚墓中的鎮墓神〉（《南方文化》1997 年 2 期）認爲漢代的太一形象和出土的楚墓鎮墓獸有許多雷同之處。

新蔡楚墓出土的占卜類簡冊之中。雖然其所居位次均固定的列於「太」所統領的后土、司命、司禍之後，但所受享祭品的規格卻與「太」相當，表明其地位亦是十分尊貴。「大水」究竟爲何神，學者們說法不一，詳本論文第肆章第二節「司命神信仰研究」。按大水常與太一、司命、司禍等天神一齊受祀，且其祭品與太一規格相仿：佩玉、一環、一觴等，筆者以爲大水應該是和太一地位相當的天文神，然其具體所指，尚待後續的研究。

三、天、帝

以「天」、「帝」指稱天神至尊，由來已久。《墨子・明鬼下》引《虞夏書・禹誓》多次提到作爲天神的天：「天用剿絕其命」、「共行天之罰也。」若此引文可信，夏人已用「天」來冠稱天神之主。這大概與當時乃至更早的人認爲萬物本乎於天的觀念有關。

《尚書・湯誓》有云：「夏氏有罪，予畏上帝，不敢不正。」《墨子・非樂下》引「湯之官刑」也說：「上帝弗常，九有以亡，上帝不順，降之百祥。」「帝」或「上帝」常見商代甲骨文，〔註24〕其威力很大，可以令風、令雨、令雷、降饉、降禍、降漤、受年害年、咎王、佐王等等，既能指揮風雨雷電等自然現象，又能掌握人間禍福，其功能與夏人所尊之天神相當。〔註25〕

何以商代要以「帝」代「天」稱謂至上尊神？筆者以爲原因有三：其一，「天」是夏人所崇拜的至上神，商代夏而起後自然要創造一個屬於自己的至上神，以示區別；〔註26〕其二，「帝」的語源義有生育萬物的意思，〔註27〕與天生萬物的意義相同，因以互代；其三，「帝」與「嫡」的意義有關，〔註28〕商王自認是天帝在人間的代理人，以「帝」代「天」，在人格化天意的同時，也有加強「商王係天之子」的意味存在。

〔註24〕詳細的詞例可參朱歧祥師〈殷商自然神考〉，《靜宜人文學報》10 期，1998 年，頁 1～4。

〔註25〕宋鎮豪《中國風俗通史・夏商卷》（上海：上海文藝出版社，2001 年 11 月），頁 628 認爲至上神的產生起自夏代，而深化於商代。

〔註26〕何星亮《中國自然神與自然崇拜》（上海：三聯書店，1992 年 5 月），頁 55。

〔註27〕詹鄞鑫《神靈與祭祀・天地神祇》上編，南京：江蘇古籍出版社，1992 年 6 月。于省吾主編《甲骨文字詁林》（北京：中華書局，1996 年 5 月），頁 1082 亦記有多位甲骨學專家認爲「帝」之原義爲「蒂」的說法。

〔註28〕裘錫圭〈關於商代的宗族組織與貴族和平民的兩個階級的初步研究〉，《古代文史研究新探》，南京：江蘇古籍出版社，1992 年。

　　周代則並視「天」、「帝」爲至上神，〔註29〕並特別強調「天」的地位。
〔註30〕楚人談論天神並敬祀之，有文獻可查的最早見於春秋晚期，〔註31〕戰
國中期以後就「天」、「帝」並稱，具體指天廷的最高神，「其威力不僅能號
令天上眾神，還可禍福人間。」〔註32〕

　　《楚辭·離騷》：「吾令帝閽開關兮」，洪興祖補注：「帝，謂天帝。」《楚
辭·九歌》：「夕宿兮帝郊」，洪興祖補注：「帝，謂天帝。」《楚辭·天問》：「帝
降夷羿，革孽夏民」，洪興祖補注：「帝，天帝也」；《楚辭·天問》：「何獻蒸
肉之膏，而后帝不若也」，補注：「后帝，天帝也。」天帝在楚人信仰中確實
是重要的神祇之一。〔註33〕「天」、「帝」崇拜，夏、商、周相襲，楚人奉祀
「天」、「帝」，顯然承自殷、周。

　　雖然楚帛書〈天象〉中有「帝」告誡人民要欽敬山川溝谷的話，〈天象〉
也提到「天」能「作福」、「作妖」，但在已出土面世的占卜類簡文中，卻尚未
見到楚人祭祀求告於「天」、「帝」的實例。與楚人所祀的「太」相比，「天」、
「帝」似乎還及不上「太」超乎宇宙之上、爲天地至尊的地位。當然楚人信
仰中還是有「天」、「帝」的一席之地，但相較於其部族的原生最高神──太
一而言，「天」、「帝」信仰勢力顯得較爲薄弱。

四、雲　君（雲中君）

　　對雲的崇拜，由來很早，殷商甲骨文即見對四雲、五雲、六雲的祭祀。
〔註34〕雲神觀念似在黃帝時代已經產生。《左傳·昭公十七年》記郯子語：「昔
者黃帝氏以雲紀，故爲雲師而雲名。」注云：「黃帝受命有雲瑞，故以雲記
事，百官師長皆以云爲名號。」《楚辭·九歌》中的「雲中君」，天星觀 M1

〔註29〕　朱丁〈從「上帝」到「天命」的信仰變遷──兼論商周宗教信仰的理性化〉，
　　　　　《重慶師院學報》哲社版 2002 年 1 期，頁 30～34,90。陳筱芳〈西周天帝信
　　　　　仰的特點〉《史學月刊》2005 年 5 期）甚至認爲天、帝已合而爲一。
〔註30〕　張榮明〈商周時期的祖、帝、天觀念〉（《南開大學歷史研究所紀念文集》，天
　　　　　津：南開大學出版社，1999 年）統計文獻中「天」字的使用，認爲：「商周之
　　　　　際『天』觀念有急劇的發展，幾乎可以說是一個飛躍。」
〔註31〕　《國語·楚語下》觀射父論絕地天通，觀射父論祀牲時皆有言及。
〔註32〕　李零《長沙子彈庫戰國楚帛書研究》，北京：中華書局，1985 年 7 月。
〔註33〕　睡虎地簡《日書·甲種》亦見「帝」神。而江陵望山簡中見有五方帝中之「青
　　　　　帝」。
〔註34〕　朱歧祥師〈殷商自然神考〉，《靜宜人文學報》10 期，1998 年，頁 6～7。

簡中作「雲君」，王逸、顏師古等人以爲即司雲之神。然清代以後，學者多有異議，如清・徐文靖、清・王闓運、今人游國恩以爲其係「雲夢澤水神」；羅庸以爲其係「雲中郡神」；王仲犖以爲其係「高媒女神」；姜亮夫、蘇雪林、張壽平、鄭坦以爲其係「月神」；孫常敍以爲其係「雲神和東皇太一」；丁山以爲其係「雷神」；蕭兵以爲其係「軒轅星神」；〔註35〕田兆元以爲其係「鳳神」等。〔註36〕今先逐引〈雲中君〉全文，再來進行討論：

> 浴蘭湯兮沐芳，華采衣兮若英。
> 靈連蜷兮既留，爛昭昭兮未央。
> 蹇將憺兮壽宮，與日月兮齊光。
> 龍駕兮帝服，聊翱遊兮周章。
> 靈皇皇兮既降，猋遠舉兮雲中。
> 覽冀州兮有餘，橫四海兮焉窮。
> 思夫君兮太息，極勞心兮忡忡。

按：既然《楚辭・九歌》已有一篇〈東皇太一〉，那麼祭神之詞中要再擬一篇〈雲中君〉來歌頌東皇太一，此舉未免略顯累贅；〈雲中君〉提到「覽冀州兮有餘，橫四海兮焉窮」，祂也應該不會是拘於一地的雲夢澤水神或雲中郡神；〈雲中君〉又言「與日月兮齊光」，顯然他是日月之外的神祇，自然也不會是月神；雲中君既能著帝服以駕龍，且出入雲氣之中，祂也應非火象之鳳神；高媒爲媒神，各部族之高媒多半爲其女性先祖，如楚之高媒爲高唐，《楚辭・九歌》全篇除〈國殤〉外皆祭自然神，在祭祀順序上將先妣高媒置於東皇太一與湘君水神之間，並不合理。

王逸章句：「雲中君，雲神豐隆也，一曰屛翳。」《楚辭・離騷》：「吾令豐隆乘雲兮，求宓妃之所在。」《淮南子・天文》：「季春三月，豐隆乃出，以將其雨。」高誘注：「豐隆，雷也。」《山海經・海外東經》：「雨師妾在其北晉。」郭璞注：「雨師，謂屛翳也。」集雲降雨，雷聲伴至，雲中君兼有雨神、雷神之職。謂其爲雷神也可。〔註37〕至於蕭兵以雲中君爲軒轅星神者，係據《史記・天官書》：「軒轅，黃龍體。前大星，女主象；旁小星，御者後宮屬。」

〔註35〕 以上諸說見蕭兵《楚辭新探》（天津：天津古籍出版社，1988 年 12 月），頁 176～187。

〔註36〕 田兆元〈雲中君鳳神考〉，《學術月刊》1995 年 11 期。

〔註37〕 龔維英〈《九歌・雲中君》祀主神格及原型初探〉（《雲夢學刊》1996 年 2 期）亦認爲諸說當中以「雷神」說爲最好。

張守節正義：「軒轅十七星，在七星北。黃龍之體，主雷雨之神，後宮之象也……。」以軒轅星黃龍體而主雷雨，當即雲中君。筆者以〈雲中君〉全文度之，蕭說亦無不可。雲中君係雲神也好、雷神、軒轅星神也罷，俱不脫一與雲雨相關之自然神。

五、司命（大司命）、司禍（少司命）、司祿、司折、司復、司差、司骼、司救

楚簡見有司命、司禍、司祿、司折、司復、司差、司骼、司救等神。〔註38〕司命、司禍爲星神，司祿、司折、司復、司差、司骼、司救可能是同是天文神，但也不排除是仿人間職官而產生的專職神靈，暫附於此。楊華、晏昌貴針對諸司神著有專文，〔註39〕論述完整，本論文以二文的討論爲基礎，逐一說明之。

（一）司　命（大司命）

「司命」於楚簡多見，主司人之老幼與生死。〔註40〕研究楚辭的學者，或以爲「少司命」是「司人子嗣」之神，或以爲是「主緣」的愛情神，或以爲是「主災祥」之神，〔註41〕也有以大司命是司大人之命、少司命是司小兒之命的說法。〔註42〕諸說對大、少司命的析辨均有未妥，大司命應是司命，少司命應是司禍（司過、司災、司中），詳本論文第肆章第一節「司命神信仰研究」。

（二）司　禍（司過、司災、司中、少司命）

「司禍」於楚簡多見，其「禍」字從「骨」。李零以爲「司禍」即「司中」，亦即《楚辭》之「少司命」；〔註43〕陳偉以爲相當於五祀中的灶神；〔註44〕湯

〔註38〕楊華〈楚簡中的諸「司」及其經學意義〉（《中國文化研究》2006 年 1 期）以爲它們大多爲天神，是以中官天極（「太」「太一」）爲核心的一系列星官。

〔註39〕楊華〈楚簡中的諸「司」及其經學意義〉，《中國文化研究》2006 年 1 期、晏昌貴〈楚簡所見諸司神考〉，《江漢論壇》2006 年 9 期（又見「湖北省社會科學院」，http://www.hbsky58.net/）。本單元所引楊、晏二說不再另註。

〔註40〕《史記·天官書》李隱注引《春秋元命苞》云：「司命主老幼。」《楚辭·九歌·大司命》洪興祖補注：「司命，星名，主知生死，輔天行化，誅惡擴善也。」

〔註41〕陳子展《楚辭直解》（上海：復旦大學出版社，1996 年），頁 482～486。

〔註42〕孫作雲〈《九歌》司命神考〉，收入《孫作雲文集·《楚辭》研究（下）》（合肥：河南大學出版社，2003 年），頁 460～470。

〔註43〕李零〈考古發現與神話傳說〉，《學人》5 輯，南京：江蘇文藝出版社，1994 年。

〔註44〕陳偉《包山楚簡初探》（武漢：武漢大學出版社，1996 年），頁 168～169。

璋平以爲當是《漢書・天文志》所列文昌宮第六星「司災」；〔註45〕湯餘惠則以爲即司祿；〔註46〕劉信芳雖不同意將此字釋爲「禍」，但仍同意李零之說，以爲簡文所指即「司中」亦即「少司命」。〔註47〕筆者以爲李零說較佳，詳本論文第肆章第一節「司命神信仰研究」。

「司命」同「司禍」是一對密切相關的神，是楚人祭祀的重要天神，在天星觀 M1、包山 M2 占卜類簡文中多次同時受到祝祠，兩者位列天神之後，祭享則與之相當。春秋時期乃至以前，它們是否列入楚人祀典不得而知，《周禮・春官・大宗伯》：「以槱燎祀司中司命。」周人將此二神作爲天神頂禮膜拜則於禮有載。

（三）司　祿

「司祿」僅見新蔡簡甲三 4，何琳儀以爲即《周禮・地官》之「司祿」，並且說「『司命』與『司祿』對舉，是分別掌管生命與長壽之神。」〔註48〕按司祿主司穀數、班祿、福壽，詳本論文第肆章第一節「司命神信仰研究」。

（四）司　折

「司折」見新蔡簡甲一 7，零 266「司折」之「司」字殘。楊華以爲司折當依何琳儀讀爲司愼，〔註49〕司愼名見《左傳・襄公十一年》，神職不明。晏昌貴以爲「折」讀如字：

> 《尚書・洪範》：「六極：一曰凶短折，二曰疾，三曰憂，四曰貧，五曰惡，六曰弱。」僞孔傳：「短，未六十；折，未三十。」孔疏引鄭玄曰：「未齓曰凶，未冠曰短，未婚曰折。」孔疏並以年百二十爲壽，半之爲短，又半之爲折。《禮記・曲禮下》：「壽考曰卒，短折曰不祿。」《禮記・祭法》：「大凡生於天地之間者皆曰命，其萬物死皆曰折，人死曰鬼，此五代之所不變也。」鄭注：「生時形體異，可同名。至死腐爲野土，異其名，嫌同也。折，棄敗之言也。」《漢書・五行志下》：「傷人曰凶，禽獸曰短，草木曰折。一曰凶，天也；兄

〔註45〕湯璋平〈從江陵楚墓竹簡看《楚辭・九歌》〉，《出土文獻與《楚辭・九歌》》（北京：中國社會科學出版社，2004 年），頁 116。
〔註46〕湯餘惠〈包山楚簡讀後記〉，《考古與文物》1993 年 2 期。
〔註47〕劉信芳《包山楚簡解詁》（臺北：藝文印書館，2003 年），頁 228～229。
〔註48〕何琳儀〈新蔡竹簡選釋〉，《安徽大學學報》哲社版 28 卷 3 期，2004 年 5 月。
〔註49〕何琳儀〈新蔡竹簡選釋〉，《安徽大學學報》哲社版 28 卷 3 期，2004 年 5 月。

喪弟曰短，父喪子曰折。」「折」即早夭或死亡，今之所謂「夭折」
即其意。「司折」之「折」義同此，司折即主人夭亡。

按《左傳‧襄公十一年》：「或間茲命，司慎、司盟……明神殛之，俾失
其民。」杜預注：「二司，天神。」《儀禮‧覲禮》「加方明於其上」唐‧孔穎
達疏：「司慎，司不敬者；司盟，司察盟者。」司慎之神職應與司盟相仿，但
楚簡所見卜筮祭禱要在祈福禳祓，與監察盟誓並不相關，故受祀之司折不好
讀作司慎，今暫從晏說讀如字，司折即主人夭亡之神。

（五）司　祲

「司祲」僅見新蔡簡甲一7。「祲」於簡文中從「戈」，晏昌貴據《釋名》：
「祲，侵也，赤黑之氣相侵也。」認為祲祥之氣總名之為「祲」，細分之則
為 10 種。《左傳‧哀公六年》：「秋七月，楚子在陳父，將救陳。卜戰不吉，
卜退不吉。王曰：『然則死也。再敗楚師，不如死。棄盟逃讎，亦不如死。
死一也，其死讎乎。』……是歲也，有雲如眾赤鳥，夾日以飛，三日。楚子
問諸周大史。周大史曰：『其當王身乎。若禜之，可移于令尹、司馬。』王
曰：『除腹心之疾，而置諸股肱，何益。不穀不有大過，天其夭諸。有罪受
罰，又焉移之。』遂弗禜。」晏氏以為《左傳》所載「有雲如眾赤鳥，夾日
以飛」者，正是祲祥之氣，可見「祲」可致人疾病。簡文「司祲」，正是執
掌「祲祥之氣」的神靈。而楊華在另一篇專文中明確指出該神與雲氣祲象、
雲神有關。〔註 50〕

（六）司　瘥

「司瘥」僅見新蔡簡乙三 5。晏昌貴引《方言》卷 3：「差、間、知，愈
也。南楚病癒者謂之差。……或謂之瘥」。《漢書‧高祖紀上》：「漢王病瘉」，
師古曰：「瘉與愈同。愈，差也。」《季布傳》：「今瘡痍未瘥」，師古曰：「瘥，
差也。」《論語‧子罕》「病間」，孔安國曰：「少差曰間」。字亦作「瘥」，《說
文》：「瘥，瘉也。」《廣雅‧釋詁》：「瘥、蠲、除、慧、間、瘳，瘉也。」並
指出孔家坡漢簡《日書‧星篇》繫於西方七宿之婁宿下有「司瘳」，〔註51〕以
為司瘳即司瘥，同為主管疫疾或病癒之神。

〔註50〕楊華《新出簡帛與禮制研究‧新蔡簡祭禱禮儀雜疏（四則）》（臺北：臺灣古
籍出版社，2007 年），頁 19。
〔註51〕李天虹〈孔家坡漢簡〈日書〉「星」篇初探〉，「簡帛研究網」，
http://www.jianbo.org/，2005/11/14。

（七）司　骶

「司骶」僅見新蔡簡乙三 5。晏昌貴將骶讀如它，晏氏並引《說文》：「它，蟲也」。「上古草居，患它，故相問無它乎。」段玉裁注：「相問無它，猶後人之不恙無恙也。」「而字或假佗爲之，又俗作他。」《風俗通義》：「恙，病也。凡人相見及通書，皆云『無恙』。又《易傳》云：上古之時，草居露宿。恙，齧蟲也，善食人心，俗悉患之，故相勞云『無恙』。」東方朔《神異經》：「北方有獸焉，其狀如師子，食虎食人，吹人則病，名曰。恒近村里，入人居室中，百姓患苦，天帝徙之北方荒中。」以爲司骶是司病患之神，其職能與司差相近。

（八）司　救

「司救」僅見新蔡簡零 6。晏昌貴引《周禮・地官》：「掌萬民之邪惡過失而誅讓之，以禮防禁而救之。凡民之有邪惡者，三讓而罰，三罰而士加明刑，恥諸嘉石，役諸司空。其有過失者，三讓而罰，三罰而歸於圜土。凡歲時有天患民病，則以節巡國中及郊野，而以王命施惠。」認爲簡文司救或是與此相當的天界神靈。

六、其他：歲（太歲）、日（東君）、月、白朝、夜吏、彗星、側匿

歲神有三。其一，「歲」即十二年左行一周天的「歲星」。「歲星」崇拜，可追溯到原始社會時期。它與人們爲著農業生產的需要而進行的天文曆法活動有關，是人們對宇宙自然的探索在信仰上的必然反映。楚人禍祀「歲星」，是爲承襲傳統。其二，「歲」即月從右行四仲，一年三徙的大歲。九店日書類楚簡對大歲移徙有專篇記述。其三，「歲」即月從左行十二辰，一年一週期的小歲。九店日書類楚簡〈十二月宿〉即與小歲移徙有關。包山占卜類簡文中的禳除對象有「歲」神，是目前所見明確記載楚人事奉「歲」的最早記錄，但其簡文過於簡略，不知其所禳除者係歲星、大歲或小歲。

「日」神、「月」神即太陽、月亮。日月崇拜的觀念，在原始社會晚期即已產生。〔註 52〕從很多民族的神話將日神及月神相提併論可知，日神和月神觀念可能是同時產生的。〔註 53〕甲骨文所見祭日記載頗多，〔註 54〕且規格與

〔註 52〕嚴文明〈甘肅彩陶的源流〉，《文物》1978 年 10 期。
〔註 53〕何星亮《中國自然神與自然崇拜》（上海：三聯書店，1992 年 5 月），184。
〔註 54〕王宇信、楊升南主編《甲骨學一百年》（北京：社會科學文獻出版社，1999

祀上帝相當。〔註 55〕楚人有關「日」、「月」神崇拜的明確記載，始見於戰國時期。《楚辭・九歌》:「東君」篇所祭祀之神，即爲太陽神，歷代學者對此多無異議。包山楚簡占卜類簡文所涉禳除對象中，也有「日」、「月」，譬如 M2 簡 248：「使攻解於日月」即是。至於白朝、夜吏則出現在天星觀簡，〔註 56〕視其名稱，當爲掌管日夜的神靈，然其具體神職及神格不明，暫附於此。

　　除上述諸天文神外，楚帛書〈天象〉說彗星與側匿都有神司，他們出自黃泉，出入相伴，「作其下凶」，人民必須瞭解避災的方法，即惟「天象是則」。是知彗星與側匿二星體亦有神格。

第二節　大地季節神類祭祀對象

一、地　神

　　「地神」崇拜由來已久，原始社會晚期即已產生。在西安半坡仰韶文化遺址中，發現二個裝滿粟米的小陶罐，被有意識的埋在土中。研究者認爲，這是人們爲祈求豐收而奉獻給土地神的祭物。〔註 57〕「地神」崇拜脫離原始自然崇拜的屬性，成爲國家民族保護神的明確記載，最早見於殷代甲骨文卜辭。〔註 58〕到了周代則有了進一步的闡明與發揮，並得以配享人祖，且與「天神」對舉。〔註 59〕

　　楚人繼承殷、周傳統，對土地神的祭祀也非常看重。在楚地簡帛中，關於「地神」的稱謂有很多種，如「后土」、「地主」、「社」、「宮后土」、「野地主」、「宮地主」、「敓」社、「邑」社等。表明「地神」因其司職範圍的不同，而可分別出若干不同的等級來。從已出土的楚國占卜類簡文記載看，后土神在楚人的祀譜中排行第二，僅次於「太」神，受享物品的級別亦次「太」神一等（「大水」神受享級別與「太」神相同）。「宮后土」、「野地主」、各類家內地主的受享級別再次之，各地之小社則更次。其他關於楚人地神信仰的討

　　　　年），頁 594～595。
〔註 55〕朱歧祥師〈殷商自然神考〉，《靜宜人文學報》10 期，1998 年，頁 6。
〔註 56〕晏昌貴所輯第 137、139、140 號簡文。
〔註 57〕中國社會科學院考古研究所陝西省西安半坡博物館《西安半坡》，北京：文物出版社，1963 年。
〔註 58〕詹鄞鑫《神靈與祭祀・天地神祇》，南京：江蘇古籍出版社，1992 年 6 月。
〔註 59〕《周禮・春官》鄭注引鄭司農云：「大祀天地，次祀日月星辰，小祀司命以下。」

論，詳見本論文第參章第一節「中霤神信仰研究」。

二、山 川（河伯、山鬼）

「山川」崇拜，原始社會已有之。進入文明時代以後，山川之神逐漸脫離了其自然崇拜的特性，而具有禍福人類、興滅家國的神力。因此，三代以來祀之甚爲殷勤。《禮記‧王制》：「天子祭名山大川，諸侯祭名山大川之在其地者。」山川之神的地位與規格等級由此可知。楚人對「山川」神的祭祀也很重視，《楚辭‧九歌》裡就收有河伯、山鬼的祭祀歌舞，《山海經‧五藏山經》也收有對各地山神的祭祀儀節。

除傳世文獻外，從楚地簡帛資料可以明確的知道，楚人是山川並重的。楚帛書甲種裡有這麼一段記錄：

> 民勿作□□百神，山川漰谷，不欽敬行，民祀不莊，帝將由以亂逆
> 之行。民則有穀，亡有相擾，不見陵西。是則爽至，民人弗知歲，
> 則無攸，祭則返，民少有□，土事勿從，凶。

楚人認爲山川漰谷都屬於百神之列，漰指深水，谷即溪谷，河川有神，深水、溪谷也有神。楚帛書告誡人們，對於無論是名山大川，還是深水溪谷都要虔誠祭祀，否則會受到上帝的懲罰。與江河崇拜相聯繫，楚人還認爲小溪小谷也有神。

望山 M1 簡也有一條與山川之祭相關的記錄：「□□占之曰吉。山川☑（簡96）」，雖因爲詞殘，且同批竹簡幾乎殘斷，無法找出或拼接出此段簡文的上下佚文。但我們知道這批竹簡的內容，主要是墓主卜筮祭禱的記錄，山川極可能是墓主告事求福的對象。〔註60〕《上海博物館藏戰國楚竹書（四）‧簡大王泊旱》載有楚王對山川進行雩祭的記錄、〔註61〕《說苑‧君道》記：「楚莊王見天不見妖，而地不出孽，則禱於山川曰：『天其忘予歟？』此能求過於天，必不逆諫矣。安不忘危，故能終而成霸功焉。」綜上可知楚人是並祀山川的。〔註62〕

山崇拜的部份，在楚人的哲學、文學著作如《莊子》、《楚辭》、《山海經》

〔註60〕 湖北省文物考古所、北京大學中文系《望山楚簡》（北京：中華書局，1995
年 6 月），頁 6。

〔註61〕 詳可參蘇建洲《《上海博物館藏戰國楚竹書（二）》校釋》（臺北：花木蘭出版
社，2006 年 9 月），頁 378～379 的討論。

〔註62〕 鄔濤智〈楚簡所見楚人山川崇拜試探〉，《慈惠學術專刊》3 期，2007 年 10 月，
頁 40。

中，都記有大量的昆侖山的神話與傳說。有的學者認爲古代傳說中的昆侖山，它的原形就是泰山。〔註63〕劉增貴指出昆侖山和泰山都有天堂和地獄的兩面：上可通天，下有冥府或幽都。隨著時間過去，昆侖山的地獄面被淡化，西王母由主刑殺的死神變成天堂的代表；反之泰山傳說中的天堂面變淡，地獄都城的那一面被強化。〔註64〕

　　兼管山林與雲雨的山神，後來也變成了鬼魂的司管者。譬如九店 M56 簡 43～44 裡頭就有一段對管理兵死者的武夷君的祝禱詞，武夷即武夷山。武夷君當是武夷山神：

　　　皋，敢告〔註65〕鎭鏗之子武夷：「爾居復山之基，不周之野，帝謂爾無事，命爾司兵死者。今日某將欲食，某敢以其妻□妻汝，〔註66〕攝幣芳糧以量贖某於武夷之所＿：君昔受某之攝幣芳糧思某來歸食故人。」〔註67〕

由是可知，欲享食兵死者，還需先賂武夷君。

　　從楚人盛祀各類山神的記載也可看得出他們對山神祭祀的重視。占卜類楚簡所祠山陵之神中，有「五山」、〔註68〕「坐山」、〔註69〕「高丘」、〔註70〕「下

〔註63〕　何幼琪〈海經新探〉，《歷史研究》1985 年 2 期，頁 46～62；何新〈古昆侖——天堂與地獄之山〉，《中國遠古神話與歷史新探》（哈爾濱：黑龍江教育出版社，1988 年），頁 117～148。

〔註64〕　劉增貴〈天堂與地獄：漢代的泰山信仰〉，《大陸雜誌》，94 卷 5 期，1997 年 5 月，頁 8～9。

〔註65〕　夏德安指出「敢告」常用於政府官吏體制中，下級官吏向上一級官吏呈報時的慣用語，它儘管用於另一個世界，但亦反映了這種官吏文書呈報中的這種禮規。詳氏著〈戰國時代兵死者的禱辭〉，《簡帛研究譯叢》2 輯（長沙：湖南人民出版社，1998 年 8 月），頁 31。

〔註66〕　周鳳五指出，據《周禮·春官·冢人》的記載：「凡死於兵者不入兆。」鄭《注》：「戰敗無勇，投諸塋外以罰之。」「兵死者」被視爲「戰敗無勇」，不能享受後世子孫祭祀祖先的「血食」，因此祭祀兵死者，須假妻子之名，如由子孫出面，就算「有後」了。詳周鳳五〈九店楚簡告武夷重探〉《中央研究院歷史語言研究所集刊》72 本 4 分，2001 年 12 月，頁 955。

〔註67〕　夏德安和李零則認爲，這段咒語是兵死者的親屬向武夷君祝告，求他照顧兵死者的禱辭。詳夏德安〈戰國時代兵死者的禱辭〉，《簡帛研究譯叢》2 輯（長沙：湖南人民出版社，1998 年 8 月），頁 31；李零〈古文字雜識（二則）〉《第三屆國際中國古文字學研討會論文》（香港：問學社，1997 年 10 月），頁 759。

〔註68〕　見包山 M2 簡 204、240；新蔡簡甲二 27～29、甲三 134+108、甲三 195、零 99。

〔註69〕　見包山 M2 簡 214、215、237、243；新蔡簡乙三 44～45、乙四 25～28、零

丘」、〔註71〕「喪丘」、〔註72〕「祏」。〔註73〕由上、下文意看,「五山」應該是楚國境內五座有名的大山,並非確指某山山神,而是五座受到祭祀的山神,新蔡簡作「五主山」。〔註74〕而「坐山」,或可釋爲「危(跪)山」,〔註75〕有可能是五山其中之一座,也可能另有所指,《山海經・西山經》有「三危之山」,不知是否與此有關。高丘見於《楚辭・離騷》:「哀高丘之無女。」王注:「楚有高丘之山。」又據《文選・高唐斌》:「妾在巫山之陽,高丘之岨」,則高丘與巫山同在楚雲夢澤中。下丘、喪丘、祏則未知其所。

以上是楚人的山崇拜。水崇拜的部份,傳世文獻所見楚人川澤之神有《左傳・昭公廿九年》:「水正曰玄冥」、〔註76〕《左傳・宣公三年》:「離魅罔兩」鄭注:「罔兩,水神」、〔註77〕《左傳・哀公六年》楚王所說「江、漢、雎、漳」四水之神,以及《楚辭・九歌》中的「河伯」、〔註78〕「湘君」、「湘夫人」(二湘之討論詳下)、《詩經・周南・漢廣》的「漢女」等。〔註79〕

出土資料如淅川下寺敬事天王鐘(《集成》00074 等)則記有「江漢」神;楚簡中也有關於祭祀河川之神的記錄,如天星觀楚簡中有大波、沐京;〔註80〕新蔡簡有大川:

☐有祟見於大川有泝。小臣成敬之懼之,敢用一元辥牂,先之☐(零

237。
〔註70〕 見包山 M2 簡 237。
〔註71〕 見包山 M2 簡 237。高丘、下丘有其專屬之祭禱,名「享祭」。
〔註72〕 見新蔡簡甲三 325〜1、甲三 357+359、甲三 400。
〔註73〕 見天星觀 M1 簡,見滕本頁 26、30、451。
〔註74〕 殷墟卜辭中所見受祀神靈有十山、五山。陳夢家《殷墟卜辭綜述》(北京:中華書局,1988 年 1 月)頁 596 指出:「雖然不能確定十山、五山是哪幾個山,但似指當時所祭之山有一定的數次。又於五山,或在陮或在齊,似乎兩地各有五山,合之爲十山。」宋華強《新蔡楚簡的初步研究》(北京:北京大學中文系博士論文,2007 年 5 月)頁 255 註 984 以爲楚簡五山應與卜辭五山沒關係,但從陳夢家的話出發,似乎各地都有屬於自己的五山神靈。
〔註75〕 陳偉〈讀《上博六》條記〉,「武漢簡帛研究中心」,http://www.bsm.org.cn,2007/7/9。
〔註76〕 《楚辭・遠遊》:「歷玄冥以邪徑兮,乘間維以反顧。」
〔註77〕 又《國語・魯語》:「水之怪曰龍、罔象。」
〔註78〕 關於《九歌・河伯》的專門討論可參文崇一〈九歌中河伯之研究〉,《中央研究院民族研究所集刊》9 輯,1960 年。
〔註79〕 《史記・封禪書》:「沔,祠漢中」,《索引》引樂產云:「漢女,漢神也。」
〔註80〕 楊華〈楚地水神研究〉(《新出簡帛與禮制研究》,臺北:臺灣古籍出版社,2007 年 4 月)以爲即小河流或澤池之水神。

198、203＋乙四 48＋零 651）

□昭告大川有汭曰：「嗚呼哀哉！小臣成暮生早孤□」（零 9、甲三
23、57）

□□昭告大川有汭，小臣成敢用解過釋尤，若□（甲三 21＋甲三 61）

宋華強以爲「大川有汭」即「有汭（勾）之大川」，意思是「對我們有恩賜的
大川」，這是對「大川」的一種稱美，簡文「大川」並不是指某條具體的江河，
而是泛指楚地川水之神；〔註81〕楊華以爲「有介」即「有界」，和《詩經・召
南・江有汜》的「江有汜」、「江有渚」、「江有沱」句法差不多，「有祟現於大
川有介」意即祟鬼在大川之水邊降臨。〔註 82〕不論「大川有介」究竟是何意
義，從各項簡文資料可以認定的是楚人確實習慣祭祀河川。

另外，學界存有一樁楚人能不能、祭不祭黃河的公案。反對楚人能祭黃
河者多引《左傳・哀公六年》以證：

初，昭王有疾，卜曰：「河爲祟。」王弗祭。大夫請祭諸郊。王曰：
「三代命祀，祭不越望。江、漢、淮、漳，楚之望也。禍福之至，
不是過也。不穀雖不德，河非所獲罪也。」遂弗祭。

但游國恩認爲當時民間早就多有僭越祭河的情況，所以昭王有疾，大夫才會
建議祭河；〔註 83〕文波更認爲楚人源出黃河之源昆侖，祭黃河是可以被接受
的。〔註84〕《左傳・僖公廿八年》：

初，楚子玉自爲瓊弁、玉纓，未之服也。先戰，夢河神謂己曰：「畀
余，余賜女孟諸之麋。」弗致也。大心與子西使榮黃諫，弗聽。榮
季曰：「死而利國，猶或爲之，況瓊玉乎！是糞土也，而可以濟師，
將何愛焉？」弗聽。出，告二子曰：「非神敗令尹，令尹其不勤民，
實自敗也。」既敗，王使謂之曰：「大夫若入，其若申、息之老何？」
子西、孫伯曰：「得臣將死，二臣止之，曰：『君其將以爲戮。』」及
連谷而死。

楚國軍隊統率子玉在晉楚城濮之戰前夕夢見黃河之神向他索要飾玉的馬

〔註81〕 宋華強〈楚簡神靈名三釋〉，「武漢大學簡帛研究中心」，
http://www.bsm.org.cn/，2006/12/12。

〔註82〕 楊華〈楚地水神研究〉，《新出簡帛與禮制研究》，臺北：臺灣古籍出版社，2007
年 4 月。

〔註83〕 游國恩《楚辭論文集》，上海：古典文學出版社，1957 年，頁 134。

〔註84〕 文波〈楚人祭河考〉，《青海師範大學學報》哲社版 2006 年 1 期。

冠、馬鞅，手下便勸說他滿足河神的要求，但是他貪愛錢財，堅決不從。最後兵敗而畏罪自殺。子玉之屬可以勸貪財的子玉祭河，可見黃河可以爲楚人所祭。

再者，在異國境內得勝後，楚人也會祭祀當地的名山大川。譬如《左傳·昭公十一年》記：「楚子滅蔡，用隱太子於岡山。申無宇曰：『不祥。五牲不相爲用，況用諸侯乎？王必悔之。』」杜預注：「用太子者，楚殺之爲牲，以祭岡山之神。」楚王在剪滅蔡國之後，殺死蔡太子爲牲以祭祀岡山，很可能由於岡山屬蔡國境內名山的緣故。而《左傳·宣公十二年》記邲之戰一役，楚勝晉敗。決戰結束，楚莊王祭了黃河之後才班師回國。這個列子也可以看出楚人確實是可以越望祭河的。〔註85〕

楚人之所以在異國祭祀山川，這是出於大功告成後的一種禮儀形式。「夫聖人上事天，教民有尊也；下事地，教民有親也；侍事山川，教民有敬也；親事祖廟，教民孝也。」（《郭店楚墓竹簡·唐虞之道》簡 4～5）敬祀山川，不止出於自身對山川的敬畏，其中也寄有設教於百姓的目的在。

三、二天子（湘君，湘夫人）

「二天子」在包山占卜類簡文中列於「大水」與「坐山」之間，受祭等級與「后土」、「司命」相當。包山 M2 簡中有幾次祭祀水神的記載，文字內容十分相似：「舉禱大水一琥，二天子各一羧，坐山一羧。」（分見簡 213、237、243）在「大水」之後，受到祭祀的是「二天子」，「二天子」介於「大水」和「坐山」之間，顯然「二天子」應當是與山水有關的自然神。再從其他簡文來看，二天子的祭品爲佩玉、帶、牂、環，這些祭品和祭水所使用的祭品相仿（詳下）。可能「二天子」是楚人崇拜的兩位相關聯的水神，而且都是天子——「天帝之子」。

〔註85〕劉玉堂、賈繼東〈楚人祭祀禮俗簡論〉（《民族研究》1997 年 3 期）指出，楚人之所以重視河川之神，這是因爲大川維繫著楚人的日常生活。楚地土薄水廣，「民食魚稻」（《漢書·地理志》），生於水勢浩洋之地而頗得滋潤萬物之便和魚蝦蠃蛤之惠的楚人，自然會喜愛大川；其次，很可能與楚人成長壯大的經歷有關。楚人立國於丹水和浙水交會之處，崛起於江、漢、睢、漳諸水之間，鼎盛時足跡遍佈湘、資、沅、澧、錢、閩、珠、桂，乃至河、淮、信、贛等水域。於是，楚人便從其發展歷程中產生了這麼一種神秘而朦朧的意識：民族的勃興和國力的強盛無不深深受益於江河，特別是江、漢、睢、漳四條大川。與此同時，對大川的敬畏之情也就油然而生。

　　劉信芳引洪興祖補注，認爲二湘即堯之二女。二女歸舜，死於江、湘之間，俗謂之湘君。他並引以下訓詁資料以證：王逸章句：「帝子，謂堯女也。降，下也。言堯二女娥皇、女英，隨舜不返，沒於湘水之渚，因爲湘夫人。」《山海經·中次十二經》中載：「洞庭之山……帝之二女居之，是常游於江淵，澧沅之風，交瀟湘之淵，是在九江之間，出入必以飄風暴雨。」郭璞注：「天帝之二女處江爲神，即《列仙傳》江妃二女也。《離騷·湘夫人》所謂湘夫人稱『帝子』也。」〔註86〕

　　徐文武認爲〈湘夫人〉開篇「帝子」稱謂，與楚簡中「二天子」之「天子」名稱吻合；《山海經》所說的「帝之二女」也與楚簡中的「二天子」名稱相符。〈湘君〉中有「捐余玦兮江中，遺余佩兮醴浦」，祭湘君以「玦」、「佩」。玦如環而有缺，而包山楚簡祭「二天子」「各一小環」，也用了玉環。〔註87〕〈湘夫人〉中有「捐余玦兮江中，遺余褋兮醴浦」，祭湘夫人以玦、褋，〔註88〕同樣，包山楚簡中「饋冠帶於二天子」，也用了衣飾。進獻「二天子」的祭品與〈九歌〉中祭「二湘」的基本上相同。這樣的神，只能是湘君與湘夫人。〔註89〕

　　在原始的自然宗教中，河川之神只是獨立的自然神性的神，而在至高無上的「帝」出現之後，河川之神也就成爲了「帝」的子女。「二天子」在漢以後，進一步與堯之二女、舜之二妃的傳說合爲一體。楚簡中「二天子」祭儀的相關記載爲解開〈九歌〉中〈湘君〉、〈湘夫人〉受祀神祇的身分提供了很好的補充資料。

四、與四時月份相關之神祇

（一）四（方）神

　　「四神」即春、夏、秋、冬四季（時）之神。由於一年四季的風向不同，春季吹東風，夏季吹南風，秋季吹西風，冬季吹北風，所以「四神」事實上

〔註86〕劉信芳《包山楚簡解詁》（臺北：藝文印書館，2003 年），頁 230。北魏·酈道元《水經·湘水注》亦云：「湘水西流逕二妃廟南。世謂之黃陵廟也。言大舜之陟方也，二妃從征，溺於湘江。神游洞庭之淵，出入瀟湘之浦……故民爲立祠於水側焉。」

〔註87〕《竹書紀年》記堯舜之時已有用玉沈祭之事：「帝堯陶唐氏……授帝舜……率群臣東沈璧於洛。」

〔註88〕《方言》：「褋衣」。

〔註89〕徐文武〈論楚人的山川崇拜〉，《荊州師專學報》社科版 1996 年 3 期，頁 61。

又是代表不同方位、主司四時氣候的神。楚帛書謂：「未有日月，四神相代，乃止以爲歲，是惟四時。」就是說，根據日月的出入和「四神」的輪迴更替，定爲一年，就是四時。「四神」崇拜實際上是楚人對宇宙架構認識在信仰上的體現。這種認識源自商代，由甲骨卜辭、《尚書‧堯典》、《山海經‧大荒經》的有關記載可以知道，至遲到商代以後，即已認識了四時與年歲，規畫出四季與四方的關係，知道了四方風的季候性質，並確信四方均有神司，其各主當方季節之氣候（風）與日月之出入。〔註90〕

在先秦各國祀典中，「四方」所居位置不低，僅次於天地、山川之後。《左傳‧昭公十八年》：「鄭子產爲火故，大爲社，祓禳於四方。」《周禮‧春官‧大宗伯》：「以玉作六器、以禮天地四方。」《禮記‧月令》：「以共皇天上帝、名山大川、四方之神。」楚人對四方之神膜拜亦勤。包山 M2 占卜類簡文的禱祠對象中，有南方之神；望山 M1 占卜類簡文的禱祠對象中，有南方之神，有北方之神，也有象徵東方之神的「青帝」；秦家嘴 M99、新蔡墓占卜類簡文中有北方之神；天星觀 M1 占卜類簡文所祠有西方之神、東方之神與北宗。

天星觀簡文中的「大禍」，李零以爲可讀作「大昊」，即文獻中的「太昊」、「太皞」。〔註91〕按太昊爲東方之神。〔註92〕楚國統治階級係東夷（太昊、少昊）集團重、黎之後，祠禱先祖太昊，以其爲東方之神，示其不忘本也。不過《漢書‧古今人表》記有：「太昊帝宓羲氏」，顏師古注引張晏曰：「太昊，有天下號也。作罔罟田漁以備犧牲，故曰宓羲氏。」宓羲即伏羲，於楚帛書中作䨓戲。王劍指出楚地當地苗蠻土著視伏犧、女媧爲部族始祖神，東夷集團來此鎮守後，東夷文化因子與苗蠻文化因子互相混融，「太昊伏犧氏」於是產生。〔註93〕天星觀所見「太昊」二例皆用牛牲，新蔡簡等所見方位神亦用牛牲；而楚簡所見先祖神皆使用羘、殺等羊牲。依此，本論文將太昊視爲方位神而非先祖神。

（二）十二月

「十二月」即春夏秋冬四季十二個月份之神，見楚帛書。其職能是各主當月之吉凶。十二月神像的狀貌各異，基本特徵是作鳥獸狀。陳久金指出此

〔註90〕詳本論文第貳章「西漢以前家宅五祀信仰的發展條件」。
〔註91〕李零《中國方術考（修訂本）》（北京：東方出版社，2000 年），頁 291。
〔註92〕《淮南子‧天文》：「東方木也，其帝太皞。」
〔註93〕王劍〈太昊與伏犧〉，《周口師專學報》13 卷 3 期，1996 年 9 月。

十二月神之造神未見與人類接觸最多的狗、馬、羊、豬等動物，卻有幾種類型的蛇和鳥，這可能與楚民族中最有影響的神話故事有關。〔註94〕

蔡季襄臨摹之十二月神像

　　李學勤對十二月神有過整理，劉信芳對十二月神有過說明研究，〔註95〕以下據李、劉二人的研究成果逐一說明之：

1. 春季月名

　　帛書春季月名從正月至三月分別爲「取、女、秉」，《爾雅》則分別爲「陬、如、寎。」帛書正月的標識文字爲「取于下」，其神祇圖爲長尾怪獸。李學勤描繪云：「獸身鳥足，長頸蛇首，口吐歧舌，全身作蜷曲狀。首足赤色，身尾青色。」劉信芳懷疑該月神像即獺，也就是說，帛書「取」就是「獺」。

　　帛書二月的標識文字爲「女扎武」，其神祇圖爲二鳥相對共四首。李學勤描繪云：「雙鳥身，尾如雄雞，爪均內向，青紅二色。四首皆方形，面白色，方眼無眸，無耳，有青色冠。」劉信芳以爲「女」應爲該月的物候之鳥。《大戴禮記·夏小正》：三月，「田鼠化爲鴽。」傳云：「鴽，鵪也。」「鵪」即鵪鶉。由於鵪鶉之孵化是在田野灌叢中，故古人以爲田鼠所化，亦是很容易理解的事情。

　　帛書三月的標識文字爲「秉司春」，其神祇圖爲方頭怪獸。李學勤對圖像的描述如下：「鳥身，似有爪及短尾。方首，面青色，無耳，方眼無眸，頂有短毛。」劉信芳以爲帛書三月月名「秉」，《爾雅》三月月名「寎」，其實都是「句芒」之神「芒」的音近借字。

2. 夏季月名

　　帛書夏季月名從四月至六月分別爲「余、㱃、虘」，《爾雅》則分別爲「余、

〔註94〕陳久金《帛書及古典天文史料注析與研究·長沙子彈庫帛書反映出的先秦南方民族的天文曆法》（臺北：萬卷樓，2001年5月），頁428。

〔註95〕李學勤〈楚帛書中的古史與宇宙觀〉，《楚史論叢》，武漢：湖北人民出版社，1984年10月。劉信芳〈中國最早的物候月名──楚帛書月名及神祇研究〉，《中華文史論叢》53輯，1994年。又收入氏著《子彈庫楚墓出土文獻研究》，臺北：藝文印書館，2002年1月。下引不再另注。

皐、且」。帛書四月的標識文字一般釋為「余取女」，其神祇圖為雙身蛇。李學勤描繪云：「蛇首青色，口吐歧舌，首側有伸出的四角。雙身，一赤一棕，互相紐結。」劉信芳以為帛書之「余」應讀為「蛇」。「余取女」，按其字面義，似乎可以理解為「蛇取妻」

帛書五月的標識文字為「猷出睹」，其神祇圖為人身三首。李學勤描繪云：「人形正立，三首，面赤色。」劉信芳以為「猷」從九得聲，讀如鳩。

帛書六月的標識文字為「虘司夏」。其神祇圖像近似人形，李學勤描繪云：「形如雄性猿猴，有尾。面有紅色邊緣，露齒。兩臂似著長袖。」帛書虘為古代夏季、南方之司神，與古史中「祝融」的職司是重疊的。劉信芳以為帛書「虘」之職司既與傳世典籍中「祝融」之職司重合，但又並非為一人，可能是楚人將祝融升格，帛書作者只好安排祝融的「替身」代其司夏之職司。

3. 秋季月名

帛書秋季月名從七月至九月分別為「倉、臧、糸（茲）」，《爾雅》則分別為「相、壯、玄」。帛書七月的標識文字為「倉莫得」，「莫」字原書有殘，「倉」，《爾雅》作「相」，其神祇圖為鳥身人首二角，李學勤描繪云：「鳥身，有爪短尾。人首，面白色，頂上有二長角。」劉信芳以為該月司神鳥應為鷹。其標識文字「倉」應釋為「鶬」。《爾雅》「相」應釋為「鸘」，又作「鶙」。

帛書八月的標識文字為「臧□□」，「臧」後二字不清晰，其第三字似為「鳥」字。「臧」，《爾雅》作「壯」。李學勤描繪其神祇圖云：「鳥身，爪細長如鶴，背上有毛。獸首，面紅色，吐舌。」該神祇圖腹部甚大。劉信芳以為就八月的有關物候現象看，「臧」或即該月見於物候記載之「丹良」，「臧」、「良」音近義通。《說文》：「臧，善也。」又：「良，善也。」《大戴禮記・夏小正》：八月，「丹鳥羞白鳥。」戴氏傳：「丹鳥者，謂丹良也：白鳥，謂閩蚋也。其謂之鳥，何也？重其養者也。有翼者為鳥。羞也者，進也。不盡食也。」《禮記・月令》：仲秋，「群鳥養羞。」〈疏〉云：「丹良是蟲。」

帛書九月的月神祇圖像甚奇特，李學勤描繪云：「作伏黿形，兩蛇首青色，各吐歧舌。」劉信芳以為該神四爪各繪成鉤狀兵器狀，甚具肅殺之氣。可能是古代司秋、司西方之神蓐收。

4. 冬季月名

帛書冬季月名從十月至十二月分別為「昜、姑、荼」，《爾雅》則分別為「陽、辜、涂」。帛書十月的標識文字為「昜□□」，其第三字有釋「義」者，

有釋「秉」者，亦未詳其義。「昜」，《爾雅》作「陽」。其神祇圖為一獸作奔跑狀，亦有以為鳥者，李學勤描繪云：「形如大鳥，首白色反顧，頂有歧冠，體後有獸尾。兩足勁健，一前一後，作奔走狀。」劉信芳認為依古代物候諸書記載，該月神祇圖應為「豺」，其形與豺極似。《大戴禮記・夏小正》：「十月豺祭獸。」戴氏傳：「十月豺祭獸，善其祭而後食之也。《禮記・王制》：「豺祭獸，然後田獵。」

帛書十一月的標識文字為「姑分長」，其神祇圖近人形，頭上有角，李學勤描繪云：「人身正立，牛首，面方形青色，露齒。」劉信芳以為按古代物候典籍的記載，該月月名及神像應與鹿有關。《大戴禮記・夏小正》：「十有一月……隕麋角。」戴氏傳：「隕，墜也。日冬至，陽氣至，始動諸向生，皆蒙蒙符矣，故麋角隕，記時焉爾。」《說文》：「麋，鹿屬，從鹿，米聲。麋冬至解角。」

帛書十二月的標識文字為「荃司冬」，其神祇圖在帛書諸圖中，最近人形。李學勤描繪云：「人形正立，面有紅色周緣，獸耳，口吐歧舌。」劉信芳以為古代司冬季、司北方之神一說為「玄冥」，一說為「禺彊」，一說為罔象。訓詁學家有訓「禺彊」字「玄冥」者，而「罔象」與「禺彊」讀音相去未遠，故諸說似無原則區別。帛書司冬之神「荃」從余得聲，與「禺」音近，可視為與「禺彊」一說同源。依五行學說，北方屬水，其色黑，而帛書於西北隅所繪之樹正為黑色，是北方、冬季、水神的標誌。

（三）建除十二值

建除十二值即建、䟒、敆、坪、寧、工、坐、盍、城、復、蓄、敚。其分別與日辰十二支相對應，逐月迴圈，以司日之吉凶。見於九店日書類楚簡和睡虎地簡《日書》甲、乙種，張銘洽認為從先秦直至秦代，無論秦人或楚人，均將此法稱之為「除」，而不是「建除」。除者，日月之過也，「除」是過去長期生活經驗的總結，如今日稱為運氣者。古人將之記錄、總結、歸納，並將之賦予冥冥之中有神靈主宰之意義。〔註96〕黃儒宣引陳遵嬀之言：「十二直的安排與破軍星有關係，破軍星即搖光星（大熊座 η 星），是北斗七星斗柄柄頭的星」，〔註97〕以為北斗七星可指示方位，所以在作周天視運動時，被古

〔註96〕張銘洽〈秦簡日書之建除法試析〉，《紀念林劍鳴教授史學論文集》（北京：中國社會科學出版社，2002 年 1 月），頁 224。
〔註97〕陳遵嬀《中國天文史（3）》（上海：上海人民出版社，1984 年），頁 1666。

人賦予了表示天的意志涵意，黃氏並引《淮南子‧天文》：

> 寅爲建，卯爲除，辰爲滿，巳爲平，主生，午爲定，未爲執，主陷，
> 申爲破，主衡，酉爲危，主杓，戌爲成，主小德，亥爲收，主大備，
> 子爲開，主太陽，丑爲閉，主太陰。

認爲建除十二直是掌有相當權柄的神祇。十二個建除日名與天支日結合，就有根據天的意志來表示某天做某事的吉凶涵義。〔註98〕

（四）叢辰十二值

叢辰十二值即結、陽、交、害、陰、達、外陽、外害、外陰、絕、光、禾。其分別與日辰十二支相對應，逐月迴圈，以司日之吉凶。見於九店楚簡《日書》和睡虎地簡《日書》甲、乙種，目前尚不十分清楚其來歷與性質。

五、家宅五祀

「家宅五祀」即五種與日常飲食起居密切相關的家內之神：中霤（屬土地崇拜）、灶（一說屬火崇拜）、門戶（屬庶物崇拜，一說屬土地崇拜）、行（由土地或山川崇拜所衍生出來，漢代以後改爲井──屬水崇拜）。五祀崇拜源遠流長，但有系統、成制度、且有文獻可考的祭祀，則始自周代。〔註99〕五祀諸神爲本論文討論之重心，其由來、神格與崇拜儀式見本論文第參章「西漢以前家宅五祀信仰研究」所述，於此不再贅論。

第三節　人神人鬼類祭祀對象

根據本論文的討論可知，至遲到商代已有了關於鬼的文字記載。到了周代，靈魂不死的觀念得到進一步的升華。靈魂被一分爲二，一個主司形體，一個主司精神，其稱謂則生前死後有所不同。《左傳‧昭公七年》引鄭子產言謂：「人生始化曰魄，既生魄，陽曰魂。」戰國早期金文如陳助簋已出現「鬼神」連稱的字詞，這與商代靈魂一體，人死之後僅以鬼稱代靈魂相比，發生了明顯的變化，胡雅麗認爲這說明「靈魂不死」的觀念，已從尊卑有別的層

〔註98〕黃儒宣《九店楚簡研究》（臺北：臺灣師範大學國文系碩士論文，2003 年 6 月），頁 38～39。
〔註99〕詹鄞鑫《神靈與祭祀‧天地神祇》，南京：江蘇古籍出版社，1992 年 6 月。

面，進而上升到了神鬼殊途的境界。〔註100〕

那麼，什麼人的魂靈在其死後的升天過程中，除去與險惡博鬥的可能，而在最後仍然存在足夠的能力呢？《左傳・昭公七年》所引鄭子產云：「用物精多，則魂魄強，是以有精爽，至於神明。」鄭注：「物：權、勢。」既然魂附於氣，而氣則來自於形，形強則氣強，形弱則氣弱。若位居高官而任權勢，所得奉養之物、衣食之資必然豐厚，其形體自然強健。這樣，魄以形強，魂因氣壯，其魂靈當然就可以具備足夠的能量，順利闖過各種險關而升天爲神明。

周代以來，人類靈魂崇拜實際上包含了人鬼崇拜與人神崇拜幾種表現形式，但無論哪一種形式，都與祖先崇拜脫不了關係，因爲死者無論是變鬼還是作神，相對活著的後人而言，都是需要祭拜的祖先。作爲初始依附於周朝而後立國於南方的蕞爾小國，楚人的靈魂崇拜觀念和對祖先鬼神的侍奉，很大比例因襲周人而來，甚至較周人還要崇敬殷謹。

楚人對靈魂不死觀念的篤信與執著不僅充分體現在他們對已逝祖先魂魄的安置和侍奉上，更是虔誠表現於他們對祖先的祭祀與祈禱上。楚地簡帛所見楚人神系統可分爲五個層次，先祖：原始楚部落時期之始祖；先公、先王：楚國自立以後的歷代先王；墓主自出之嫡系及五世以內的近祖；未盡天年而爲國亡身的殤；靈巫（靈君子）。詳本論文第肆章第二節「人神人鬼信仰研究」。

此外，《楚辭》所提到的神話傳說人物甚多，大致可以分爲：〔註101〕

第一類、歷史傳說人物：五觀、澆、寒浞、少康、女歧、季、亥、恒、微、桀、妹嬉、湯、伊尹、武丁、傅說、紂、比干、梅伯、箕子、伯夷、雷開、文王、武王、呂望、周公、昭王、穆王、幽王、褒姒、齊桓、管仲、寧戚、秦穆、百里奚、晉獻、申生、介子推、闔廬、夫差、伍子胥、子文、塗山女、簡狄、堯、舜、益、啓、高辛、太伯、促雍、伯樂。

第二類、仙人及寓言式人物：韓眾、王喬、赤松子、彭咸、申徒狄、女須女、西施、嫫母、接輿、離婁、桑扈、蹇修、巫陽、高辛、稷、彭鏗、鯀、禹、啓、羿、羲和、應龍、燭龍、共工。

〔註100〕胡雅麗《尊龍尚鳳——楚人的信仰禮俗》（武漢：武漢大學出版社，2003 年 1 月），頁 18。

〔註101〕溫杰〈從上古神話的流變看《楚辭》中的神話材料〉，《殷都學刊》1997 年 1 期，頁 45。

　　第三類、具有巫術或儀式功能的人物：豐隆、飛廉、玄武、祝融、望舒、黔嬴、海若、咎陶、宓妃、造父、屏翳、句芒、蓐收、土伯、高陽、少昊、女媧、伏戲。

　　前述神話傳說人物很多也出現在楚帛書〈四時〉、〔註102〕《山海經》、〔註103〕《淮南子》、《三五歷紀》等書裡。〔註104〕雖然這些人神有很多並不在楚人信仰人神譜系之列，但其中或許有部份人物亦爲楚人所信仰。〔註105〕

　　相對於享有穩定香火的人神，楚地簡帛所見人鬼系統則主要是指那些非正常死亡及無後嗣者的靈魂。楚人鬼依其死亡地點的不同可大分爲荊亡與夏亡二類，細分則約有八類：不壯死／殤；不辜；兵死／強死；害；水上與溺人；絕無後者；暫木位／祖位／明祖；物魅及其他橫死之鬼。詳見本論文第肆章第二節「人神人鬼信仰研究」。

第四節　楚地簡帛文獻與〈九歌〉所見天神地祇人鬼對照譜系

　　本節謹將所論及的楚地神祇鬼怪製成一楚地簡帛文獻與〈九歌〉天神地祇人鬼對照譜系如下：〔註106〕

神祇名	天星觀簡	秦家嘴簡	九店 M56 簡	望山 M1 簡	包山 M2 簡	新蔡簡	〈九歌〉
至尊神〔註107〕	太	太		父太（？）〔註108〕	太、蝕太	太	東皇太一、天、帝

〔註102〕〈四時〉篇記有炎帝、伏義、祝融、共工。

〔註103〕李憲生〈古樸質重、瑰麗奇異——淺談《山海經》神話〉（《河南電大學報》1994 年 2、3 期）指出，《山海經》所載神話所提到的帝級大神就有 10 餘位；所提到的自然神，有固定稱謂的就有 30 餘位。

〔註104〕《淮南子》、《三五歷紀》（三國·吳·徐整撰）當中所記述的古老神話和仙話中，提到盤古、黃帝、帝江、炎帝、少昊、帝台（堯）、帝俊（舜）、帝嚳、顓頊、女媧、燭陰，以及日月星辰、風伯、雨師、雷神等眾天神，以及山神、海神、河伯、水伯這些地祇及各種動物之神。

〔註105〕巫瑞書《南方民俗與楚文化》（長沙：岳麓書社，1997 年 5 月），頁 65 指出今日湖南有供奉女媧、伏戲爲祖先神者。

〔註106〕改繪自鄒濬智〈戰國楚人信仰神譜試構——從〈九歌〉及出土簡帛文獻談起〉，《樹德科技大學學報》10 卷 2 期，2008 年 6 月，頁 44～45。

〔註107〕睡虎地簡《日書·甲種》所見最高神爲「帝」。

〔註108〕於望山簡文中是被攻解的對象，其後接親父等，於或許不是指太一神而係某

星神〔註109〕	司命、司禍、白朝、夜吏、大水（？）	司命、司禍	太歲、歲	大水（？）	司命、司禍日、月、歲、大水（？）	司命、司禍、司襘、司骹、司折、司救、司祿、大水（？）	東君、大司命、少司命
雲雨神	雲君					司禖	雲中君
山神	柣		武夷君		五山、高丘、下丘、坐山	五主山、五山、坐山、喪丘	山鬼
水神〔註110〕	二天子、大波、沃京				二天子	二天子、大川	湘君、湘夫人、河伯
地神	地宇、社、后土	大地主		社	后土、地主、野地主	地主、社、敚、邑	
五方神	太昊、東方、西方、北宗（？）	北方		青帝、南方、北方(北子？)	南方	北方	
家宅神〔註111〕	宮地主、門、行	宮地主、行		宮室、宮地主、行	室、宮室、宮后土、灶、門、戶、行	門、戶、行、步	
人神　先祖、〔註112〕先公、先王	宮禖高唐			老僮、鬻熊、簡王、聲王、悼王等	老僮、祝融、鬻熊、熊麗至武王（荊王集團）、昭王等	老童、祝融、穴熊、荊王集團、昭王、惠王、簡大王、聲王、競平王等	國殤、禮魂（？）〔註113〕

一作祟的男性祖先。

〔註109〕楚帛書〈天象〉有彗星與側匿、睡虎地簡〈玄戈〉、〈除〉、〈官〉三篇有「二十八星宿」。

〔註110〕《左傳》提到楚有玄冥、罔兩、江、漢、睢、漳等水神。《詩經》也提到漢水有水神漢女。

〔註111〕睡虎地簡《日書》有內中土（室、室中）、灶、門、行等。

〔註112〕楚帛書〈四時〉有炎帝、祝融。

〔註113〕國殤係為國捐軀者；〈禮魂〉所禮之「魂」係死者上升天際之精神（《禮記・郊特牲》：「魂氣歸於天，形魄歸於地。」《說文》：「在天為魂，在地為魄。」），二者皆屬楚人所崇拜的人神人鬼。

先人〔註114〕	東城夫人、潘先（惠公、卓公）、巫等	五世王父王母、親父母等		王孫悼（親父）、東石公、巫、私巫等	文平輿君子良（文君）、䣄公子春、司馬子音、親父母、蔡公子家（親王父殤）、子發（殤）、巫等	平輿文君子良（文君）、文夫人、子西君、盛武君、令尹之子璊、王孫厭、靈君子、五世王父王母、三世之殤（上數三代）等	
人鬼〔註115〕	不辜、強死、祖位等			不辜、不壯死、明祖等	不辜死、兵死、絕無後者、暫木位、明祖、水上、溺人等	荓亡、夏亡、三世之殤（下數三代）等	
其他〔註116〕		十二月神、建除、叢辰					

　　楚地簡帛未被發掘出土之前，世人僅能從《楚辭》及《山海經》等傳世文獻知道楚人的部份崇拜對象，楚人信仰相關的研究成果也非常的貧瘠。現在我們有了豐富的楚地簡帛記錄，知道楚人不僅祭祀〈九歌〉中十一位神祇和部份神話傳說人物，他們的譜系裡也有各式的天文星宿神、山川地理神。就連鬼魂也分成人神人鬼兩類來祭祀。人神依其親疏遠近，祭禮之隆殺各有不同；人鬼依其死因或作祟方法，亦有不同異稱。楚地簡帛所見的楚人鬼神世界，著實繽紛而炫人耳目。

〔註114〕楚帛書、《山海經》等見有若干神話傳說人物，可能為楚人所信奉；睡虎地簡《日書·甲種·病》見有父母，《日書·乙種》見有外鬼父、高王父、王父等受祀人神。

〔註115〕睡虎地簡〈詰咎〉見有丘鬼、哀鬼、祠鬼、遽鬼、哀乳之鬼、棘鬼、字鬼、人生為鬼、暴鬼、陽鬼、游鬼、粲迡之鬼、瘋鬼、餓鬼、刺鬼、明鬼、不辜等40餘種鬼怪。

〔註116〕睡虎地簡《日書》亦有十二月神、建除、叢辰等。關於睡虎地簡所見鬼神信仰可參徐富昌〈睡虎地秦簡《日書》中的鬼神信仰〉，《張以仁先生七秩壽慶論文集》（臺灣：學生書局，1999年1月），頁873～926。該文將睡虎地簡中所見神祇鬼怪分作天神、土地神、星宿神、馬媒神、精怪妖神、自然神、逐夢之神、鬼等類進行討論，可以參看。不過關於《日書（甲）》簡156「馬媒」，林清源師以為從編連和斷讀方式上來看，「馬媒」並不能成辭，詳氏著《簡牘帛書標題格式研究》（臺北：藝文印書館，2004年2月）頁130～135。祂算不算是一種神鬼怪，還有可以討論的空間。

　　楚國祭祀法典明確規定「天子遍祭群神品物，諸侯祀天地、三辰及其土之山川，卿、大夫祀其禮，士、庶人不過其祖。」(《國語‧楚語》) 所謂「卿、士大夫祀其禮」是指他們只能祭祀五祀 (戶、灶、門、行及中霤) 及其祖先。但出土有簡牘的楚墓墓主，大部份位不過上卿，但其祭祀的神祇上自天神，下到地祇、人鬼，無所不包，這明顯是僭禮行為。〔註117〕由此可見與文獻記載的楚國君臣恪守禮制不同的是，在現實生活中楚國士大夫的信仰行為普遍具有較大的彈性。而《國語‧楚語下》中，觀射父回應楚昭王所問，所提到的對祭祀封建等級之種種要求，可能還停留在理想而非實際層面。

　　陳偉認為像「彗星」、「側匿」這樣的異象也有神司，可見其他一切與人的生活密切相關的自然物質、自然現象、自然力等，都有可能成為楚人崇拜祭祀的對象。〔註118〕由於文字資料的嚴重匱乏，我們目前還無法全面了解楚人各階層有關人類鬼神崇拜的更詳細、更具體的情況；〔註119〕楚帛書中提到楚人信仰「百神」、「群神」，新蔡簡也說楚人的信仰對象滿佈「上下內外」，可見戰國楚人的信仰對象也絕不僅限於本論文所討論者；屈原〈九歌〉係王室祀典，〔註120〕而出土簡帛，數量有限，且其墓主泰半為貴族，因而本論文據〈九歌〉及楚地簡帛資料所整理出來的信仰譜系可能還無法完全涵蓋戰國楚人全體上下的信仰崇拜對象，相關說明勢必有所不足。幸而故楚地的考古發掘方興未艾，相信不久的將來，定將有更豐富的資料面世，大幅提高學界對戰國楚人信仰文化的研究水準與認識。

〔註117〕王澤強〈楚墓竹簡所記神話與〈九歌〉神話之異同及其在楚辭學上的意義〉，《天水師範學院學報》26卷4期，2006年7月，頁68～69。
〔註118〕陳偉《包山楚簡初探》，武漢：武漢大學出版社1996年8月。
〔註119〕林惠祥《文化人類學》(北京：北京商務印書館，1991年)，頁294提到人的原始心理本來就是雜亂混沌的，「所以我們也不要以為他們是很有系統的思想，而替他們想出一個很整齊的宗教觀念。」
〔註120〕湯漳平〈再論楚墓祭祀竹簡與《楚辭‧九歌》〉，《文學遺產》2001年4期。

第陸章　結　論

　　本章除總結本論文的研究成果外，也將進一步利用本論文的研究成果，分析楚地簡帛所見五祀神祇神格的高低及變化。文末並略述廿一世紀出土文獻研究之重要性，以呼應本論文之研究焦點——出土楚地簡帛文獻。

第一節　濃郁巫風中的家宅五祀信仰

　　降至春秋戰國時代，中原的有識之士已「不語怪、力、亂、神」（《論語‧述而》），巫風在中原大部份地區已日漸式微：譬如管子在〈權修〉篇提到：「上恃龜筮，好用巫醫，則鬼神驟祟；故功之不立，名之不章」，既是對迷信巫覡者的微詞，多少也流露出對巫覡的貶損之意；《晏子春秋‧諫上第十四》提及晏嬰勸說齊景公不要信巫，結果齊景公下令把楚巫放逐於東海之濱，並把引薦楚巫的諛臣也拘禁起來；不僅如此，《左傳》裡常見歲旱求雨失敗，巫覡被嫁禍，輕則曝曬，重則還有生命之虞；〔註1〕荀子在〈王制〉篇中鄙稱巫覡為「傴巫跛覡」；韓非子在〈顯學〉篇亦云：「今巫祝祝人曰：『使若千秋萬歲！』千秋萬歲之聲聒耳，而一日之壽無徵於人，此人之所以簡巫祝也」；《呂氏春秋‧盡數》則認為巫醫驅鬼治病如同「以湯止沸，沸愈不止」、「巫醫毒藥，逐除治之，故古之人賤之，為其末也。」《周禮‧春官‧大宗伯》中亦可看出，巫覡已經由殷大夫降至周初春官宗伯的一個小小屬官，其職能已經從掌握一切通神事務逐漸縮小到求雨、占夢、降神、驅鬼等幾個方面，其社會作用也受到了質疑。

〔註1〕《左傳‧僖公廿一年》：「夏，大旱，公欲焚巫。」《周禮‧春官‧女巫》孔疏：「欲暴巫者，以其舞雩不得雨。」

　　然而「周禮既廢，巫風大興，楚越之間，其風尤盛。」〔註2〕雖然春秋之後，理性思想聲勢浩大，稀釋了部份楚國濃郁的巫風，但楚國巫覡宗祝勢力根深柢固，相較於中原諸國巫風日漸式微，楚國巫風之流行並未完全與之俱減。僅由以下的例子就可看出日常生活中，楚人對鬼神的依賴情況依舊：

　　　　初共王有寵子五人，無適立。乃望祭群神，請決之，使主社稷。而
　　　　陰與巴姬埋璧於室內，召五公子，齋而入。康王跨之……故康王以
　　　　長立。（《史記・楚世家》）

春秋戰國時期中原巫覡地位普遍下降，楚國的巫覡卻仍舊享有崇高的社會地位。像《國語・楚語下》提到的楚之賢人觀射父，他便認為巫覡是人神溝通的媒介，具備「精爽不貳」、「齊肅衷正」的品格，和「智」、「聖」、「明」、「聰」等方面的卓越天賦，是神恩寵的對象。另外《國語・楚語下》記有：

　　　　王孫圍聘於晉，定公饗之，趙簡子鳴玉以相，問於王孫圍曰：「楚之
　　　　白珩猶在乎？」對曰：「然。」簡子曰：「其為寶也，幾何矣？」曰：
　　　　「未償為寶。楚之所寶者，曰觀射父……又有左史倚相……又能上
　　　　下說於鬼神，順道其欲惡，使神無有怨痛於楚國。」

觀射父和左史倚相都是巫學大師，在楚國被視為國寶，其地位諸夏巫覡無人能及，「能作訓辭，以行事於諸侯」（《國語・楚語下》），地位十分崇高。

　　楚國巫風之盛，還反映在卿大夫繼續行使巫覡之職。春秋戰國時期巫覡日益為中原的卿大夫所輕視，但是楚國的王、令尹、司馬甚至是公族子弟依然習行占卜通神之術：

　　楚王，在春秋戰國時期雖與周室日漸疏遠，不再直接擔任周王室的「火正」，但是楚王身兼大巫的地位一直保留了下來。《楚辭・離騷》說：「指九天以為正兮，夫唯靈修之故也」；「怨靈修之浩蕩兮，絕不察夫民心。」「靈修」二字，孫作雲認為「楚國的國王，在政治上稱『王』，在宗教上稱『靈修』。『靈修』也是巫長的意思。」〔註3〕在古漢語中「修」與「長」通訓，章炳麟〈文學說例〉也認為：「淮南王諱其父長，其書稱『長』曰『修』，而《楚辭》傳本，多出淮南，則『修』、『長』之變可知也。」〔註4〕可見楚王既是「人王」，

〔註2〕 王國維《王國維戲曲論文集》（北京：中國戲曲出版社，1984年），頁4。
〔註3〕 孫作雲〈楚辭九歌之結構及其祠神時神巫的配置方式〉，《文學遺產（增刊）》8輯，1961年。
〔註4〕 章太炎〈文學說例〉，分別發表於《新民叢報》5、9、15號，1902年。

又是「巫長」。在傳世文獻中，還有許多關於楚王兼行巫覡之事的描述。譬如桓譚《新論‧言體》提到：「昔楚靈王驕逸輕下，簡賢務鬼，信巫祝之道，齋戒潔鮮，以祀上帝，禮群神，躬執羽紱，起舞壇前。」楚靈王能溝通鬼神，其為巫覡是很明白的事。楚莊王也曾以大巫的身份祭祀天地，請求神靈助其霸業。《說苑‧君道》謂：「楚莊王天不見妖而地不出孽，則祈於山川曰：『天其忘予歟？』此能求過天，必不逆諫矣。安不忘危，故能終而成霸功焉。」

令尹，在楚國相當於諸夏各國的相國。《左傳‧昭公十七年》載：「吳伐楚，陽匄為令尹，卜戰，不吉。」令尹在相國之外也執行卜問之事。章炳麟〈文學說例〉曰：「古金石以『靈修』為『令修』，則『靈』『令』之通可知也。」〔註5〕葉立青以為如此則令尹也可以理解成「靈尹」。楚人稱巫為「靈子」，所以令尹也屬楚巫覡系統中的一員。〔註6〕

司馬，在楚國除了主持軍事之外，亦會進行軍事相關之占卜。《左傳‧昭公十七年》云：「司馬子魚曰：『我得上流，何故不吉？且楚故，司馬令龜，我請改卜。』令曰：『魴也以其屬死之，楚師繼之，尚大克之！』吉。」按楚國慣例，「卜戰」應該是由司馬「令龜」掌管。楊伯峻注：「卜前告以所卜之事曰命龜。」〔註7〕

此外，楚國宮廷中還有攻尹、〔註8〕卜尹、占尹等巫官；〔註9〕民間有邑巫、〔註10〕私巫、〔註11〕遊巫〔註12〕等靈巫（統稱靈、靈子或靈君子），這和

〔註5〕 章太炎〈文學說例〉，分別發表於《新民叢報》5、9、15號，1902年。

〔註6〕 葉立青〈論楚巫覡的身份與地位〉，《北華大學學報》社科版7卷1期，2006年2月。

〔註7〕 楊伯峻《春秋左傳注》（北京：中華書局，1981年），頁1392。

〔註8〕 攻尹見曾侯乙墓簡145、152、285，包山M2簡106、107、110、111、116、117、118、157、159、172、224等。

〔註9〕 「卜尹」與「占尹」職掌相當。《楚辭‧卜居》載：「（屈原）心煩慮亂，不知所為，往見太卜鄭詹尹。」「詹」與「占」同音（古皆屬章紐談部）互借，「太卜詹尹」也即「占尹」。

〔註10〕 邑巫是負責地方宗教事務活動的靈巫。《左傳‧文公十年》記楚范巫矞姒為楚成王進行預測，杜注：「矞姒，范邑之巫。」邑巫通常是當地名聲很大，有一定影響和威望的靈巫，因而他們有時也參與楚國軍政方面要事的占卜和預測，如楚范邑巫矞姒就為楚國君臣預測命運，預言楚成王及令尹子玉、司馬子西皆不得善終，而楚成王居然信之不疑。邑巫多近居於社，《墨子‧號令》：「巫舍必近公社。」

〔註11〕 私巫是專為某一人或幾人提供宗教服務的靈巫。從望山楚簡中有「大夫之私巫」的記載來看，私巫是專門為某個士大夫以上的貴族或楚王服務靈巫。在

殷代的尹官僅分成中央官、地方官、族官三類相比，〔註13〕制度上要更爲成熟。楚國從上到下構成了完整的巫覡體系。

楚國巫風盛行，相當程度和楚國從楚王到卿大夫、從宮廷到地方都建立起相當完整的巫覡體系有關，這種政教合一、官巫一體的統治形式，結合了原本在民間就盛行不墜、滲透社會各階層的巫風，穩定性很強。楚巫的地位及其所扮演的迷信思想雖因爲中原諸國理性思想的風潮而稍受動搖，但卻仍持續影響楚國上下。楚巫政教合一地位的穩定性又影響著楚國的歷史，促成楚國獨特的地方文化的形成。南方楚境，崇巫重祀之風方興未艾；楚國的濃郁巫風，豐富了中國的巫覡文化、促進了往後中國民間信仰的發展。

在巫風濃郁、迷信思想盛行的楚國境內，與人民生活息息相關的家宅五祀信仰，得到廣泛的傳播與發展。透過對楚地簡帛文獻的梳理，並對照傳世典籍，本論文對西漢以前的五祀及其相關信仰——特別是南境楚地——作了全面的探討。根據本論文的研究可知：

第一、先民對家內中霤地神的崇拜，最早可能發生在新石器時代穴居／半穴居（覆穴）時期。在楚地，典籍中的中霤神以室（宮室、室中）、宮地主、宮后土、內中土等異名流行於祭壇。楚人之所以不以中霤之名稱呼家中地神，實因中霤原指黃土高原上窯洞中央透光雨流之處，而楚人建築受限地理環境，並無穴居特色；再者中霤之構建較爲原始，而當時楚人已有進步的宮室，故以更接近當時建築習慣的諸種中霤異名稱呼家中地神。楚人祭中霤和祭祀大地的動機一樣，而家家設有中霤，也提供了一個直接祭祀大地的方便管道。雖然楚地簡帛資料中只揭露楚人祭中霤慣用豬牲、羊牲進行舉禱、賽禱與厭祭，並未見詳細的楚人中霤祭禮，但我們從其他土地崇拜的信仰行爲可以猜想，祭祀中霤或許也還用到了瘞埋和裸（灌）祭。

〔註12〕 包山楚簡中記有爲左尹邵𢱤生前祭禱占卜的 12 位靈巫的名字，其中出現次數最多的是盬吉，連續 3 年多次爲左尹邵𢱤貞卜，或許就是左尹邵𢱤的「私巫」。遊巫則是指不確定服務某個固定對象的靈巫。天星觀楚簡三次出現「遊巫」的記載。天星觀楚簡中的軒緹志，可能就屬於遊巫之列。在天星觀楚簡、秦家嘴楚簡、望山楚簡中都出現了他的名字，也就是說，他曾爲三個墓的墓主祭禱占卜。從出土楚簡占禱記錄來看，一般一墓主生前有多個靈巫爲他服務，包山楚簡中出現的 13 個靈巫，不可能都是左尹邵𢱤的私巫，多數在整個記錄中只出現一次或兩次的巫，可能只是偶爾爲邵𢱤提供宗教服務的遊巫。

〔註13〕 鍾柏生〈卜辭中所見的尹官〉，《中國文字》新 25 期，1999 年 12 月。

　　第二、人類用火的時代極爲久遠，舊石器時代遺址已見得到火塘灶遺跡。先民對提供溫暖、安全和熟食的灶產生感恩與崇拜的情緒，時間上應該也不會太晚。相較於其他神祇，楚地簡帛裡所見祭灶資料要來得較少，但從祭灶要翻查《日書》、包山陪葬的墓主生前習用的日常物品中有灶神木主等等現象可知，祭灶亦是楚地常見的民間信仰行爲。除了因爲保障熟食的提供而受楚人供奉外，灶神的形象和楚人先祖如炎帝、黃帝、祝融的形象重疊，也是楚人祭灶的重要原因。

　　第三、新石器時代的遺址已經發現安門的遺跡，門區附近也發現手拿棍棒者的避邪用圖繪，足見門（戶）神崇拜的起源很早。從楚地祭禱簡文中可以發現，門戶常在祭典中扮演陪祀的角色——祭禱完主神後再祭門戶。楚人祭門戶一般使用舉禱、享祭、就禱（「就禱」未必是祭禱名），祭品也很固定，常用白犬、酒食等。殷周以前祭祀行道神的文獻記錄很少，但從殷周大墓常見有同埋豬、牛、犬牲的車馬坑可以推知，當時應該已有爲亡者送行的儀式。楚人亦祀行道，楚地行道神有一異名曰「步」。楚地簡帛常見之行神爲（大）宮行，其次爲行，前者可能是家中行道之神，後者可能係護佑出門在外之行者的旅行之神。楚人祭行道一般使用賽禱、舉禱、就禱（「就禱」未必是祭禱名），祭品與門戶相當，亦常用白犬、酒食。門戶及行道神之祭皆需依《日書》擇日。楚人祭門戶，主要希望門戶能保佑他們居家平安；楚人祭行道，除了祈求出入平安外，行道神的來源如脩、嫘（纍）、禹、方相氏等，和楚人先祖都存在有正向聯繫，或許楚人祭行道和祭灶神一樣也寄寓祖先崇拜的意涵在裡頭。此外，楚人祭行道，還有一個不容忽視的原因，春秋之後，楚地的國內外商業活動十分暢旺，國力之興盛十分仰賴商業利益的支持，這可能也是楚人特別重視門戶行這些交通神的原因——祂們可以庇佑楚人出入行商的安全。

　　綜上可知，中霤信仰最早可能發生在新石器時代半穴居時期；灶信仰最早可能發生在舊石器時代；門戶信仰最早可能發生在新石器時代；行道信仰最早可能發生在殷周之際。雖然五種家神成爲特定信仰的時間並不一致，但西周之後，祂們因爲皆與家室相關，終而以成組的五祀形式出現。關於他們成爲成熟信仰的時間，順序上並不一致，筆者推測這應該和先民生活形態變化的歷程有關：先民在生活上最先使用火、使用灶來改善飲食，因此先對火和灶起了尊敬；而後穩固的穴居、半穴居取代巢居野處，生活的空間有了室

內與家外之別，原本混爲一體的萬物有靈崇拜便被基本的分成室內與戶外兩大類，室內的部份除了由火及灶崇拜演變而來的灶神外，還有與室外地神不同的家室地神——中霤出現；而原先只有孔道的穴居出入口，爲了抵禦野獸、敵人或不良天候的威脅，又設置了門戶，先人感念門戶作爲禦難的替身，對門戶的感恩和崇拜便產生；當離開家室出外覓食謀生時，身無遮掩，先民乃期待自出門在外的那一刻起，能有無形力量的護持，行道信仰因而出現。

和五祀相關的信仰，我們討論了七祀中的司命和厲。根據本論文的研究可知：

第一、司命，原是天文神之一，是先民先有萬物有靈觀念之後，認爲星宿亦有神秘的力量而加以崇拜的產物。後來在神職複雜化分工之下，當中有司掌人之壽夭者，即將此神職附會給司命星。依傳世文獻，掌人之壽夭的神職附會給司命星，時間當在兩周之時，此司命神即《楚辭》所云「大司命」。另一撫災殃的神職，則指派給司過星（司禍、司中、司災）。因司命與司過都位在文昌宮，且爲對偶成組之星，《楚辭》編者乃稱其爲「少司命」。漢以後的禮書，司命之所以規定只能受天子及諸侯之祀，除了因爲祂主掌人之壽夭外，其常陪祀至上神太一，無形之中其神格也就不斷上升。不過在漢以前，司命是很普遍的信仰，人人皆可祭祀，不像《禮記》所言之司命，其祭祀具有限定性。漢以後司命神職慢慢與灶神混淆，司命原先只能受天子及諸侯所祀的限定又被打破。楚地簡帛中可見祭司命使用賽禱、舉禱、就禱（就禱未必是祭禱名），從傳世禮書和少數民族信仰習慣上來看，祭司命亦有可能使用燎祭；祭司命所使用的祭品也很多樣，楚地簡帛記有諸種玉器、殺、胖、鹿、酒食等。從〈大司命〉的內容和燎祭的習慣來看，祭司命也可能使用蔬果和幣帛。

第二、從舊石器時代晚期就有靈魂觀念的遺跡可知，中國鬼觀念的起源很早。七祀中的厲即因凶死、無後或香火中斷而作祟的惡鬼。楚地簡帛常見諸種厲，因其死亡地點不同可大分爲荊亡、夏亡兩類，細分則有不壯死、不辜、兵死／強死、害、水上／溺人、絕無後者、暫木位／明祖、物魅及其他橫死之鬼等八類。對於害和絕無後者，楚人除了攻解之外亦使用舉禱，按舉禱多用在祭祀天神、地祇、人神，這顯示出害和絕無後者與主（令）祭者的關係可能較爲親近。可以見到的是，楚地簡帛當中更多是對先祖（老童、祝

融、鬻熊、宮禖高唐）、先公（熊麗到武王）、先王及自身嫡系與五世近親這類人神的祭祀。祭楚先多半使用舉禱、就禱（就禱未必是祭禱名）；祭先公（荊王）使用舉禱、賽禱；祭先王則使用舉禱、賽禱、弍（罷）禱；祭近祖則使用罷禱、賽禱、就禱（就禱未必是祭禱名）。祭品方面，與主（令）祭者血緣愈親近者，其祭品愈隆。以犧牲為列，楚先多用羊牲，先公（荊王）則可用到牛、豕，先王則可用到大牢、佩玉、束錦加璧。楚人亦祭靈巫，用舉禱、就禱（就禱未必是祭禱名），祭品用牛、豕、靈酒等。戰國楚人祭祖禮已相當成熟，有卜（筮）日、齋戒、饋食等禮節。完整的降神禮使用蒿燎、樂之、百（埋）之、裸之，最後祝號（冊告）並致福、致命。整體而言，楚祭祖禮和周禮相當接近。

五祀諸神皆與家室有關，後來合為一式列入祀典，十分自然。但司命貴為掌人壽夭之天神、屬係擾民作祟的人鬼，二者於禮書中見與五祀合為七祀，似乎顯得扞格不入。秦漢之後禮書出現一祀、三祀、五祀，乃至由五祀加上司命與屬，牽強而成七祀，應是為配合封建階級之祭祀分級而發，〔註14〕秦漢以前這種階級化的祭祀情況應該並非以強制性的形式存在。那麼，為何在眾多神鬼當中，選擇司命與屬和五祀合為七祀？筆者私揣，司命與屬同五祀一樣，和人們的日常生活直接相關、具直接的利害關係，休戚與共——司命掌人之壽夭、屬為環伺在旁，進而作祟致病之鬼（包括無後祖先）——是以在將五祀擴充成七祀時，才優先選擇司命與屬進入七祀的神祇組合當中。

周朝以後，不同神格位階的神靈，其祭祀的級別，應是按神靈的位次高低，其用禮各分輕重。〔註15〕《周禮・春官・肆師》：「立大祀，用玉帛牲牷；立次祀，用牲幣（帛）；立小祀，用牲。」鄭玄注：「鄭司農云：『大祀，天地；次祀，日月、星辰；小祀，司命以下。』玄謂大祀又有宗廟，次祀又有社稷五祀、五嶽；小祀又有司中、風師、雨師、山川、百物。」大祀，指祭祀天、地、宗廟等；次祀，指祭祀日月、星辰、社稷五祀、五嶽等；小祀，指祭祀司中、司命、

〔註14〕 楊華〈「五祀」祭禱與楚漢文化的傳承〉，《江漢論壇》2004 年 9 期，頁 95 也有類似的意見：「如果等級越低，其祭祀的神祇越具有普遍性的話，那麼『五祀』中最基本的神祇是門、行、戶、灶四種。其它祭祀對象都是在此基礎上增加的。」

〔註15〕 蕭靜怡〈從周禮天官及地官二篇看周代祭祀問題〉，《孔孟月刊》35 卷 9 期，1997 年 5 月，頁 8。

風師、雨師、山川、百物等。《周禮・天官・酒正》：「大祭三貳、中祭再貳、小祭壹貳」，鄭注：「大祭，天地；中祭，宗廟；小祭，五祀。」大祭祭拜天地之神祇、中祭祭拜宗廟祖先、小祭祭拜家宅五祀。《周禮・天官・酒正》所述層級雖然與《周禮・春官・肆師》略有不同，但都可以看出祭祀對象的不同級別與所用的供獻具有對應關係。比如小祀用「牲」，次祀、大祀則依級增隆爲「牲、帛」、「玉、帛、牲」，反之則逐級減殺。若神格的高低反應在受祀時所用的祭品等級，那麼從五祀所用祭品的等級，就能比較出五祀諸神彼此間神格的高低。

楚地簡帛文獻資料裡，中霤神所用祭品見：包山 M2 簡：羖（簡 201～202、簡 214、簡 232～223）、貑（簡 207～208、簡 218～219）、白犬、酒食（簡 210、簡 228～229、簡 232～223）；望山 M1 簡：豾（簡 109）、酒食（簡 117）。《禮記・月令》以土藏之心祭中霤。

灶神部份，雖然我們僅見到零星幾支簡提到祭灶，但卻不能說楚地沒有祭灶的成套儀節。〔註16〕《禮記・月令》提到祭灶用雞，鄭注提到祭灶用肺、心、肝、醴。

門（戶）神所用祭品見：新蔡簡：羊（甲一 2、甲三 56）、牂（乙一 28）；包山 M2 簡：白犬（簡 233）。早期奠門用人殉及犬，周代用肝、肺、心等內臟及犬、雞、羊等犧牲，漢以後亦用豆麋。禮書所載，祭戶用脾、腎、黍稷、肉、醴。

行（道）神所用祭品見：新蔡簡：犬（甲三 56、乙一 28）；包山 M2 簡：白犬（簡 208、219、簡 211、229、簡 233）酒食（簡 211、229、簡 233）；望山 M1 墓簡：白犬（簡 28、簡 119）、酒食（簡 28）。史籍載祭行用酒食（脯）、犬、羊。若將殷周大墓車馬坑中的殉牲也看作是用來祭行道的犧牲的話，或許早期還用牛和豬。

西周以前，五祀用牲並無明顯的限制。但楚地簡帛資料所見，以中霤所用牲品最爲尊貴——用羊類、豕類、犬類犧牲，再加酒食；其次爲門戶——用羊類、犬類犧牲；再其次爲行道——用犬類犧牲，加酒食；灶神則因簡文

〔註16〕 宋華強〈新蔡簡兩個神靈名簡説〉（「武漢大學簡帛研究中心」，http://www.bsm.org.cn/，2006/7/1）以爲楚簡中有「五世王父王母」、「三世之殤」、「二天子」、「五山」、「五差」等，都是若干神靈的組合，但這些神靈未必都會單獨出現，這在楚地出土的卜筮禱祠簡中似乎是一種正常現象。所以雖然新蔡簡有「五祀」這樣的總名，包山二號墓還出土了「五祀」神牌，但在楚簡中找不全「五祀」所含諸神也是不奇怪的。

未見其祭祀犧牲，未明其等級。楚人家宅五祀中，從大地信仰直接派生出來的中霤神規格稍高，其餘四位神祇或來自庶物崇拜，或由祖先崇拜所分出，相較於源自大地自然神的中霤，神格相對較低。除去灶神，若將楚地簡帛記錄與考古資料、史籍記載作比較，可以發現，西漢以後中霤神的牲品等級沒有太大的改變——仍是五祀當中之最重者，但門戶、行道神的牲品慢慢加重，《白虎通·五祀》甚至將門戶改列爲五祀之首。秦漢之後，先民逐漸重視門戶行道等交通之神，或許反應出他們的生活型態正在改變：出門在外的時間變多——從拘於一地的農業生活型態轉向不拘一地的工商業生活型態。

第二節　地上的中國與地下的中國

饒宗頤曾說過：

> 中國有二個，一個是地上的中國，一個是地下的中國。地下的中國蘊藏不盡的歷史資源，是人類不可估計的藝術文化財產，許多尚有待於發現整理。我們的歷史需要重新判斷史料的價值，出土的新文獻和傳統留下的記錄，許多吻合的地方，需要我們再作詳細嚴密論證。德國學派的史學，極重視史料的搜集。我們現在面臨的問題，不是史料的缺乏，而是新史料的過剩，龐大新文獻的包袱，給予學人的壓力，已有消化不良的情況，這是極有意義的學術挑戰，要我們去承擔，好好地去處理。〔註17〕

十九世紀末，自西方學者開始在神州大陸上發掘敦煌遺物與盜買甲骨開始，出土文獻便快速的成爲學術界注意的焦點之一。王國維利用甲骨文與《史記·殷本記》對照，重建殷王世系，確立了他所提出「二重證據法」的可行性和可期待性。近年來饒宗頤又提出考古、出土文獻、傳世文獻三而一的「三重證據法」，〔註18〕和古天文學界的曆日、傳世文獻、古天文現象三而一的「三

〔註17〕 饒宗頤〈新文獻的壓力與智識開拓〉，「炎黃文化」研討會發言，香港：浸會大學，2002 年 12 月 18～20 日。

〔註18〕 1982 年，饒宗頤提出從田野考古、文獻記載和甲骨文研究相結合來研究夏文化的「三重證據法」，至 2003 年歸納爲：儘量運用出土文物的文字記錄，作爲三重證據的主要依據；充分利用各地區新出土的文物，詳細考察其歷史背景，做深入的研究；在可能範圍下，使用同時代的其他古國的同時期事物進行比較研究，經過互相比勘後，取得同樣事物在不同空間的一種新的認識與理解。學術界普遍認同這是繼王國維「二重證據法」的前進。詳劉偉忠、姜

重證據法」相互輝映。〔註 19〕二重也好，三重也罷，這些結合地上地下文物的研究方法無不一而再、再而三的重申出土文獻的重要。那些不爲世人所知已久的重要資料的出現，人們不由得不去重新理解古代中國的本來面目、去重新解釋古代中國的文化現象。

　　文獻的研究價值，首先取決於文獻的可信度，越能眞實反映當時文化原貌的文獻，就越具有研究價值，反之則研究價值越低。傳世的先秦兩漢文獻，都是經過 1~2000 年以上長時期流傳、反復傳抄、多次刊刻、多次校勘的文獻，在流傳的過程當中難免會發生程度不同的失眞。同時在這些文獻漫長的流傳過程中，前人在傳抄、刊刻、校勘時也往往自覺或不自覺的加進自己的意見，這或多或少都影響著這些文獻的寫眞度。相反的，出土簡帛文獻大都是失傳 1~2000 年以上的珍貴資料，因長埋於地下，眞實地保留著當時抄寫的面貌。這些當時人的手書眞跡就比較不存在失眞的問題。使用這些第一手資料來研究中國的早期歷史，結論自然較爲可靠。雖然這些資料也有傳鈔的地域侷限、學術流派的不同，今人對其文字的考釋與釋文的詮釋也不盡相同，但這與兩千年傳鈔的失眞比起來，問題要少些。所以，「單從文獻眞實性這一著眼點來講，就可以知道出土簡帛具有重大的文獻研究價值。」〔註 20〕「廿一世紀的中國古代歷史與文化研究，將極大的受到近年不斷出土的簡帛文獻的影響。」〔註 21〕

　　筆者結合傳世與出土文獻、考古資料，針對東周楚人的部份民間信仰進行研究。希望能夠以其爲跳板，盡可能透過最眞實的第一手資料，將西漢以前流行於楚地的五祀信仰眞貌呈現在大家的面前。然而，在面對大量不甚熟悉的材料當下，筆者頗感壓力，但相較壓力，心中所燃起的是更強烈的使命感，這股使命感不斷的催促筆者在陌生的研究領域裡前進再前進。然限於攻讀博士學位的時間與論文篇幅，筆者僅能選擇楚地簡帛所見諸種迷信崇拜中較具內在關聯性的五祀—七祀進行研究，但楚人民間信仰非僅有五祀－七祀而已，還有太多受祀神靈及其相關祭祀儀俗需要被討論。筆者希望能藉由本

　　舜源〈一代通儒饒宗頤〉，《光明日報》2007 年 10 月 9 日。
〔註 19〕古天文學二證法之應用可參張聞玉《銅器曆日研究》，貴陽：貴州人民出版社，1999 年 5 月。
〔註 20〕張顯成〈論簡帛的文獻學研究價值〉，《古籍整理研究學刊》2005 年 1 期，頁 34。
〔註 21〕邢文〈中國簡帛學與二十一世紀〉，《兩岸青年學者論壇——中華傳統文化的現代價值》（臺北縣：法鼓人文社會學院，2000 年 12 月），頁 11。

論文，喚起學術界對楚人信仰神靈的關注和系統性研究。唯自惱所見限於一隅〔註22〕、所論難免掛一漏萬、所議不免流於粗淺，只期能拋磚引玉，冀讓與本論文相關的主題得到更深入的研究和更廣泛的探討。

〔註22〕　本論文寫作有先天的侷限：第一、相較於傳世文獻，楚地簡帛資料所見五祀信仰資料數量畢竟太少。有很多問題還是得靠傳世文獻、民俗調查等資料來補充說明，方能解決。若傳世文獻並非來自楚文化圈，其是否能作爲楚地信仰現象的補證尚有疑慮；而民俗資料所呈現的畢竟是現今少數民族的信仰習慣，其積極性證據力稍嫌不足。第二、戰國時代，全中國的信仰文化依其特色及信仰重心不同，至少可以分成齊魯、南楚、西秦三個區域。相信更早之前，這種信仰分區的情況只會更加複雜。單依楚地簡帛或楚系傳世文獻資料，在異中求同的情況下，最多只能恢復西漢以前五祀信仰三分之一的面貌。

論文參考書目

說明：爲使讀者方便檢索，本論文將參考書目分爲「傳統典籍」、「近人著述」
與「網路及學術軟體資料」三大類。「傳統典籍」類以成書時代爲主、
作者姓名筆劃爲輔，時代由早至晚、姓名筆劃由寡至多遞增排列；「近
人著述」分「個人學術著作」及「單位研究成果」二類，前者分「專
書」、「單篇論文」與「學位論文」三類，後者分「專書」與「單篇論
文」二類，皆以作者姓名或單位全銜之筆劃爲主、作品年代爲輔，筆
劃由寡至多遞增排序；「網路及學術軟體資料」類亦以作者姓氏或單位
全銜之筆劃爲主、作品年代爲輔，筆劃由寡至多遞增排列。凡所參考
之學術網站及電子資料庫，均標明網站及資料庫之建立或維護單位網
址。各作者姓名之後一律不加敬稱。

壹、傳統典籍

1. 周・青史氏《青史子》（托古），收入今人魯迅《古小說鉤沉》，北京：人
   民文學出版社，1973 年。
2. 漢・伏勝《尚書大傳》，北京：北京商務印書館，2005 年。
3. 漢・劉安等撰、許愼注《淮南子》，上海：上海商務印書館，1936 年。
4. 梁・宗懍《荊楚歲時記》，北京：中華書局，1985 年。
5. 隋・杜台卿《玉燭寶典》，北京：中華書局，1985 年。
6. 北宋・王欽若主持重修《道藏》，上海：上海商務印書館，1923～19226
   年。又文物出版社、上海書店、天津古籍出版社聯合出版，1988 年。
7. 北宋・沈括《夢溪補筆談》，收入今人王雲五主編《國學基本叢書》，臺北：
   臺灣商務印書館，1956 年。

8. 南宋・陳元靚《歲時廣記》，上海：上海古籍出版社，1993 年。

9. 南宋・羅泌《路史》，北京：中華書局，1985 年。

10. 元・陳澔《禮記集説》，上海：上海古籍出版社，1987 年。

11. 明・史玄《舊京遺事》，北京：北京古籍出版社，1986 年 7 月。

12. 明・閔齋伋輯、清・畢弘述篆訂《訂正六書通》，上海：上海書店，1981 年 3 月。

13. 清・于敏中等編《日下舊聞考》，北京：北京古籍出版社，1983 年 5 月。

14. 清・朱右曾《古本竹書紀年輯證》，上海：上海古籍出版社，1981 年 2 月。

15. 清・阮元整理、今人李學勤等標點之《十三經注疏》，北京：北京大學出版社，1999 年 12 月。

16. 清・周柄中《四書典故辨正》，上海：上海古籍出版社，1995 年。

17. 清・金鶚《求古錄禮説（十五卷，補遺一卷)》，臺北：復興書局，1972 年。

18. 清・段玉裁撰、今人袁國華編審、鄒濬智等助編《説文解字注》標點本，臺北：藝文印書館，2005 年。

19. 清・孫希旦《禮記集解》，臺北：文史哲出版社，1990 年 8 月。

20. 清・秦蕙田《五禮通考》，收入《文淵閣四庫全書》，臺北：臺灣商務印書館影印，1983 年。

21. 清・梁玉繩《史記志疑》，北京：中華書局，1981 年。

22. 清・陳尚古《簪雲樓雜説》，濟南：齊魯書社，1995 年 9 月。

23. 清・顧炎武《日知錄》，上海：上海古籍出版社，1984 年。

24. 今・臺灣商務印書館《景印文淵閣四庫全書》，臺北：臺灣商務印書館，1985 年。

25. 今・新興書局《筆記小説大觀》，臺北：新興書局，1985 年。

貳、近人著述

一、個人學術著作

（一）專　書

1. （日）安居香山、中村璋八編《重修緯書集成》卷 6，日本：明德出版社，1978 年。

2. （日）渡邊欣雄著、周星譯《漢族的民俗宗教》，天津：天津人民出版社，1998 年。

3. （日）福井康順等監修、朱越利譯《道教（1)》，上海：上海古籍出版社，

1990 年。

4. （法）布留爾《原始思維》，北京，北京商務印書館，1981 年。

5. （俄）C.A.托卡列夫等編《澳大利亞和大洋洲各族人民》上冊，上海：三聯書店，1980 年。

6. （英）弗雷澤著、徐育新等譯《金枝》，北京：中國民間文藝出版社，1987 年。

7. （英）約翰‧包克著、商戈令譯《死亡的意義》，臺北：正中書局，1994 年。

8. （英）泰勒著、連樹聲譯《原始文化》，上海：上海文藝出版社，1992 年 8 月。

9. （英）道森編《出使蒙古記》，北京：中國社會科學出版社，1983 年 10 月 1 日。

10. （義）馬可波羅《馬可波羅行記（中）》，北京：中華書局，1954 年。

11. （德）J.E.利普斯著、汪寧生譯《事物的起源》，成都：四川民族出版社，1982 年 7 月。

12. （德）恩格斯《馬克斯恩格斯全集》，北京：人民文學出版社，1973 年。

13. 丁山《中國古化宗教與神話考》，上海：上海文藝出版社，1988 年。

14. 于省吾主編《甲骨文字詁林》，北京：中華書局，1996 年 5 月。

15. 山曼等《山東民俗》，濟南：山東友誼書社，1988 年。

16. 戈阿干《東巴骨卜文化》，昆明：雲南人民出版社，1999 年 3 月。

17. 文崇一《楚文化研究》，臺北：中央研究院民族研究所，1967 年。

18. 方光華《俎豆馨香──中國祭祀禮俗探索》，西安：陝西人民教育出版社，2000 年 2 月。

19. 方國瑜《滇史論叢》1 輯，上海：上海人民出版社，1982 年。

20. 王子今《史記的文化發掘》，武漢：湖北人民出版社，1997 年。

21. 王子今《門祭與門神崇拜》，西安：陝西人民出版社，2006 年 4 月。

22. 王光鎬《楚文化源流新證》，武漢：武漢大學出版社，1988 年。

23. 王宇信、楊升南主編《甲骨學一百年》，北京：社會科學文獻出版社，1999 年。

24. 王國維《觀堂集林》，北京：中華書局，1959 年。

25. 王國維《王國維戲曲論文集》，北京：中國戲曲出版社，1984 年。

26. 王祥齡《中國古代崇祖敬天思想》，臺北：學生書局，1992 年。

27. 王樹村《華夏諸神‧門與門神卷》，臺北：雲龍出版社，2001 年 2 月。

28. 皮遠長主編《荊楚文化》，武昌：武漢大學出版社，2000 年 11 月。

29. 石萬壽主編《永康鄉志》，臺南縣：永康鄉公所，1988 年。

30. 伍新福主編《湖南通史・古代卷》，長沙：湖南出版社，1994 年 12 月。

31. 任騁《中國民俗通志・禁忌志》，濟南：山東教育出版社，2005 年 3 月。

32. 吉成名《中國崇龍習俗》，天津：天津古籍出版社，2002 年。

33. 后德俊《楚國的礦冶髹漆和玻璃製造》，武漢：湖北教育出版社，1995 年 7 月。

34. 安金槐主編《中國考古》，上海：上海古籍出版社，1992 年。

35. 朱天順《中國古代宗教初探》，臺北：谷風出版社，1986 年 10 月。

36. 朱青生《將軍門神起源研究——論誤解與成形》，北京：北京大學出版社，1998 年 11 月。

37. 江林昌《楚辭與上古歷史文化研究——中國古代太陽循環文化揭秘》，濟南：齊魯書社，1998 年 5 月。

38. 江紹原《中國古代旅行之研究》，上海：上海商務印書館，1935 年。

39. 艾蘭《龜之謎——商代神話、祭祀、藝術和宇宙觀研究》，重慶：四川人民出版社，1992 年。

40. 何星亮《中國自然神與自然崇拜》，上海：三聯書店，1992 年 5 月。

41. 何琳儀《戰國古文字典》，北京：中華書局，1998 年 9 月。

42. 何琳儀《戰國文字通論（訂補）》，南京：江蘇教育出版社，2003 年。

43. 何新《諸神的起源》，臺北：木鐸出版社，1987 年 6 月。

44. 何寧《淮南子集釋》，北京：中華書局，1998 年。

45. 余也非《中國古代經濟史》，重慶：重慶出版社，1991 年。

46. 余英時《中國傳統思想的現代詮釋》，臺北：聯經出版事業公司，1987 年。

47. 吳慧《中國古代商業史（1）》，北京：中國商業出版社，1983 年 2 月。

48. 吳汝鈞《老莊哲學的現代析論》，臺北：文津出版社，1998 年。

49. 呂大吉主編《中國原始宗教資料叢編》，上海：上海人民出版社，1993 年。

50. 呂大吉《宗教學通論新編》，北京：中國社會科學出版社，1998 年 12 月。

51. 呂大吉主編《中國各民族原始宗教資料集成》，北京：中國社會科學出版社，1999 年。

52. 宋公文、張君《楚國風俗志》，武漢：湖北教育出版社，1995 年 7 月。

53. 宋兆麟《中國風俗通史・原始社會卷》，北京：北京文藝出版社，2001 年 11 月。

54. 宋兆麟《巫覡——人與鬼神之間》，北京：學苑出版社，2001 年 12 月。

55. 宋兆麟《會說話的巫圖：遠古民間信仰調查》，北京：學苑出版社，2004年8月。

56. 宋鎮豪《夏商社會生活史》，北京：中國社會科學出版社，1994年9月。

57. 宋鎮豪《中國風俗通史‧夏商卷》，上海：上海文藝出版社，2001年11月。

58. 巫瑞書《南方民俗與楚文化》，長沙：岳麓書社，1997年5月。

60. 李允斐等《高雄縣客家社會與文化》，高雄縣：高雄縣政府，1997年。

61. 李亦園《宗教與神話》，臺北：立緒文化，1998年1月。

62. 李景林等譯注《儀禮譯注》，臺北：建宏出版社，1997年11月。

63. 李零《長沙子彈庫戰國楚帛書研究》，北京：中華書局，1985年7月。

64. 李零《中國方術考》，北京：人民中國出版社，1993年12月。

65. 李零《中國方術考（修訂本）》，北京：東方出版社，2000年。

66. 李零《中國方術續考》，北京：東方出版社，2001年8月。

67. 李零《郭店楚簡校讀記（增訂本）》，北京：北京大學出版社，2002年9月。

68. 李劍農《中國經濟史稿》，武昌：武漢大學出版社，1991年。

69. 李學勤《走出疑古時代》，瀋陽：遼寧大學出版社，1997年。

70. 杜希宙、黃濤《中國歷代祭禮》，北京：北京圖書館出版社，1998年9月。

71. 汪玢玲、張志立主編《中國民俗文化大觀》，長春：吉林人民出版社，1999年。

72. 阮昌銳《莊嚴的世界》，臺北：文開出版社，1982年。

73. 佟克力《錫伯族歷史與文化》，烏魯木齊：新疆人民出版社，1989年。

74. 周作人《藥堂雜文‧關於迎神祭會》，石家莊：河北教育出版社，2002年。

75. 周聰俊《祼禮考辨》，臺北：文史哲出版社，1994年12月。

76. 屈萬里《尚書今註今譯》，臺北：臺灣商務印書館，1969年9月。

77. 金春峰《漢代思想史》，北京：中國社會科學出版社，1997年。

78. 金景芳、呂紹綱《《尚書‧虞夏書》新解》，瀋陽：遼寧古籍出版社，1996年6月。

79. 孟默聞《孟默聞輯》，北京：新潮書店，1951年。

80. 季旭昇《說文新證》上下冊，臺北：藝文印書館，2002年~2004年。

81. 季旭昇主編《《上海博物館藏戰國楚竹書》讀本》1~4，臺北：萬卷樓，2003～2007年。

82. 宗力、劉群《中國民間諸神》，石家莊：河北人民出版社，1987 年。

83. 易中天《中國的男人與女人》，上海：三聯書店，2007 年。

84. 林何《〈九歌〉與沅湘習俗》，上海：三聯書店，1990 年。

85. 林素英《古代生命禮儀中的生死觀》，臺北：文津出版社，1997 年。

86. 林清源《簡牘帛書標題格式研究》，臺北：藝文印書館，2004 年 2 月。

87. 林惠祥《文化人類學》，北京：北京商務印書館，1991 年。

88. 俞偉超《古史的考古學探索》，北京：文物出版社，2002 年。

89. 姜亮夫《楚辭學論文集》，上海：上海古籍出版社，1984 年。

90. 秋浦《鄂倫春社會的發展》，上海：上海人民出版社，1978 年。

91. 胡厚宣《甲骨學商史論叢初集（1）》，成都：齊魯大學，1994 年。

92. 胡厚宣主編《甲骨文合集材料來源表》，北京：中國社會科學出版社，1999年。

93. 胡雅麗《尊龍尚鳳——楚人的信仰禮俗》，武漢：湖北教育出版社，2003年 1 月。

94. 姚孝遂主編、蕭丁副主編《殷墟甲骨刻辭類纂》，北京：中華書局，1989年。

95. 卿希泰主編《中國道教史第三卷》，成都：四川人民出版社，1988 年。

96. 唐善純《中國的神祕文化》，南京：河海大學出版社，1992 年 10 月。

97. 孫作雲《孫作雲文集》，合肥：河南大學出版社，2003 年。

98. 徐旭生《中國古史的傳說時代》，桂林：廣西師範大學出版社，2003 年。

99. 徐復觀《中國人性論史》，臺北：臺灣商務印書館，1984 年。

100. 秦照芬《商周時期的祖先崇拜》，臺北：蘭台出版社，2003 年 3 月。

101. 袁珂《神話論文集》，上海：上海古籍出版社，1982 年。

102. 袁珂《山海經校注》，上海：上海古籍出版社，1983 年 7 月。

103. 袁珂《山海經校譯》，上海：上海古籍出版社，1985 年。

104. 袁珂《中國神話傳說辭典》，上海：上海辭書出版社，1985 年。

105. 袁珂《中國神話史》，臺北：時報文化，1991 年 5 月。

106. 袁珂《袁珂神話論集》，成都：四川大學出版社，1996 年 9 月。

107. 袁珂《中國古代神話》，北京：華夏出版社，2004 年 1 月。

108. 馬世之《中原楚文化研究》，武漢：湖北教育出版社，1995 年。

109. 馬書田《華夏諸神·鬼神卷》，臺北：雲龍出版社，1993 年 10 月。

110. 馬書田《華夏諸神·俗神卷》，臺北：雲龍出版社，1993 年 10 月。

111. 馬承源主編《上海博物館藏戰國楚竹書（一）～（六）》，上海：上海古

籍出版社，2001~2007 年。

112. 馬昌儀《中國靈魂信仰》，上海：上海文藝出版社，2000 年。

113. 馬洪路《人在江湖——古代行路文化》，南京：江蘇古籍出版社，2002 年 4 月。

114. 馬叙倫《莊子義證》，北京：北京商務印書館，1930 年。

115. 高國藩《敦煌古俗與民俗流變》，江蘇：河海大學出版社，1992 年。

116. 高福進《太陽崇拜與太陽神話》，上海：上海人民出版社，2002 年 3 月。

117. 商承祚編《戰國楚竹簡匯編》，濟南：齊魯書社，1995 年 11 月。

118. 張元勳《九歌十辨》，北京：中華書局，2006 年 8 月。

119. 張正明《楚文化史》，上海：上海人民出版社，1986 年。

120. 張正明《楚史》，武漢：湖北教育出版社，1995 年。

121. 張正明、劉玉堂《荊楚文化志》，上海：上海人民出版社，1998 年 10 月。

122. 張弘《戰國秦漢時期商人和商業資本研究》，濟南：齊魯書社，2003 年 6 月。

123. 張光直《美術·神話與祭祀》，瀋陽：遼寧教育出版社，1988 年。

124. 張光直《古代中國考古學》，南京：江寧教育出版社，2002 年。

125. 張光裕主編、袁國華合編《郭店楚簡研究·第一卷·文字編》，臺北：藝文印書館，1999 年。

126. 張光裕主編、袁國華合編《望山楚簡校錄》，臺北：藝文印書館，2004 年。

127. 張軍《楚國神話原型研究》，臺北：文津出版社，1994 年 1 月。

128. 張振犁、陳江風《東方文明的曙光——中原神話論》，上海：東方出版中心，1999 年。

129. 張純一注述《墨子集解》，臺北：文史哲出版社，1993 年 1 月。

130. 張揚明《老子考證》，臺北：黎明文化，1985 年 5 月。

131. 張紫晨《中國民俗與民俗學》，杭州：浙江人民出版社，1985 年。

132. 張聞玉《銅器曆日研究》，貴陽：貴州人民出版社，1999 年 5 月。

133. 曹書杰《后稷傳說與稷祀文化》，北京：社會科學文獻出版社，2006 年 1 月。

134. 郭仁成《楚國經濟史新論》，長沙：湖南教育出版社，1990 年。

135. 郭立誠《行神研究》，臺北：中華叢書編審委員會，1967 年。

136. 郭物《國之大事——中國古代戰車戰馬》，成都：四川人民出版社，2004 年 1 月。

137. 郭沫若《金文叢考》，日本：株式會社開明堂，1932 年。

138. 郭沫若主編《中國史稿》，北京：人民出版社，1962 年。

139. 郭沫若《管子集校》，收入《郭沫若全集·歷史編》第 8 冊，北京，人民出版社，1984 年 10 月。

140. 郭沫若《兩周金文辭大系考釋》，上海：上海書店，1999 年。

141. 郭錫良《漢字古音手冊》，北京：北京大學出版社，1986 年 11 月。

142. 陳子展《楚辭直解》，上海：復旦大學出版社，1996 年。

143. 陳久金《帛書及古典天文史料注析與研究》，臺北：萬卷樓，2001 年 5 月。

144. 陳來《古代宗教與倫理》，北京：三聯書店，1996 年 3 月。

145. 陳來《古代思想文化的世界》，北京：三聯書店，2002 年 12 月。

146. 陳松長編《香港中文大學文物館藏簡牘》，香港：香港中文大學文物館，2001 年。

147. 陳昭容《秦系文字研究——從漢字史的度考察》，臺北：中央研究院歷史語言研究所，2003 年。

148. 陳紹棣《中國風俗通史·兩周卷》，上海：上海文藝出版社，2003 年 6 月。

149. 陳榮富《文化的演進——宗教禮儀研究》(哈爾濱：黑龍江人民出版社，2004 年 12 月。

150. 陳偉《包山楚簡初探》，武漢：武漢大學出版社，1996 年。

151. 陳斯鵬《簡帛文獻與文學考論》，廣州：中山大學出版社，2007 年 12 月。

152. 陳夢家《殷虛卜辭綜述》，北京：科學出版社，1956 年。又北京：中華書局，1988 年 1 月。

153. 陳夢家《西周銅器斷代》，北京：中華書局，2004 年。

154. 陳遵嬀《中國天文史（3）》，上海：上海人民出版社，1984 年。

155. 章太炎《章太炎全集（1）》，上海：上海人民出版社，1982 年。

156. 笪浩波《通衢大道——楚國的城市建築與交通》，武漢：湖北教育出版社，2001 年 3 月。

157. 傅亞庶《中國上古祭祀文化》，長春：東北師範大學出版社，1999 年 9 月。

158. 傅築夫《中國古代經濟史概論》，北京：中國社會科學出版社，1981 年。

159. 傅舉有《馬王堆漢墓文物》，長沙：湖南出版社，1992 年。

160. 彭衛、楊振紅《中國風俗通史·秦漢卷》，上海：上海文藝出版社，2002 年 3 月。

161. 揚之水《詩經名物新證》，北京：北京古籍出版社，2000 年。

162. 游國恩《楚辭論文集》，上海：古典文學出版社，1957 年。

163. 游國恩主編《離騷纂義》，北京：中華書局，1980 年。

164. 湯炳正《楚辭類稿》，成都：巴蜀書社，1988 年。

165. 湯漳平《出土文獻與《楚辭・九歌》》，北京：中國社會科學出版社，2004年。

166. 湯餘惠《戰國銘文選》長春：吉林大學出版社，1993 年。

167. 童書業《春秋左傳研究》，上海：上海人民出版社，1980 年。

168. 賀麟《文化與人生》，北京：北京商務印書館，1988 年。

169. 賀靈《錫伯族的原始信仰研究》，內部油印本，1989 年。

170. 楊伯峻《春秋左傳注》，北京：中華書局，1981 年。

171. 楊作龍、韓石萍編《洛陽考古集成・夏商周卷》，北京：北京圖書館出版社，2005 年 10 月。

172. 楊郁生《雲南甲馬》，昆明：雲南人民出版社，2002 年。

173. 楊華《新出簡帛與禮制研究》，臺北：臺灣古籍出版社，2007 年 4 月。

174. 楊福泉《灶與灶神》，北京：學苑出版社，1994 年。又臺北：雲龍出版社，2000 年。

175. 楊寬《西周史》，上海：上海人民出版社，1999 年。

176. 楊權喜《楚文化》，北京：文物出版社，2000 年 10 月。

177. 楊堃《楊堃民族研究文集》，北京：人民出版社，1991 年。

178. 葉大兵《中國風俗辭典・喪葬類》，上海：上海辭書出版社，1990 年。

179. 葉舒憲《中國神話哲學》，北京：中國社會科學出版社，1992 年。

180. 葛兆光《道教與中國文化》，上海：人民出版社，1987 年。

181. 董增齡《國語正義》，成都：巴蜀書社，1985 年。

182. 詹子慶《先秦史》，瀋陽：遼寧人民出版社，1984 年。

183. 詹石窗、張秀芳〈火與灶神形象嬗變論〉，《世界宗教研究》1994 年 1 期。

184. 詹鄞鑫《神靈與祭祀——中國傳統宗教綜論》，南京：江蘇古籍出版社，1992 年 6 月。

185. 賈二強《神界鬼域——唐代民間信仰透視》，西安：陝西人民出版社，2000 年 2 月。

186. 賈文忠〈漢代陶灶〉，《古今農業》1996 年 1 期。

187. 鄒芙都《楚系銘文綜合研究》，成都：巴蜀書社，2007 年 11 月。

188. 鄒新明《敬天的信仰》，北京：北京語言文化大學出版社，2001 年 8 月。

189. 聞一多撰、田兆元導讀《伏羲考》，上海：上海古籍出版社，2006 年 11

月。

190. 臧振《中國古玉文化》，北京：中國書店，2001 年。

191. 蒲慕州《追尋一己之福：中國古代信仰的世界》，臺北：允晨文化，1995
年。

192. 趙沛霖《先秦神話思想史論》，北京：學苑出版社，2006 年 3 月。

193. 趙國華《生殖崇拜文化論》，北京：中國社會科學出版社，1990 年。

194. 趙誠《甲骨文與商代文化》，瀋陽：遼寧人民出版社，2000 年 1 月。

195. 趙興德修、王鶴齡纂《義縣志》，臺北：成文出版社，1973 年。

196. 趙德馨《楚國的貨幣》，武漢：湖北教育出版社，1996 年 9 月。

197. 劉文英《漫長的歷史源頭——原始思維與原始文化新探》，北京：中國
社會科學出版社，1996 年。

198. 劉玉堂《楚國經濟史》，武漢：湖北教育出版社，1995 年 8 月。

199. 劉宗迪《失落的天書：山海經與古代華夏世界觀》，北京：北京商務印書
館，2006 年 12 月。

200. 劉起釪《古史續辨》，北京：中國社會科學出版社，1991 年。

201. 劉信芳《荊門郭店竹簡老子解詁》，臺北：藝文印書館，1999 年。

202. 劉信芳《子彈庫楚墓出土文獻研究》，臺北：藝文印書館，2002 年 1 月。

203. 劉信芳《包山楚簡解詁》，臺北：藝文印書館，2003 年。

204. 劉釗《郭店楚簡校釋》，廈門：福建人民出版社，2003 年。

205. 劉健明《中國符咒文化大全》，廣州：廣東百花文藝出版社，1992 年。

206. 劉彬徽《楚系青銅器研究》，武漢：湖北教育出版社，1995 年。

207. 劉源《商周祭祖禮研究》，北京：北京商務印書館，2004 年 10 月。

208. 劉曉路編《門神人物的傳說》，石家莊：花山文藝出版社，1995 年。

209. 劉曄原、鄭惠堅《中國古代祭祀》，臺北：臺灣商務印書館，1998 年 9
月。

210. 劉錫誠、宋兆麟、馬昌儀《灶與灶神》，北京：學苑出版社，1994 年。

211. 劉錫誠《灶王爺的傳說》，北京：花山文藝出版社，1995 年 4 月。

212. 潛明茲《中國古代神話與傳說》，北京：北京商務印書館，1996 年 12 月。

213. 滕壬生《楚系簡帛文字編》，武漢：湖北人民出版社，1995 年。

214. 繆文遠《戰國制度通考》，成都：巴蜀書社，1998 年 9 月。

215. 蕭兵《楚辭新探》，天津：天津古籍出版社，1988 年 12 月。

216. 蕭兵《楚辭文化》，北京：中國社會科學出版社，1990 年 12 月。

217. 蕭登福《敦煌俗文學論叢》，臺北：臺灣商務印書館，1988 年。

218. 蕭登福《先秦兩漢冥界及神仙思想探原》，臺北：文史哲出版社，1990年8月。

219. 蕭璠《春秋至兩漢時期中國向南方的發展》，臺北：臺灣大學文學院，1973年12月。

220. 錢玄《三禮通論》，南京：南京師範大學出版社，1996年。

221. 錢玄、錢興奇《三禮辭典》，南京：江蘇古籍出版社，1998年3月。

222. 駢宇騫、段書安《本世紀以來出土簡帛概述》，臺北：萬卷樓，1999年。

223. 翼文正搜集整理《西藏民間故事（6）》，拉薩：西藏人民出版社，1993年。

224. 薛壽喜主編《黃河文化叢書·民俗卷》，西安：陝西人民出版社，2001年。

225. 鍾敬文《民俗學概論》，上海：上海文藝出版社，1998年。

226. 藍鴻恩等主編《中國各民族宗教與神話大詞典》，北京：學苑出版社，1993年。

227. 羅振玉《殷墟書契考釋》，臺北：大通書局，1976年。

228. 羅運環《楚國八百年》，武漢：武漢大學出版社，1992年。

229. 蘇建洲《《上海博物館藏戰國楚竹書（二）》校釋》，臺北：花木蘭出版社，2006年9月。

230. 饒宗頤《楚辭地理考》，北京：北京商務印書館，1946年。

231. 顧頡剛《史林雜識·初編》，北京：中華書局，1963年。

232. 龔自珍《龔自珍全集》，上海：上海人民出版社，1975年。

（二）單篇論文

1. （日）工藤元男〈埋もれいた行神——主として秦簡「日書」による——〉，《東洋文化研究所紀要》106期，1988年。

2. （日）出石誠彥〈鬼神考〉，《東洋學報》22卷，1955年。

3. （日）池田末利〈中國祖神の原始形態——鬼の來義〉，收入加藤常賢《漢字の起原》，東京：川角書店，1974年。

4. （日）池田末利〈魂魄考——思想の起源と發展〉，《中國古代宗教史研究——制度思想》，東京：東海大學出版會，1981年。

5. （日）池田末利〈中國における灶神の本質〉，《中國古代宗教史研究——制度思想》，東京：東海大學出版會，1981年。

6. （日）狩野直喜〈支那灶神に就いて〉，《支那學文藪》，東京：弘文堂，1926年。

7. （日）淺野裕一〈上博楚簡〈恒先〉的道家特色〉，《清華大學學報》哲

社版 2005 年 3 期。

8. 丁毅華〈漢代的類宗教迷信和民間信仰〉,《南都學壇》哲社版 21 卷 4 期,2001 年 7 月。

9. 丁雙雙〈中國古代的門神〉,《華夏文化》,2001 年 3 期。

10. 刁生虎〈莊子的宇宙意識〉,《河南教育學院學報》哲社版 2001 年 2 期。

11. 刁生虎〈莊子物化「三論」及其相互關係〉,《學術探索》2004 年 8 期。

12. 于成龍〈包山二號墓卜筮簡中若干問題的探討〉,《出土文獻研究》5 輯,1999 年 8 月。

13. 于成龍〈《山海經》祠祭〈嬰〉及楚卜筮簡〈瓔〉字說〉,《古文字研究》25 輯,北京:中華書局,2004 年 10 月。

14. 文廣會〈論楚文化對莊子的影響〉,《江西省團校學報》2001 年 4 期。

15. 孔仲溫〈楚簡中有關祭禱的幾個固定字詞試釋〉,《第三屆國際中國古文字學研討會論文集》,香港:中文大學出版社,1997 年。又收入氏著《孔仲溫教授論文集》,臺北:學生書局,2002 年 3 月。

16. 文波〈楚人祭河考〉,《青海師範大學學報》哲社版 2006 年 1 期。

17. 文崇一〈九歌中河伯之研究〉,《中央研究院民族研究所集刊》9 輯,1960 年。

18. 方述鑫〈殷墟卜辭中所見的「尸」〉,《考古與文物》2000 年 5 期。

19. 方悍〈從 T 型帛畫看楚人信仰民俗〉,《湖南輕工業高等專科學校學報》15 卷 3 期,2003 年 9 月。

20. 方蘊華〈陰陽在宗教祭祀文化中的動態功能〉,《人文雜誌》2006 年 4 期。

21. 王子今〈秦人屈肢葬仿象「窋臥」說〉,《考古》1987 年 12 期。

22. 王子今〈睡虎地秦《日書》所見行歸宜忌〉,《江漢考古》,1994 年 2 期。

23. 王子耀〈《周易》的宇宙觀簡論〉,《延安大學學報》社科版 1993 年 1 期。

24. 王月喜、東林〈中華門神源於霍州〉,《晉州學刊》2001 年 2 期。

25. 王世民〈關於古代禮制的考古學研究〉,臺北:中央研究院歷史語言研究所專題演講,2005 年 1 月 9 日。

26. 王玉芝〈祖先崇拜與中華文明的連續傳承〉,《紅河學院學報》4 卷 3 期,2006 年 6 月。

27. 王利民、沈巡天〈「九天」與「九神」考〉,《雲夢學刊》26 卷 5 期,2005 年 9 月。

28. 王廷洽〈荊楚國名考釋〉,《民族論壇》1995 年 1 期。

29. 王杰〈殷周至春秋時期神人關係之演進〉,《中共中央黨校學報》4 卷 3 期,2000 年 8 月。

30. 王青〈從大汶口到龍山：少昊氏遷移與發展的考古學探索〉,《東岳論叢》2006 年 3 期。

31. 王俊〈春秋戰國時期的鬼神思想〉,《重慶科技學院學報》2006 年 6 期。

32. 王俊〈略論先秦鬼神思想的演變及歷史地位〉,《文化研究》2006 年 10 期。

33. 王思田〈從曲阜兩周墓看魯文化面貌及楚文化對魯國的影響〉,《楚文化研究論集（1）》,武漢：荊楚書社,1987 年。

34. 王勁〈江漢地區新石器時代文化綜述〉,《江漢考古》1981 年 1 期。

35. 王勁〈楚文化淵源初探〉,《中國考古學會第二屆年會論文集》,北京：文物出版社,1982 年。

36. 王政〈《詩經‧雲漢》與瘞埋之祭〉,《古籍研究》2004 年卷上。

37. 王政〈《詩經》與路神奉祭考〉,《世界宗教研究》2004 年 2 期。

38. 王紀潮〈楚人招魂的薩滿教圖式〉,《社會科學戰線》2006 年 1 期。

39. 王軍〈灶神及祭灶古今考〉,《安徽教育學院學報》18 卷 1 期,2000 年 1 月。

40. 王家鳳〈民間信仰〉,《光華雜誌》1982 年 9 月。

41. 王涵〈太陽崇拜與太陽祭禮〉,《中國比較文學》1998 年 2 期。

42. 王慎行〈殷周社祭考〉,《中國史研究》1988 年 3 期。

43. 王暉、王建科〈出土文字資料與古代神話原型新探〉,《北京師範大學學報》社科版 2005 年 1 期。

44. 王毓彤〈荊門出土一件銅戈〉,《文物》1963 年 1 期。

45. 王瑞明〈論楚俗與楚國文化〉,《中國歷史文獻研究集刊（5）》,1984 年。

46. 王劍〈太昊與伏犧〉,《周口師專學報》13 卷 3 期,1996 年 9 月。

47. 王磊〈試論龍山文化時代的人殉和人祭〉,《東南文化》1999 年 4 期。

48. 王衛東〈桃文化新論——桃文化與上古巫文化〉,《雲南民族學院學報》哲社版 16 卷 4 期,1999 年 7 月。

49. 王澤強〈楚墓竹簡所記神話與〈九歌〉神話之異同及其在楚辭學上的意義〉,《天水師範學院學報》26 卷 4 期,2006 年 7 月。

50. 王穎〈從包山楚簡看戰國中晚期楚國的社會經濟〉,《中國社會經濟史研究》2004 年 3 期。

51. 王鍔〈〈月令〉與農業生產的關係及其成篇年代〉,《古籍整理研究學刊》2006 年 5 期。

52. 史樹青〈「陸離」新解〉,《文史（11）》,北京：中華書局,1981 年。

53. 田兆元〈中國先秦鬼神崇拜的演進大勢〉,《華東師範大學學報》哲社版

1993 年 5 期。

54. 田兆元〈雲中君鳳神考〉,《學術月刊》1995 年 11 期。

55. 田桂民〈早期中國神仙信仰的形成與演化〉,《南開學報》哲社版 2003 年 6 期。

56. 田廣林〈論虞夏之際中原文化的北向傳播〉,《內蒙古社會科學》2003 年 2 期。

57. 石瑄〈春秋戰國時期的巫覡信仰〉,《中國歷史博物館館刊》1991 年總 15 ～16 期。

58. 石璋如〈殷墟最近之重要發現,附論小屯地層〉,《中國考古學報（2）》, 北京:北京商務印書館,1947 年 3 月。

59. 伊瑪堪〈馬爾托莫口根〉,《黑龍江民間文學》20 輯。

60. 安金槐〈商代的楚文化遺存及有關問題〉,《楚文化研究論集》,鄭州:中 州書畫社,1983 年 9 月。

61. 任乃強〈我國黃金鑄幣的歷史考察〉,《社會科學研究》1980 年 3 期。

62. 任式楠〈中國史前農業考古的幾個問題（摘要）〉,《農業考古》2005 年 1 期

63. 任軍〈灶神考源〉,《中國史研究》,1999 年 1 期。

64. 朱丁〈殷周的宗教信仰變遷與上古神話的走向〉,《人文雜誌》2001 年 5 期。

65. 朱丁〈從「上帝」到「天命」的信仰變遷──兼論商周宗教信仰的理性 化〉,《重慶師院學報》哲社版 2002 年 1 期。

66. 朱歧祥〈殷商自然神考〉,《靜宜人文學報》10 期,1998 年。

67. 朱鳳瀚〈商周時期的天神崇拜〉,《中國社會科學》1993 年 4 期。

68. 朱鳳瀚〈商人諸神之權能與其類型〉,《盡心集》,北京:中國社會科學出 版社,1996 年 11 月。

69. 朱德熙、李家浩〈鄂君啓節考釋（八篇）〉,《紀念陳寅恪先生誕辰百年學 術論文集》,北京:北京大學出版社,1989 年。又收入朱德熙《朱德熙 文集（5）》,北京:北京商務印書館,1999 年 9 月。

70. 朱德熙、裘錫圭、李家浩〈望山一、二號墓竹簡釋文與考釋〉,《江陵望 山沙塚楚墓》,北京:文物出版社,1996 年。

71. 江林昌〈《天問》宇宙神話的考古印證和文化闡釋〉,《文學遺產》1996 年 5 期

72. 江林昌〈甲骨文四方風與古代宇宙觀〉,《殷都學刊》1997 年 3 期。

73. 艾斯翠〈西部苗族的創世記與《聖經》、〈創世記〉之比較〉,臺北:政治 大學民族系 94 學年第 2 學期博碩士班論文部份章節暨大綱發表會,2006

年 5 月 6 日。

74. 艾蘭〈「亞」形與殷人的宇宙觀〉,《中國文化》1991 年 1 期。

75. 艾蘭〈太一、水、郭店老子〉,《郭店楚簡國際學術研討會論文集》,武漢：湖北人民出版社,2000 年。

76. 邢文〈中國簡帛學與二十一世紀〉,《兩岸青年學者論壇──中華傳統文化的現代價值》,臺北縣：法鼓人文社會學院,2000 年 12 月。

77. 何光岳〈荊楚的來源及其遷移〉,《求索》1981 年 4 期。

78. 何幼琦〈海經新探〉,《歷史研究》1985 年 2 期。

79. 何叔濤〈碧汀怒族的原始宗教〉,《世界宗教研究》1985 年 3 期。

80. 何星亮〈阿爾泰烏梁海人的宗教信仰初探〉,《民族研究》1986 年 1 期。

81. 何星亮〈火崇拜略論〉,《內蒙古社會科學》1992 年 1 期。

82. 何星亮〈土地神及其崇拜〉,《社會科學戰線》1992 年 4 期。

83. 何炳棣〈司馬談、遷與老子時代〉,《2001 蕭公權學術講座》,臺北：中央研究院近代史研究所,2002 年。

84. 何浩〈文坪夜君的身份與昭氏的世系〉,《江漢考古》1992 年 3 期。

85. 何崇恩〈楚巫散論〉,《湘潭大學學報》社科版 1987 年 1 期。

86. 何琳儀〈新蔡竹簡選釋〉,《安徽大學學報》哲社版 28 卷 3 期,2004 年 5 月。

87. 何新〈古昆侖──天堂與地獄之山〉,《中國遠古神話與歷史新探》,哈爾濱：黑龍江教育出版社,1988 年。

88. 何潤坤〈云夢秦簡《日書》「行」及有關秦人社會活動考〉,《江漢考古》,1996 年 1 期。

89. 何耀華〈川西南納木依人和拍木依人的宗教信仰述略〉,《中國少數民族宗教初編》,昆明：雲南人民出版社,1985 年。

90. 何耀華〈彝族的自然崇拜及其特點〉,《思想戰線》1982 年 6 期。

91. 余和祥〈略論中國的社稷祭祀禮儀〉,《中央民族大學學報》哲社版 2002 年 5 期。

92. 余蘭〈鳳形象之歷史流變與「楚人崇鳳」〉,《武漢科技學院學報》19 卷 8 期,2006 年 8 月。

93. 吳大澂〈權衡度量實驗考〉,收入羅振玉輯《永慕元叢書》,上虞：羅氏影印本,1914 年。

94. 吳天明〈門神文化研究〉,《中南民族大學學報》人社版 22 卷 3 期,2002 年 5 月。

95. 吳郁芳〈包山二號楚墓墓主邵佗家譜考〉,《江漢論壇》1992 年 11 期。

96. 吳郁芳〈包山楚簡卜禱簡牘釋讀〉,《考古與文物》1996 年 2 期。

97. 吳振武〈試釋西周獄簋銘文中的「馨」字〉,《文物》2006 年 11 期。

98. 吳振武〈范解楚簡「蒿(祭)之」與李解獄簋「燹羍馨香」〉,「2007 中國簡帛學國際論壇」論文,臺北:臺灣大學中文系,2007 年 11 月 10~11 日。

99. 吳澤〈兩周時代的社神崇拜和社祀制度研究——讀王國維《殷卜辭中所見先公先王考》〉,《華東師範大學學報》哲社版 1986 年 4 期。

100. 呂鵬志〈試論孔子之「道」和老子之「道」的宗教淵源〉,《中華文化論壇》1997 年 2 期。

101. 宋全忠〈閼伯台前說火神〉,《河南林業》1997 年 5 期。

102. 宋抵〈民俗性迷信的文化功能及其心理特徵淺釋〉,《社會科學戰線》1996 年 6 期。

103. 宋恩常〈哈尼族宗教信仰的幾個側面〉,《中國少數民族宗教初編》,昆明:雲南民族出版社,1985 年。

104. 宋恩常等〈景洪縣巴雅、巴奪村基諾族宗教調查〉,《雲南民族民俗和宗教調查》,昆明:雲南民族出版社,1985 年 4 月。

105. 宋國定、賈連敏〈新蔡「平夜君成」墓與出土楚簡〉,《新出簡帛研究》,北京:文物出版社,2004 年 10 月。

106. 宋華強〈《離騷》「三后」即新蔡簡「三楚先」說——兼論穴熊不屬於「三楚先」〉,《雲夢學刊》2006 年 2 期。

107. 李二民〈讀〈太一生水〉札記〉,《簡帛研究二○○一(上)》,桂林:廣西師範大學出版社,2001 年 9 月。

108. 李大明〈論〈九歌〉及其祭祀特徵〉,《青海民族學院學報》社科版 1990 年 1 期。

109. 李小光〈郭店楚簡〈太一生水〉的宇宙生成圖式論略〉,《哲學與文化》34 卷 1 期,2007 年 1 月。

110. 李天虹〈新蔡楚簡補釋四則〉,《第十五屆中國文字學國際學術研討會論文集》,臺北縣:輔仁大學,2004 年 4 月。

111. 李世俊〈論宗教的信仰功能〉,《宗教學研究》2005 年 1 期。

112. 李玉潔〈古代的臘祭——兼談臘八節、祭灶祭的來歷〉,《文史知識》1999 年 2 期。

113. 李立〈從母神、冢土到五色壇——周人土地神崇拜的演變〉,《東北師大學報》哲社版 1996 年 4 期。

114. 李立〈文化價值含量與漢代灶神話傳說的演變〉,《孝感師專學報》1997 年 3 期。

115. 李立〈泰山情結——兩漢民間靈魂歸宿傳說的情感揭示〉,《泰安師專學報》21 卷 1 期,1999 年 1 月。

116. 李立〈論祖餞詩三題〉,《學術研究》2001 年 1 期。

117. 李亦園口述、李宗玲整理〈從鬼看中國人的宇宙觀〉,《光華雜誌》1985 年 9 月。

118. 李亦園口述、李光眞整理〈李亦園談中國傳統信仰〉,《光華雜誌》1989 年 12 月。

119. 李先登、楊英〈論五帝時代〉,《天津師大學報》1999 年 6 期。

120. 李存山〈莊子思想中的道、一、氣——比照郭店楚簡《老子》和〈太一生水〉〉,《中國哲學史》2001 年 4 期。

121. 李自智〈殷商兩周的車馬殉葬〉,《中國考古學研究論集——紀念夏鼐先生考古五十周年》,西安:三秦出版社,1987 年。

122. 李佐棠〈《連山易》等古文獻所體現的炎帝時代的和諧思想〉,《株洲師範高等專科學校學報》12 卷 6 期,2007 年 12 月。

123. 李見勇〈門神探源〉,《貴州文史叢刊》2002 年 2 期。

124. 李春梅〈從門神驅鬼說談年畫習俗藝術的演變〉,《東南文化》2005 年 6 期。

125. 李春華〈大汶口文化時期的宗教習俗〉,《華夏文化》2006 年 2 期。

126. 李洪智〈淺議互助縣土觀村土族灶神信仰〉,《青海民族研究》17 卷 3 期,2006 年 7 月。

127. 李炳海〈古代的泰山神與〈九歌〉的司命〉,《華中師範大學學報》哲社版 1992 年 4 期。

128. 李風〈南崗排瑤族社會調查〉,《連南瑤族自治縣瑤族社會調查》,廣州:廣東人民出版社。

129. 李倩〈楚辭、漢賦中所見之巫風〉,《東南文化》1993 年 3 期。

130. 李倩〈略論楚國的社會經濟構成〉,《江漢論壇》1997 年 2 期。

131. 李娜、王建華〈社神之宅——土地龕〉,《文物世界》2005 年 3 期。

132. 李家浩〈包山二六六號簡所記木器研究〉,《國學研究》2 卷,1994 年 7 月。又收入《著名中年語言學家自選集·李家浩卷》,合肥:安徽教育出版社,2002 年。

133. 李家浩〈再論「兵避太歲」戈〉,《考古與文物》1996 年 4 期。

134. 李家浩〈包山竹簡所見楚先祖名及其相關的問題〉,《文史》42 輯,北京:中華書局,1997 年。

135. 李家浩〈信陽楚簡「樂人之器」研究〉,《簡帛研究》3 輯,桂林:廣西教育出版社,1998 年。

136. 李家浩〈包山祭禱簡研究〉,《簡帛研究 2001》,桂林:廣西師範大學出版社,2001 年。

137. 李淑惠〈釋中霤、中庭〉,《遼寧師專學報》社科版 1999 年 1 期。

138. 李紹明〈羌族以白石爲中心的多神崇拜〉,《中國少數民族宗教初編》,昆明:雲南人民出版社,1985 年 3 月。

139. 李紹曾〈試論楚幣──蟻鼻錢〉,《楚文化研究論集》,鄭州:中州書畫出版社,1983 年。

140. 李雲華〈民間信仰與宗教〉,《中國宗教》2004 年 9 期。

141. 李新偉〈中國史前玉器反映的宇宙觀──兼論中國東部史前複雜社會的上層交流網〉,《東南文化》2004 年 3 期。

142. 李運富〈楚國簡帛文字叢考(二)〉,《古漢語研究》1997 年 1 期。

143. 李零〈馬王堆漢墓的「神祇圖」應屬避兵圖〉,《考古》1991 年 10 期。

144. 李零〈包山楚簡研究(占卜類)〉,《中國典籍與文化論叢》1 輯,北京:中華書局,1993 年。

145. 李零〈考古發現與神話傳說〉,《學人》5 輯,南京:江蘇文藝出版社,1994 年。

146. 李零〈楚景平王與古多字諡〉,《傳統文化與現代化》1996 年 6 期。

147. 李零〈古文字雜識(二則)〉,《第三屆國際中國古文字學研討會論文集》,香港:問學社有限公司,1997 年。

148. 李零〈郭店楚墓竹簡校讀記〉,《道家文化研究》17 輯,1999 年。

149. 李零〈秦駰禱病玉版的研究〉,《國學研究》6 卷,1999 年 11 月。

150. 李零〈郭店楚簡研究中的兩個問題──美國達慕思學院郭店楚簡《老子》國際學術討論會感想〉,《郭店楚簡國際學術研討會論文集》,武漢:湖北人民出版社,2000 年。

151. 李銳〈氣是自生──〈恒先〉獨特的宇宙論〉,《中國哲學史》2004 年 3 期。

152. 李學勤〈談祝融八姓〉,《江漢論壇》1980 年 2 期。

153. 李學勤〈論楚帛書中的天象〉,《湖南考古輯刊》1 輯,長沙:岳麓書社,1982 年 11 月。

154. 李學勤〈楚帛書中的古史與宇宙觀〉,《楚史論叢》,武漢:湖北人民出版社,1984 年 10 月。

155. 李學勤〈商代的四風與四時〉,《中州學刊》1985 年 5 期。

156. 李學勤〈長沙楚帛書通論〉,《楚文化研究論集(1)》,長沙:荊楚書社,1987 年 1 月。

157. 李學勤〈論包山簡中一楚先祖名〉,《文物》1988 年 8 期。

158. 李學勤〈「兵避太歲」戈新證〉,《江漢考古》1991 年 2 期。

159. 李學勤〈釋郊〉,《文史》36 輯,北京:中華書局,1992 年。

160. 李學勤〈古越閣所藏青銅兵器選粹〉,《文物》1993 年 4 期。

161. 李學勤〈古代中國文明中的宇宙論與科學發展〉,《煙台大學學報》哲社版 1998 年 1 期。

162. 李學勤〈《太一生水》的數術解釋〉,《李學勤文集》,上海:上海辭書出版社,2005 年。

163. 李學勤〈孔孟之間與老莊之間〉,《中國思想史研究通訊》6 輯,2005 年 6 月。

164. 李憲生〈古樸質重、瑰麗奇異──淺談《山海經》神話〉,《河南電大學報》1994 年 2、3 期。

165. 李曉東、黃曉芬〈從《日書》看秦人鬼神觀及秦文化特徵〉,《歷史研究》1987 年 4 期。

166. 李錦山〈燎祭起源於東部沿海地〉,《中國文化研究》1995 年春之卷。

167. 李錦山〈史前生殖崇拜及其信仰〉,《中原文物》2004 年 2 期。

168. 李龍〈略議炎帝神農氏及其與中原史前農業的關係〉,《華夏文化》2006 年 4 期。

169. 李龍章〈下王崗晚二期文化性質及相關問題探討〉,《考古》1987 年 7 期。

170. 李豐楙〈道、法信仰習俗與臺灣傳統建築〉,《聚落與社會》,臺北:田園城市文化事業有限公司,1998 年。

171. 杜正勝〈形體、精氣與魂魄〉,《新史學》,2 卷 3 期,1991 年。

172. 沈衣食〈論良渚文化琮璧〉,《東南文化》1991 年 6 期。

173. 沈建華〈由出土文獻看祝融傳說之起源〉,《東南文化》1998 年 2 期。

174. 沈兼士〈「鬼」字原始意義之試探〉,《沈兼士學術論文集》,北京:中華書局,1986 年。

175. 沈培〈從戰國簡看古人占卜的蔽志〉,「第一屆古文字與古代史學術研討會」論文,臺北:中央研究院歷史語言研究所,2006 年 9 月 22～24 日。又收入陳昭容主編《古文字與古代史》,臺北:中央研究院歷史與語言研究所,2007 年。

176. 沈寶春〈論殷墟花園莊東地甲骨「死」字與匕器的形義發展關係〉,「第一屆古文字與古代史學術研討會」論文,臺北:中央研究院歷史與語言研究所,2006 年 9 月 22～24 日。又收入陳昭容主編《古文字與古代史》,臺北:中央研究院歷史與語言研究所,2007 年。

177. 京根兒〈北京百姓的眾神相〉,《北京紀事》2007 年 7 期。

178. 具聖姬〈漢代的鬼神觀念與巫者的作用〉,《史學集刊》2001 年 2 期。

179. 周世榮〈馬王堆漢墓的「神祇圖」帛畫〉,《考古》1990 年 10 期。

180. 金榮權〈中國古代神話的歷史化軌跡〉,《中州學刊》1999 年 3 期。

181. 周世榮〈馬王堆漢墓聶幣與江陵馬山一號楚墓帛幣考〉,《古文字研究》21 輯,北京:中華書局,2001 年 10 月。

182. 周東海〈禮門神習俗與民族心態管窺〉,《開封教育學院學報》1992 年 4 期。

183. 周桂鈿〈略論漢代宇宙觀種種——兼與馮憬遠、呂鴻儒二同志商榷〉,《鄭州大學學報》哲社版 1982 年 1 期。

184. 周新芳〈「皇帝」稱號與先秦信仰崇拜〉,《孔子研究》2003 年 5 期。

185. 周鳳五〈讀郭店竹簡〈成之聞之〉札記〉,《古文字與古文獻》試刊號,臺北:楚文化研究會,1999 年 10 月。

186. 周鳳五〈九店楚簡告武夷重探〉,《中央研究院歷史語言研究所集刊》72 本 4 分,2001 年 12 月。

187. 周聰俊〈禋祀實柴槱燎考〉,《國立編譯館刊》29 卷 1 期,2000 年 6 月。

188. 周鵲紅〈回龍山的報路神〉,《民俗研究》2001 年 1 期。

189. 孟惠英〈鹿神與鹿神信仰〉,《內蒙古社會科學》1998 年 4 期。

190. 季旭昇〈從新蔡葛陵簡説「熊」字及其相關問題〉,《第十五屆中國文字學國際學術研討會論文集》,臺北縣:輔仁大學,2004 年 4 月。

191. 季旭昇〈談《上博三・恆先》的論釋方法〉,「古典文獻的現代詮釋學術研討會」論文,臺中:東海大學中文系,2005 年 3 月 6 日。

192. 季旭昇〈説癹及其相關之字〉,《第十九屆中國文字學全國學術研討會會議論文集》,臺南縣:嘉南科大通識中心,2008 年 5 月 24～25 日。

193. 林京〈皇宮裡的門神〉,《紫禁城》128 期,2005 年 1 月。

194. 林紅、孟麗君〈〈九歌〉宗教意識的審美表現〉,《長春大學學報》16 卷 2 期。

195. 林素娟〈先秦至漢代禮俗中有關厲鬼的觀念及其因應之道〉,《成大中文學報》13 期,2005 年 12 月。

196. 林會承〈臺灣傳統家屋中的儀式行爲及其間所隱含的家屋理念與空間觀〉,《賀陳詞教授七秩壽慶論文集》,臺北:詹氏書局,1990 年。

197. 林繼富〈灶神形象演化的歷史軌跡及文化內涵〉,《華中師範大學學報》哲社版 1996 年 1 期。

198. 林繼富〈珞巴族灶神析論〉,《民間文學論壇》1996 年 2 期。

199. 邱宜文〈霜露風雨,以達天地之氣——試論社祭之原型〉,《國文天地》22 卷 10 期,2007 年 3 月。

200. 邱東聯〈楚墓中人殉與俑葬及其關係初探〉,《江漢考古》1996 年 1 期。

201. 俞偉超〈楚文化的淵源與三苗的考古學推測〉,《文物》1980 年 10 期。

202. 俞偉超、李家浩〈論「兵辟太歲」戈〉,《出土文獻研究》,北京:文物出版社,1985 年。

203. 姜生〈《風俗通義》等文獻所見東漢原始道教信仰〉,《宗教學研究》1998 年 1 期。

204. 姚周輝〈論原始先民靈魂、鬼神觀念產生發展的軌跡及其要素〉,《溫州師範學院學報》24 卷 3 期,2003 年 6 月。

205. 姚治華〈《太一生水》與太乙九宮占〉,《古墓新知》,臺北:臺灣古籍出版社,2002 年 5 月。

206. 姚振黎〈從儺祭至儺戲之文化考察〉,《清雲學報》25 卷 2 期,2005 年 9 月。

207. 姚曼波〈打開人類靈性與智慧的大門——莊子小宇宙哲學精髓解讀〉,《鄂州大學學報》13 卷 5 期,2006 年 9 月。

208. 姚遠、吳壽鍠、陽兆祥〈《老子》的宇宙空間學說〉,《華夏文化》1997 年 2 期。

209. 段塔麗〈中國古代門神信仰的由來與嬗變〉,《陝西師範大學繼續教育學報》17 卷 3 期,2000 年 9 月。

210. 胡厚宣〈釋殷代求年於四方和四方風的祭祀〉,《復旦學報》人科版 1956 年 1 期。

211. 胡厚宣〈中國奴隸社會的人殉和人祭(上篇)〉,《文物》1974 年 7 期。

212. 胡厚宣〈甲骨文四方風名考證〉,《甲骨學商史論叢》初集,石家莊:河北教育出版社,2002 年再版。

213. 胡雅麗〈楚人宗教信仰芻議〉,《江漢考古》2001 年 3 期。

214. 胡雅麗〈楚人祭祀勾沈〉,《楚文化研究論集(5)》,安徽:安徽人民出版社,2002 年。

215. 范立舟〈宋元以民間信仰為中心的文化風尚及其思想史意義〉,《江西社會科學》2003 年 5 期。

216. 郗文倩〈由春秋鬼神概念看孔子的鬼神觀〉,《承德民族師專學報》25 卷 3 期。

217. 倪婉〈雲夢睡虎地秦簡的考古學意義〉,《武漢大學學報》人科版 2002 年 6 期。

218. 凌純聲〈中國古代社之源流〉,《中央研究院民族學研究所集刊》17 期,1964 年。

219. 唐世貴〈《山海經》作者及時地再探討〉,《江漢大學學報》人社版 22 卷 5 期,2003 年 10 月。

220. 唐蘭〈中國有六千年文明史——論大汶口文化是少昊文化〉,《《大公報》在港復刊三十周年紀念文集》,香港:大公報,1987 年。

221. 夏德安〈戰國時代兵死者的禱辭〉,《簡帛研究譯叢》2 輯,長沙:湖南人民出版社,1998 年 8 月。

222. 夏曉偉〈從楚墓出土絲織品的色彩看楚人「尚紅」〉,《江漢考古》2003年 3 期

223. 孫以楷〈莊子楚人考〉,《安徽史學》1996 年 1 期。

224. 孫光〈楚辭文學類型的原始宗教背景〉,《河北大學學報》哲社版 2005 年2 期。

225. 孫作雲〈楚辭九歌之結構及其祠神時神巫的配置方式〉,《文學遺產(增刊)》8 輯,1961 年。

226. 孫作雲〈漢代司命神像的發現〉,《光明日報》,1963 年 12 月 4 日,史學版 275 號。

227. 孫重恩〈楚始受封者——鬻熊〉,《江漢論壇》1981 年 4 期。

228. 孫進、江林昌〈「有物混成」與中國古代宇宙本體論〉,《尋根》,2006 年2 期。

229. 孫關龍〈老子宇宙觀新探〉,《太原師範學院學報》社科版 5 卷 1 期,2006年。

230. 院文清〈楚帛書與中國創世紀神話〉,《楚文化研究論集(4)》,鄭州:河南人民出版社,1994 年 6 月。

231. 徐小躍〈中國傳統宗教的信仰模式及其對中國民間宗教的影響〉,《江西社會科學》2006 年 2 期。

232. 徐文武〈楚國巫覡的憑靈與脫魂現象〉,《荊州師專學報》社科版 1992 年3 期。

233. 徐文武〈觀射父的宗教思想〉,《荊州師專學報》社科版 1994 年 3 期。

234. 徐文武〈論楚人的山川崇拜〉,《荊州師專學報》社科版 1996 年 3 期。

235. 徐吉軍〈宋代的出行風俗〉,《浙江學刊》2002 年 2 期。

236. 徐杰舜〈漢族民間信仰特徵論(上)〉,《廣西民族學院學報》哲社版 24卷 1 期。

237. 徐長菊〈土地神人格化之演變〉,《青海社會科學》2004 年 1 期。

238. 徐國源〈民間神祇:信仰與傳播〉,《蘇州大學學報》哲社版 2004 年 3 期。

239. 徐富昌〈睡虎地秦簡《日書》中的鬼神信仰〉,《張以仁先生七秩壽慶論文集》,臺灣:學生書局,1999 年 1 月。

240. 徐道一〈從《歸藏》發展到《周易》的啓示〉,《殷都學刊》2004 年 3 期。

241. 時曉麗、趙岩〈莊子審美化的宇宙觀〉,《西北大學學報》哲社版 35 卷 3

期，2005 年 5 月。

242. 晏昌貴〈天星觀「卜筮祭禱」簡釋文輯校〉，《楚地出土簡帛文獻思想研究（2）》，武漢：湖北育出版社，2005 年。

243. 晏昌貴〈秦家嘴「卜筮祭禱」簡釋文輯校〉，《湖北大學學報》2005 年 1 期。

244. 晏昌貴〈楚簡所見諸司神考〉，《江漢論壇》2006 年 9 期。又見「湖北省社會科學院」，http://www.hbsky58.net/。

245. 晏昌貴〈楚卜筮簡所見神靈雜考（五則）〉，《簡帛》1 輯，2006 年 10 月。

246. 晁福林〈春秋時期的鬼神觀念及其社會影響〉，《歷史研究》1995 年 5 期。

247. 晁福林〈商代的巫與巫術〉，《學術月刊》1996 年 10 期。

248. 晁福林〈戰國時期的鬼神觀念及其社會影響〉，《中國史研究》1998 年 2 期。

249. 晁福林〈試論先秦時期的「神道設教」〉，《江漢論壇》2006 年 2 期。

250. 桂芳〈試析春秋戰國時期的商人階層〉，《安陽師範學院學報》2006 年 1 期。

251. 桑耀華〈景頗族的鬼魂崇拜與祭祀〉，《雲南民族民俗和宗教調查》，昆明：雲南民族出版社，1985 年。

252. 殷滌非〈安徽壽縣新發現的銅牛〉，《文物》1959 年 4 期。

253. 殷滌非〈壽縣楚器中的「大府鎬」〉，《文物》1980 年 8 期。

254. 索南多杰〈藏族的灶與灶神〉，《西藏民俗》1998 年 2 期。

255. 翁銀陶〈《山海經》產於楚地七證〉，《江漢論壇》1984 年 2 期。

256. 翁銀陶〈《山海經》作於楚懷王末年考〉，《求索》1987 年 5 期。

257. 袁明〈山東泰安發現古代銅器〉，《文物參考資料》1954 年 7 期。

258. 袁國華〈江陵望山楚簡「青帝」考釋〉，《華學》5 輯，2001 年 12 月。

259. 袁國華〈楚簡與《楚辭》訓讀〉，《第四屆國際中國古文字學研討會論文集》，香港：香港中文大學，2003 年 10 月。

260. 馬俊才、衡雲花〈大型車馬坑驚現鄭韓故城——新鄭春秋大型車馬坑發掘的前前後後〉，《尋根》2001 年 5 期。

261. 馬曠原〈太歲——土地神話前考〉，《運城高專學報》1994 年 2 期。

262. 高至喜〈湖南楚墓出上的天平與砝碼〉，《考古》1972 年 4 期。

263. 高至喜〈論我國春秋戰國的玻璃器及有關問題〉，《文物》1985 年 2 期。

264. 高莉芬〈神聖的秩序——《楚帛書·甲篇》中的創世神話及其宇宙觀〉，《中國文哲研究季刊》30 期，2007 年 3 月。

265. 高耀亭〈馬王堆一號漢墓隨葬品中供食用的獸類〉，《文物》1973 年 9 期。

266. 涂又光〈論帛書本《老子》的社會學説・七〉,《楚史論叢》,武漢:湖北人民出版社,1984 年 10 月。

267. 涂宗流〈郭店《老子》與今本《老子》的比較研究〉,《荊門職業技術學院學報》18 卷 5 期,2003 年 9 月。

268. 國光紅〈〈九歌〉「司命」探原〉,《貴州教育學院學報》社科版 1996 年 3 期。

269. 宿白君〈顓頊考〉,《留日同學會季刊》5 號,北京留日同學會,1943 年 9 月 15 日。

270. 崔世俊〈論〈九歌〉祭祀主體爲楚人祖先祭祀〉,《青島大學師範學院學報》21 卷 2 期,2004 年 6 月。

271. 崔冠華〈從「祭灶」談功利性民俗心理〉,《現代語文》2006 年 6 期。

272. 張世強、張世澤〈水井與水神:一個對於中國北方民間宗教物質基礎的觀察〉,《耕莘學報》5 期,2007 年 6 月。

273. 張正明〈〈鬻熊爲文王之師〉辨誤〉,《江漢論壇》1983 年 9 期。

274. 張正明〈料器與先秦的楚滇關係和中印交通〉,《江漢論壇》1988 年 12 期。

275. 張正明〈楚墓與秦墓的文化比較〉,《華中師範大學學報》2003 年 4 期。

276. 張永山〈商代軍禮試探〉,《二十一世紀中國考古學——慶祝佟柱臣先生八十五華誕學術論文集》,北京:文物出版社,2006 年。

277. 張光直〈談「琮」及其在中國古史上的意義〉,《文物與考古論集》,北京:文物出版社,1986 年。

278. 張京華〈莊子的宇宙定義及其現代意義〉,《中州學刊》2000 年 4 期。

279. 張星德〈紅山文化女神像與史前宗教中的土地神〉,《社會科學輯刊》1996 年 2 期。

280. 張軍〈司命與灶神沿合考〉,《甘肅社會科學》1999 年論文輯刊。

281. 張素卿〈〈觀射父絕地天通〉要義〉,《張以仁先生七秩壽慶論文集》,臺灣:學生書局,1999 年 1 月。

282. 張彬〈從門神春聯和門松看中日神靈觀〉,《社會科學論壇》2006 年 7 期。

283. 張勝林〈春秋時期楚國異族人的來源及其處境〉,《江漢論壇》1984 年 6 期。

284. 張富春〈先秦民間祈財信仰研究——以睡虎地秦簡《日書》爲中心〉,《四川大學學報》哲社版 2005 年 6 期。

285. 張榮明〈商周時期的祖、帝、天觀念〉,《南開大學歷史研究所紀念文集》,天津:南開大學出版社,1999 年。

286. 張漢軍〈從長沙楚帛書看楚文化入湘後湖南地區的文化藝術發展〉,《長

江論壇》，2006 年 4 期。

287. 張銘洽〈秦簡日書之建除法試析〉，《紀念林劍鳴教授史學論文集》，北京：中國社會科學出版社，2002 年 1 月。

288. 張錦高、袁朝〈荊楚文化縱橫談〉，《荊楚文化的現代價值》，武漢：崇文書局，2005 年 8 月。

289. 張顯成〈論簡帛的文獻學研究價值〉，《古籍整理研究學刊》2005 年 1 期。

290. 曹定雲〈炎帝部落早期圖騰初探〉，《寶雞文理學院學報》社科版 2007 年 1 期。

291. 曹春茹〈《少司命》的文化解讀〉，《現代語文》2006 年 7 期。

292. 曹堅〈談上古祭祀用牲的禮儀〉，《安順師專學報》社科版 1995 年 1 期。

293. 曹智頻〈文化親緣．楚文化與莊子思想〉，《商丘師範學院學報》16 卷 3 期，2000 年 6 月。

294. 清波〈哈尼族民間諸神淺析〉，《紅河民族研究》1989 年 1 期。

295. 畢旭玲〈桃的驅鬼辟邪功能探源〉，《中文自學指導》2006 年 5 期。

296. 莊伯和、田心〈鬼的傳說〉，《光華雜誌》1985 年 9 月。

297. 莊萬壽〈太一與水之思想探究——《太一生水》楚簡之初探〉，《本世紀出土思想文獻與中國古典哲學研究論文集》，臺北縣：輔仁大學出版社，1999 年 4 月。

298. 許志剛〈祖道考〉，《世界宗教研究》1984 年 1 期。

299. 許建崑〈《國殤》乃祭祀戰死楚境之敵國軍士考〉，「傳統文學與現代詮釋」研討會，臺中：東海大學中國文學系，1997 年 5 月 31 日。

300. 許富宏〈《懷沙》篇題命名及含義考釋〉，《荊州師專學報》1999 年 1 期。

301. 許富宏〈略論二司命的祭祀對象及命名來源〉，《南通師範學院學報》哲社版 15 卷 4 期，1999 年。

302. 許富宏〈漢代祠太一的方位與「東皇太一」名稱的來源〉，《雲夢學刊》29 卷 1 期，2008 年 1 月。

303. 許學仁〈包山楚簡所見之楚先公先王考〉，《魯實先先生學術討論會論文集》，臺北：臺灣師範大學國文學系、中國文字學會，1993 年。

304. 許學仁〈戰國楚簡文字研究的幾個問題——讀戰國楚簡《語叢四》所錄《莊子》語暨漢墓出土《莊子》殘簡瑣記〉，《東華人文學報》3 期，2001 年 7 月。

305. 許學仁〈楚地出土文獻與《楚辭》研究之「宏觀」「微觀」考察〉，《第四屆先秦兩漢學術國際研討會論文集》，臺北縣：輔仁大學，2005 年 11 月。

306. 許錟輝〈《尚書》的經學要義與史學價值〉，《錢穆先生紀念館館刊》5 期，1997 年。

307. 許錟輝〈古代帝王嘉言懿行的最早記錄——尚書〉,《國文天地》14 卷 8 期,1999 年 1 月。

308. 張燕〈從民間的符咒風俗中探討「符」文化〉,《內蒙古藝術》,2005 年 1 期。

309. 連劭名〈曾姬壺銘文所見楚地觀念中的地下世界〉,《南方文物》1996 年 1 期。

310. 連劭名〈馬王堆帛畫「太一避兵圖」與南方楚墓中的鎮墓神〉,《南方文化》1997 年 2 期。

311. 連劭名〈漢晉解除與道家方術〉,《華夏考古》,1998 年 4 期。

312. 連劭名〈卜辭所見商代自然崇拜中的火〉,《中原文物》2001 年 3 期。

313. 連劭名〈包山簡所見楚地巫禱活動中的神靈〉,《考古》2001 年 6 期。

314. 連劭名〈商代祭祀中的「反本歸宗」〉,《殷都學刊》2004 年 3 期。

315. 郭仁成〈論楚國社會經濟形態的基本特微〉,《求索》1989 年 5 期。

316. 郭沂〈老子的宇宙論與規律論新說〉,《哲學研究》1994 年 6 期。

317. 郭沂〈試談楚簡〈太一生水〉及其與簡本《老子》的關係〉,《中國哲學史》1998 年 4 期。

318. 郭沫若〈周彝中的傳統思想考〉,《金文叢考》,北京:人民出版社,1952 年。

319. 郭沫若〈古代文學之辨證的發展〉,《考古》1972 年 3 期。

320. 郭德維〈楚國農業淺論〉,《理論月刊》1993 年 5 期。

321. 陳才訓〈嫦娥·蟾蜍·玉兔——月亮文化摭談〉,《江淮論壇》2002 年 3 期。

322. 陳永齡等〈青海土族民間信仰〉,《青海土族社會歷史調查》,西寧:青海人民出版社,1985 年 11 月。

323. 陳忠信〈〈太一生水〉渾沌創世初探〉,《鵝湖月刊》26 卷 10 期,2001 年 4 月。

324. 陳直〈漢張敬叔朱書陶瓶與張角黃巾教的關係〉,《文史考古論叢》,天津:天津古籍出版社,1988 年。

325. 陳英杰〈兩周金文之「追、享、鄉、孝」正義〉,《北方論叢》2006 年 1 期。

326. 陳振裕〈望山一號墓的年代與墓主〉,《中國考古學會第一次年會論文集》,北京:文物出版社,1980 年。

327. 陳偉〈望山楚簡所見的卜筮與禱祠——與包山楚簡相對照〉,《江漢考古》1998 年 2 期。

328. 陳偉〈湖北荊門包山卜筮楚簡所見神祇系統與享祭制度〉,《考古》1999

年 4 期。

329. 陳偉〈新蔡楚簡零釋〉,《華學》6 輯,北京:紫禁城出版社,2003 年。

330. 陳偉〈葛陵楚簡所見的卜筮與禱祠〉,《出土文獻研究》6 輯,上海:上海古籍出版社,2004 年 12 月。

331. 陳偉〈楚人禱祠記錄中的人鬼系統以及相關問題〉,「第一屆古文字與古代史學術研討會」論文,臺北:中央研究院歷史語言研究所,2006 年 9 月 22～24 日。又收入陳昭容主編《古文字與古代史》,臺北:中央研究院歷史與語言研究所,2007 年。又見「武漢大學簡帛研究中心」,http://www.bsm.org.cn,2008/2/7。

332. 陳偉武〈戰國楚簡考釋斠義〉,《第三屆國際中國古文字學研討會論文集》,香港:中文大學,1997 年。

333. 陳培禮〈獨步千古的絕唱──《老子》「道」宇宙觀與現代「萬物終極理論」比較論〉,《中州大學學報》23 卷 3 期,2006 年 7 月。

334. 陳陸〈灶〉,《中和月刊》1 卷 2 期,1930 年 2 月 1 日。

335. 陳陸〈釋柴〉,《中和月刊》3 卷 2 期,1943 年 2 月 1 日。

336. 陳斯鵬〈楚帛書甲篇的神話構成、性質及其神話學意義〉,《文史哲》2006 年第 6 期。又見《學燈》2007 年 2 期、「簡帛研究網」,http://www.jianbo.org/,2007/4/7 。

337. 陳斯鵬〈戰國秦漢簡帛中的祝禱文〉,《學燈》2008 年 1 期。又見「簡帛研究網」,http://www.jianbo.org/,2008/1/1 。

338. 陳景源〈傘人的原始宗教〉,《中央民族大學學報》1994 年 4 期。

339. 陳朝雲〈春秋戰國時期的商業發展及評價〉,《鄭州大學學報》2002 年 6 期。

340. 陳發喜〈桃符文化闡釋──以土家族某些風俗為例〉,《湖北民族學院學報》哲社版 24 卷 3 期,2006 年 3 月。

341. 陳筱芳〈西周天帝信仰的特點〉,《史學月刊》2005 年 5 期。

342. 陳維榮〈老子宇宙本體「道」探源〉,《甘肅高師學報》7 卷 1 期,2002 年。

343. 陳曉華、吉成名〈中國尚玉習俗起源初探〉,《湖南科技學院學報》27 卷 6 期,2006 年 6 月。

344. 陳麗桂〈〈太一生水〉研究綜述及其與《老子》丙的相關問題〉,《漢學研究》23 卷 2 期,2005 年 12 月。

345. 陳麗桂〈從出土簡帛文獻看戰國楚道家的道論及其相關問題──以帛書〈道原〉、〈太一生水〉與〈互先〉為核心〉,《中國文哲研究集刊》29 期,2006 年 9 月。

346. 陳贇〈災難禳解故事中的習俗流傳〉,《尋根》2005 年 2 期。

347. 陳騫〈試論《左傳》鬼神觀〉,《玉溪師專學報》社科版 12 卷 1 期,1996年。

348. 陸勤毅、姚芳〈楚爰金非流通貨幣〉,《楚文化研究論集（4）》,鄭州：河南人民出版社,1994 年。

349. 陶思炎〈祖道軷祭與入山鎮物〉,《民族藝術》2001 年 4 期。

350. 章太炎〈文學說例〉,《新民叢報》5、9、15 號,1902 年。

351. 章海榮〈中原的火與周邊的石 —— 灶神與火塘崇拜中生命意蘊的闡釋〉,《中國比較文學》1994 年 2 期。

352. 傅斯年〈新獲卜辭寫本後記跋〉,《安陽發掘報告》2 期,1935 年。

353. 傅楠梓〈儒家思想的宗教性與祭禮的合理化〉,《孔孟月刊》40 卷 12 期,2002 年 8 月。

354. 傅舉有〈人物龍鳳帛畫〉,《學習導報》2005 年 12 期。

355. 嵇童〈壓抑與安順 —— 厭勝的傳統〉,《歷史月刊》1999 年 1 月號。

356. 彭明翰〈四川廣漢三星堆商代祭祀坑爲農業祭祀說〉,《農業考古》1994年 1 期。

357. 彭浩〈包山楚簡所反映的楚國法律與司法制度〉,《包山楚墓》,北京：文物出版社,1991 年 10 月。

358. 曾憲通〈從「蚩」符之音讀在論古韻東冬的分合〉,《第三屆國際中國古文字學研討會論文集》,香港：問學社有限公司,1997 年。

359. 曾憲通、楊澤生、蕭毅〈秦駰玉版文字初探〉,《考古與文物》2001 年 1期。

360. 曾憲通〈再說「蚩」符〉,《古文字研究》25 輯,北京：中華書局,2004年。

361. 游國恩〈屈原作品介紹〉,《光明日報》1953 年 6 月 15 日。

362. 湯惠生〈北方游牧民族薩滿教中的火神、太陽及光明崇拜〉,《青海社會科學》1995 年 2 期。

364. 湯漳平〈再論楚墓祭祀竹簡與《楚辭·九歌》〉,《文學遺產》2001 年 4期。

365. 湯餘惠〈楚璽兩考〉,《江漢考古》1984 年 2 期。

366. 湯餘惠〈包山楚簡讀後記〉,《考古與文物》1993 年 2 期。

367. 馮和一〈古神話中的生命吞生信仰〉,《人文新刊》2005 年 5 期。

368. 馮紅〈論《詩經》中的「天人合一」思想〉,《學習與探索》2005 年 4 期。

369. 馮時〈天文與人文〉,臺北：臺灣師範大學國文系演講,2006 年 4 月 1日。

370. 馮勝君〈古書中「屯」字訛為「毛」字現象補證〉,《古文字研究》24 輯,北京:中華書局,2002 年。

371. 馮漢驥、童恩正〈記廣漢出土的玉器〉,《文物》1979 年 2 期。

372. 馮藝超〈鬼禁忌初探〉,《中華學苑》50 期,1997 年 7 月。

373. 舒之梅、劉信芳〈望山一號墓竹簡校讀記〉,《饒宗頤學術研討會論文集》,香港:問學社,1997 年 11 月 12 日。

374. 黃永堂〈司命、灶神與楚人族源〉,《貴陽金築大學學報》綜合版 1999 年 1 期。

375. 黃永鋒〈灶神信仰芻探〉,《中國道教》2006 年 5 期。

376. 黃玉順〈絕地天通——從生活感悟到形上建構〉,《哲學動態》2005 年 5 期。

377. 黃宏信〈楚帛畫瑣考〉,《江漢考古》1991 年 2 期。

378. 黃康斌、何江鳳〈「太一」源流考——兼論〈太一生水〉中「太一」之涵義〉,《沙洋師範高等專科學校學報》2004 年 6 期。

379. 黃復山〈東漢定型圖讖中的「太一」星考〉,「第二屆儒道國際學術研討會——兩漢」論文,臺北:臺灣師範大學國文系,2004 年 11 月 6~7 日。

380. 黃景春〈論我國民間神靈信仰的世俗性〉,《南陽師範學院學報》社科版 2 卷 5 期,2003 年 5 月。

381. 黃雲明、高穎〈論一神信仰和多神信仰對文化的不同影響〉,《雲南社會科學》2005 年 6 期。

382. 黃毓任〈《莊子》陰陽宇宙觀及其美學特徵〉,《江海學刊》1994 年 4 期。

383. 黃毓任〈莊子陰陽宇宙觀考原〉,《學海》2005 年 6 期。

384. 黃銘崇〈明堂與中國上古之宇宙觀〉,《城市與設計學報》4 期,1998 年 3 月。

385. 黃德寬〈新蔡葛陵楚簡所見「穴熊」及相關問題〉,《古籍研究》2005 年卷下,合肥:安徽大學出版社,2005 年。

386. 黃錫全〈楚簡中的禮酓、婁酓與穴酓酓再議〉,《簡帛研究 2004》,桂林:廣西師範大學出版社,2006 年 10 月。

387. 黃露生〈《九歌》是楚國郊祀的祭歌〉,《第一師範學報》2000 年 1 期。

388. 楊子范〈山東泰安發現的戰國銅器〉,《文物參考資料》1956 年 6 期。

389. 楊升南〈商代人牲身份的再考察〉,《歷史研究》,1988 年 1 期。

390. 楊正勇等〈黔東南部份地區苗族原始宗教與原始文化調查述略〉,《貴州民族學院學報》1989 年 1 期。

391. 楊伯達〈巫——玉——神泛論〉,《中原文物》2005 年 4 期。

392. 楊明〈試論白族的自然崇拜及其特點〉,《貴州民族研究》1983 年 4 期。

393. 楊建芳〈玉琮之研究〉,《考古與文物》1990 年 2 期。

394. 楊英〈「禮」對原始宗教的改造考述〉,《中華文化論壇》2004 年 2 月。

395. 楊海軍、王向輝〈民間土地神信仰的現象分析〉,《商洛師範專科學校學報》18 卷 3 期,2004 年 9 月。

396. 楊琳〈門神的祭祀及演變〉,《民族藝術》2000 年 2 期。

397. 楊華〈三峽新石器時代埋葬習俗考古與同時期人類社會發展社會〉,《四川三峽學院學報》1999 年 2 期。

398. 楊華〈「五祀」祭禱與楚漢文化的繼承〉,《江漢論壇》2004 年 9 期。

399. 楊華〈楚禮廟制研究——兼論楚地的「淫祀」〉,《楚文化研究論集(6)》,武漢:湖北教育出版社,2005 年 6 月。

400. 楊華〈楚簡中的諸「司」及其經學意義〉,《中國文化研究》2006 年 1 期。

401. 楊瑞玲〈論先秦天、神、人地位及關係的演變〉,《遼寧師專學報》社科版 2001 年 6 期。

402. 楊福泉〈論火神〉,《雲南社會科學》1993 年 2 期。

403. 楊寬〈楚帛書的四季神像及其創世神話〉,《文學遺產》1997 年 4 期。

404. 楊慶中、張紫娟〈論《周易》宇宙觀的生成邏輯〉,《華北電力大學學報》社科版 1997 年 3 期。

405. 楊範中〈論春秋時期楚國興盛的軍事原因〉,《武漢大學學報》社科版 1990 年 6 期。

406. 楊蔚〈莊子自由觀的楚文化印記〉,《荊州師專學報》社科版 1996 年 1 期。

407. 楊澤林〈漢字與中國古代社會的祭祀與占卜〉,《河北北方學院學報》22 卷 1 期。

408. 楊興華〈從祖先崇拜和楚俗看《山海經》作者的族別〉,《贛南師範學院學報》1997 年 1 期。

409. 楊鴻勛〈「周人明堂」的考古學研究:兼及宮室、穴、中霤、奧、屋漏、宦、窔以及「夏后氏世室」與「殷人重屋」〉,《城市與設計學報》2、3 期,1997 年 9 月。

410. 楊堃〈民俗學與民族學〉,《民族團結》1983 年 3 期。

411. 溫杰〈從上古神話的流變看《楚辭》中的神話材料〉,《殷都學刊》1997 年 1 期。

412. 葉立青〈論楚巫現的身份與地位〉,《北華大學學報》社科版 7 卷 1 期,2006 年 2 月。

413. 葉海煙〈〈太一生水〉與莊子的宇宙觀〉,《哲學與文化》26 卷 4 期,1999 年 4 月。又見《本世紀出土思想文獻與中國古典哲學研究論文集》,臺北縣:輔仁大學出版社,1999 年 4 月。

414. 葉舒憲〈中國上古地母神話發掘——兼論華夏「神」概念的發生〉,《民族藝術》1997 年 3 期。

415. 葉舒憲〈《山海經》神話政治地理觀〉,《民族藝術》1999 年 3 期。

416. 葉貴良〈「羍」字考辨〉,《語言研究》2004 年 3 期。

417. 葛志毅〈先秦圖騰信仰與楚君熊氏之關聯〉,《社會科學戰線》1995 年 6 期。

418. 葛志毅〈楚君熊氏發覆〉,《煙台師範學院學報》哲社版 1996 年 2 期。

419. 董蓮池〈釋戰國楚系文字中從宂的幾組字〉,《古文字研究》25 輯,北京:中華書局,2004 年。

420. 董曉萍〈民間信仰與巫術論綱〉,《民俗研究》1995 年 2 期。

421. 董錦・徐青青〈淺析史前漩渦紋樣的藝術性〉,《廣西藝術學院學報》20 卷 2 期,2006 年 4 月。

422. 裘錫圭〈關於商代的宗族組織與貴族和平民的兩個階級的初步研究〉,《古代文史研究新探》,南京:江蘇古籍出版社,1992 年。

423. 裘錫圭〈先秦宇宙生成論的演變〉,臺北:中央研究院歷史語言研究所演講,2007 年 11 月 7 日。

424. 裘錫圭〈是「恆先」還是「極」先〉,「2007 中國簡帛學國際論壇」演講,臺北:臺灣大學中文系,2007 年 11 月 10～11 日。

425. 賈連敏〈新蔡竹簡中的楚先祖名〉,《華學》7 輯,廣州:中山大學出版社,2004 年。

426. 賈連敏〈戰國文字中的「穴」〉,《楚文化研究論集（6）》,武漢:湖北教育出版社,2005 年。

427. 賈豔紅〈略論古代民間的司命神信仰〉,《三明高等專科學校學報》2003 年 1 期。

428. 賈豔紅〈略論先秦兩漢民間的灶神崇拜〉,《管子研究》2003 年 3 期。

429. 鄔芙都、江娟麗〈從出土文物看楚國的商業與商品經濟〉,《衡陽師範學院學報》社科版 24 卷 4 期。

430. 鄒濬智〈從楚簡《周易》「亡」、「喪」二字談到包山簡的「喪客」與望山簡的「祭喪」〉,「第十二屆政治大學中文系系所友學術研討會」論文,2005 年 5 月。

431. 鄒濬智〈宜蘭頭城搶孤儀式的意義及演變〉,《臺灣源流》31 期,2005 年 6 月。

432. 鄒濬智〈《上海博物館藏戰國楚竹書（四）昭王毀室》校注——兼談楚昭王的歷史形象〉,《東方人文學誌》4 卷 3 期,2005 年 9 月。

433. 鄒濬智〈讀楚簡困學記得（六題）〉,「第一屆清華中文系全國研究生論文

發表會」論文，新竹：清華大學中文系，2005 年 10 月 5 日。

434. 鄒濬智、詹今慧、張淑萍〈馬王堆帛書《老子》甲本及卷後佚書抄錄時代上限考〉，「第一屆清華中文系全國研究生論文發表會」論文，新竹：清華大學中文系，2005 年 11 月。

435. 鄒濬智〈上博楚竹書〈恆先〉思想體系試構〉，《孔孟月刊》44 卷 9 及 10 期，2006 年 6 月。

436. 鄒濬智〈新材料促成新研究——試談戰國楚地出土簡帛在《楚辭》研究上的可能應用〉，《中國文化月刊》313 期，2007 年 1 月。

437. 鄒濬智〈《郭店楚簡研究·第一卷·文字編》校讀記〉，《書目季刊》40 卷 4 期，2007 年 3 月。

438. 鄒濬智〈楚簡所見楚國人神人鬼信仰系統初探〉，《立德學報》4 卷 2 期，2007 年 6 月。

439. 鄒濬智〈楚簡所見楚人山川崇拜試探〉，《慈惠學術專刊》3 期，2007 年 10 月。

440. 鄒濬智〈《戰國策》辭令辯論學研究〉，《遠東學報》24 卷 4 期，2007 年 12 月 。

441. 鄒濬智〈灶神來源試究〉，《元培學報》14 期，2007 年 12 月。

442. 鄒濬智〈原卜——中國先秦「占卜」文化的歷時性透視〉，《景文學報》18 卷 1 期，2007 年 12 月。

443. 鄒濬智〈從灶神信仰的起源談戰國楚人祭灶之因〉，《崑山科技大學學報》5 期，2007 年 12 月。

444. 鄒濬智〈從「敬天保民」到「重人輕鬼」——東周鬼神思想研究〉，《南開學報》4 卷 4 期，2008 年。

445. 鄒濬智〈秦漢以前行道信仰及其相關儀俗試探〉，《國立臺灣科技大學人文社會學報》4 期，2008 年 3 月。

446. 鄒濬智〈從《國語·楚語下》看觀射父的宗教觀〉，《興國學報》7 卷，2008 年 1 月。

447. 鄒濬智〈臺灣原住民神話與中國神話的同質性探討〉，《臺灣源流》42 期，2008 年 3 月。

448. 鄒濬智〈楚簡所見司命神格試究——從楚系簡帛資料說起〉，《臺北海洋技術學院學報》1 卷 1 期，2008 年 3 月。

449. 鄒濬智〈戰國楚簡所見楚人祭祖禮研究〉，《興大人文學報》40 期，2008 年 3 月。

450. 鄒濬智〈從楚國經濟活動看戰國楚人重視行道神的可能原因〉，《萬竅：中華通識教育學報》7 期，2008 年 5 月。

451. 郭濟智〈《史記‧貨殖列傳》經濟思想體系試構〉,《龍華科技大學學報》25 期,2008 年 6 月。

452. 郭濟智〈「鬼」觀念與祖先崇拜試說〉,《稻江學報》3 卷 1 期,2008 年 6 月

453. 郭濟智〈傳世典籍與出土文獻所見東周楚人宇宙觀念試構〉,《通識教育學報》13 期,2008 年 6 月。

454. 郭濟智〈戰國楚人信仰神譜試構——從〈九歌〉及出土簡帛文獻談起〉,《樹德科技大學學報》10 卷 2 期,2008 年 6 月。

455. 郭濟智〈戰國楚簡話「中霤」〉,《長榮大學學報》12 卷 1 期,2008 年 6 月。

456. 靳風林〈論中國鬼文化的成因、特徵及其社會作用〉,《中州學刊》1995 年 1 期。

457. 廖明君〈動物崇拜與生殖崇拜——壯族生殖崇拜文化研究(下)〉,《廣西民族學院學報》哲社版 1995 年 3 期。

458. 廖寶均〈內田坑瑤族社會調查〉,《連南瑤族自治縣瑤族社會調查》,廣州:廣東人民出版社,1987 年 2 月。

459. 熊傳新〈長沙新發現的戰國國絲織物文物〉,《文物》1975 年 2 期。

460. 熊傳新〈對照新舊摹本談楚國人物龍鳳帛畫〉,《江漢論壇》1981 年 1 期。

461. 熊瑛子〈帛畫與楚文化〉,《湘潭師範學院學報》社科版 28 卷 4 期,2006 年 7 月。

462. 裴明相〈楚文化在河南發展的歷程〉,《楚文化研究論集》,鄭州:中州書畫社,1983 年 9 月。

463. 裴明相〈果品與祭祀——從信陽楚墓出土植物種子遺骸談起〉,《楚文化研究論集(2)》,武漢:湖北人民出版社,1991 年。

464. 管彥波〈穀魂信仰:稻作民最普遍的信仰形式——以雲南少數民族為例〉,《貴州民族研究》2005 年 3 期。

465. 聞一多〈高唐神女傳說之分析〉‧《神話與詩》,北京:古籍出版社,1954 年。又收入《神話研究》,成都:巴蜀書社,2002 年 12 月。

466. 聞一多〈東皇太一考〉,《文學遺產》1980 年 1 期。

467. 聞惠芬〈《連山》考〉,《東南文化》2002 年 11 期。

468. 蒲慕州〈中國古代鬼論述的形成(先秦至漢代)〉,臺北:中研院史語所民國 93 年第 12 次講論會,2004 年 6 月 28 日。

469. 趙世綱〈楚人在河南的活動遺跡〉,《楚文化研究論集》,鄭州:中州書畫社,1983 年 9 月。

470. 趙東栓〈〈太一生水〉篇的宇宙圖式及其文化哲學闡釋〉,《齊魯學刊》2001

年 4 期。

471. 趙林〈論中國古代文化從鬼神崇拜向人文精神的轉化〉,《中州學刊》1995 年 4 期。

472. 趙炳清〈楚人先民溯源略論〉,《民族研究》2005 年 1 期。

473. 趙德馨〈楚國金屬貨幣幣形〉,《江漢論壇》1983 年 5 期。

474. 趙衛東〈《太一生水》「神明」新釋〉,《周易研究》2002 年 5 期。

475. 趙興彬〈寮祭考〉,《泰安師專學報》11 卷 1 期,1998 年 3 月。

476. 劉文英〈關於《太一生水》的幾個問題〉,《國際儒學研究》11 輯,2001 年 3 月。

477. 劉冬穎〈《詩經》祭祀詩中的祭品〉,《哈爾濱工業大學學報》社科版 4 卷 1 期,2002 年 3 月。

478. 劉玉堂〈楚國的商業都會〉,《理論月刊》1994 年 8 期。

479. 劉玉堂〈從考古發現看商業管理機構與職官〉,《荊州師專學報》社科版 1996 年 6 期。

480. 劉玉堂、賈繼東〈楚人祭祀禮俗簡論〉,《民族研究》1997 年 3 期。

481. 劉玉堂〈楚公族先祖考索〉,《江漢論壇》2000 年 4 期。

482. 劉玉堂〈楚國賦稅制度綜議〉,《湖北大學學報》2002 年 6 期。

483. 劉仲宇〈物魅、人鬼與神祇——中國原始崇拜體系形成的歷史鈎沉〉,《宗教哲學》3 卷 3 期,1997 年 7 月。

484. 劉守華〈論土地爺和灶神的民間傳說〉,《湖北師範學院學報》哲社版 1991 年 2 期。

485. 劉成榮、田小中〈墨家的天鬼神觀念淺析〉,《渝西學院學報》21 卷 2 期,2002 年 6 月。

486. 劉雨亭〈從農耕信仰到祖先崇拜——《詩經》周人祭歌中文化流變的探源性闡釋〉,《齊魯學刊》1999 年 2 期。

487. 劉信芳〈包山楚簡神名與《九歌》神祇〉,《文學遺產》1993 年 5 期。

488. 劉信芳〈中國最早的物侯月名——楚帛書月名及神祇研究〉,《中華文史論叢》53 輯,1994 年。又收入氏著《子彈庫楚墓出土文獻研究》,臺北:藝文印書館,2002 年 1 月。

489. 劉信芳〈《日書》驅鬼術發微〉,《文博》1996 年 4 期。

490. 劉信芳〈蒿宮、蒿間與蒿里〉,《中國文字》新 24 期,1998 年 12 月。

491. 劉信芳〈新蔡葛陵楚墓的年代以及相關問題〉,《長江大學學報》2004 年 1 期。

492. 劉信芳〈楚簡「三楚先」、「楚先」、「荊王」以及相關祀禮〉,《文史》4 輯（總 73 期）,北京：中華書局,2005 年。

493. 劉師培〈南北文學不同論〉,《劉申叔先生遺書（1）》,臺北：京華書局,1970 年。

494. 劉泰焰〈「行神」嫘祖是黃帝的妻子〉,《文教資料》1998 年 5 期。

495. 劉釗〈談秦簡中的鬼怪〉,《文物季刊》1997 年 2 期。

496. 劉國勝〈楚地出土數術文獻與古宇宙結構理論〉,「中國南方文明」學術研討會論文,臺北：中央研究院歷史語言研究所,2003 年 12 月 19～20日。

497. 劉彬徽、彭浩、胡雅麗、劉祖信〈包山二號楚墓簡牘釋文與考釋〉,《包山楚簡》,北京：文物出版社,1991 年。

498. 劉彬徽〈炎黃文化的考古學思考〉,《炎帝與中華文化》,北京：人民出版社,1994 年。又收入氏著《早期文明與楚文化研究》,長沙·岳麓書社,2001 年。

499. 劉偉忠、姜舜源〈一代通儒饒宗頤〉,《光明日報》2007 年 10 月 9 日。

500. 劉敦勵〈古代中國人與馬耶的祈雨與雨神崇拜〉,《中央研究院民族學研究所集刊》4 期,1957 年。

501. 劉源〈殷墟花園莊東地甲骨文所見禳祓之祭考〉,《甲骨學國際學術研討會論文集》,臺中：東海大學中文系,2005 年 11 月 19～20 日。

502. 劉瑞明〈灶神神話研究補說〉,《四川大學學報》哲社版 2003 年 1 期。

503. 劉增貴〈天堂與地獄：漢代的泰山信仰〉,《大陸雜誌》,94 卷 5 期,1997年 5 月。

504. 劉增貴〈秦簡《日書》中的出行禮俗信仰〉,《中央研究所歷史語言研究所集刊》72 本 3 分,2001 年 9 月。

505. 劉衛鵬、李朝陽〈咸陽窯店出土的東漢朱書陶瓶〉,《文物》2004 年 2 期。

506. 劉樂賢〈睡處地秦簡日書〈詰咎篇〉研究〉,《考古學報》1993 年 4 期。

507. 劉樂賢〈讀《香港中文大學文物館藏簡牘》〉,《江漢考古》2001 年 4 期。

508. 劉曉虹〈《荀子》的神話因素與鬼神觀念〉,《徐州師範大學學報》哲社版31 卷 6 期,2005 年 11 月。

509. 劉競濤〈我國古代的門神文化〉,原載《中國工商報》367 期。後收入《中國古代、近代文學研究》1991 年 1 期。

510. 潘國英〈南方民間的土地神信仰〉,《東南文化》1998 年 4 期。

511. 滕維平〈傳承的門神文化〉,《貴州民族學院學報》哲社版 2001 年 3 期。

512. 蔡文婷〈中國鬼小檔案〉,《光華雜誌》1996 年 9 月。

513. 蔡文婷〈山川有神〉,《光華雜誌》1999 年 4 月。

514. 蔡正學、石金蘭〈「倒灶」、「倒楣」的文化考釋〉,《辭書研究》2005 年 2期。

515. 蔡成鼎〈從古史傳說的演變中試論楚先祖祝融〉,《湖北文獻》127 期,1998 年 4 月 10 日。

516. 蔡運章、戴霖〈論楚簡〈太一生水〉的宇宙生成模式〉,《四川文物》2004 年 2 期。

517. 諸葛憶兵〈畏天命、敬鬼神——論孔子的「天命」觀和鬼神觀〉,《雲南社會科學》1995 年 1 期。

518. 鄭元慶〈辟邪鎮宅祐平安〉,《光華雜誌》1993 年 5 月。

519. 鄭志明〈從《說文解字》談漢字的鬼神信仰〉,《鵝湖月刊》26 卷 7 期,2001 年 1 月。

520. 鄭金明〈六朝前楚地區民間鬼神信仰〉,《中興史學》11 期,2005 年 6 月。

521. 鄭若葵〈試論商代車馬葬〉,《考古》1987 年 5 期。

522. 鄭若葵〈20 世紀中國車馬坑考古〉,《文物天地》2002 年 2 期。

523. 鄭基良〈喪禮與祭祀研究〉,《空大人文學報》10 期,2001 年 12 月。

524. 鄭憲仁〈古代祭祖立尸制度淺探〉,《孔孟月刊》33 卷 7 期,1995 年 3 月。

525. 鄭憲仁〈銅器銘文禘祭研究〉,《大陸雜誌》104 卷 3 期,2002 年 3 月。

526. 鄭曉江〈中國民間辟邪文化探幽〉,《尋根》2005 年 6 期。

527. 鄭曙斌〈楚墓帛畫、鎮墓獸的魂魄觀念〉,《江漢考古》1996 年 1 期。

528. 鄧廷良〈楚裔入巴王蜀說〉,《楚史論叢》,武漢:湖北人民出版社,1984 年。

529. 鄧淑蘋〈考古出土新石器時代玉石琮研究〉,《故宮學術季刊》6 卷 1 期,1988 年。

530. 鄧福舜、高政銳〈桃木原型及其文學意蘊〉,《遼寧師範大學學報》社科版 31 卷 1 期,2008 年 1 月。

531. 魯瑞菁〈論〈九歌〉的二司命〉,《靜宜人文學報》15 期,2001 年 12 月。

532. 盧軍〈「儺戲」與巫文化〉,《尋根》2004 年 3 期。

533. 蕭兵〈〈天問〉的宇宙觀念——《天問新解》引論之一〉,《湖南師範大學社會科學學報》1979 年 1 期。

534. 蕭兵〈引魂之舟——楚帛畫新解〉,《湖南考古輯刊》2 期,1984 年 9 月。

535. 蕭登福〈后土與地母——試論地土諸神及地母信仰〉,《運城學院學報》23 卷 1 期,2005 年 2 月。又見《道教月刊》15 卷,2007 年 3 月。

536. 蕭漢明〈論中國古史上的兩次「絕地天通」〉,《世界宗教研究》1981 年 3 期。

537. 蕭漢明〈〈太一生水〉的宇宙論與學派屬性〉,《學術月刊》2001 年 12 月。

538. 蕭練武〈試論〈九歌〉的神話特徵〉,《理論界》2004 年 2 期。

539. 蕭靜怡〈從周禮天官及地官二篇看周代祭祀問題〉,《孔孟月刊》35 卷 9 期,1997 年 5 月。

540. 錢玉趾〈少司命的三角戀《大司命》《少司命》的全新剖解與翻譯〉,《古今藝文》,25 卷 3 期,1999 年 5 月。

541. 錢玉趾〈手持斬妖之劍卻與妖孽為伍——表層愛情詩深層政治詩〈少司命〉論析〉,《西南民族學院學報》哲社版 20 卷增刊,1999 年 8 月。

542. 錢錦宇〈互滲律下的門神信仰與蚩尤「方相」——兼談「法」字的結構〉,《山東大學學報》哲社版 2006 年 3 期。

543. 錢寶琮〈太一考〉,《燕京學報》12 期,1932 年。

544. 戴欣佚〈中國民間門神崇拜源流初探〉,《金陵科技學院學報》社科版 19 卷 4 期,2005 年 12 月。

545. 戴燕〈祖餞詩的由來〉,《南京師範大學文學院學報》2003 年 4 期。

546. 薛正昌〈楚民族與楚文化及其演進〉,《衡陽師專學報》社科版 1989 年 3 期

547. 鍾亞軍〈土地神之原型——社與社神的形成和發展〉,《寧夏社會科學》2005 年 1 期。

548. 鍾柏生〈卜辭中所見的殷代軍禮之二——殷代的戰爭禮〉,《中國文字》新 17 期,1993 年 3 月。

549. 鍾柏生〈卜辭中所見的尹官〉,《中國文字》新 25 期,1999 年 12 月。

550. 鍾柏生〈殷代卜辭所見殷人宇宙觀初探〉,《古文字與商周文明——第三屆國際漢學會議論文集》,臺北:中央研究院歷史語言研究所,2002 年 6 月。

551. 鍾新梅〈民間門神年畫的起源分類及其特徵〉,《邵陽學院學報》社科版 4 卷 4 期,2005 年 8 月。

552. 鍾煥懈〈「東皇太一」猜想〉,《雲夢學刊》1993 年 2 期。

553. 鍾蔚〈從楚人的衣著文化看楚人浪漫主義精神〉,《武漢科技學院學報》19 卷 8 期,2006 年 8 月。

554. 韓東育〈《郭店楚墓竹簡·太一生水》與《老子》的幾個問題〉,《社會科學》1999 年 2 期。

555. 韓松濤〈天臺山暨浙江區域道教國際學術研討會綜述〉,《宗教學研究》2005 年 2 期。

556. 韓湖初〈論我國古代的「北斗崇拜」和太陽神崇拜〉,《復旦學報》社科版 1999 年 3 期。

557. 韓暉〈《九歌》二司命新考〉,《廣西師範大學學報》哲社版 30 卷 1 期,1994 年 3 月。

558. 韓劍南、郝晉陽〈《周家台秦簡》虛詞研究〉，《淮北煤炭師範學院學報》哲社版 2004 年 4 期。

559. 簡榮聰〈臺灣民間器物崇拜（2）門神與床公床母〉，《道教月刊》7 期，2006 年 7 月。

560. 簡榮聰〈臺灣民間器物崇拜（4）井神、倉神與廁神〉，《道教月刊》9 期，2006 年 9 月。

561. 轟恩彥〈〈天問〉的宇宙理論〉，《山西師大學報》社科版 1979 年 3 期。

562. 魏女〈從考古資料看史前原始宗教的產生和初步發展〉，《東南文化》2002 年 5 期。

563. 魏女〈從考古資料看中國史前原始宗教向階級宗教的轉變〉，《西北大學學報》哲社版 32 卷 4 期，2002 年 10 月。

564. 羅偉國〈話說灶王〉，《中國道教》2004 年 6 期。

565. 羅新慧〈說新蔡楚簡「嬰之以兆玉」及其相關問題〉，《文物》2005 年 3 期。

566. 羅新慧〈釋新蔡簡「樂之」、「百之」、「贛之」及其相關問題〉，《考古與文物》2008 年 1 期。

567. 羅勛章〈三《易》首卦與夏商周三代的文化精神〉，《周易研究》1999 年 1 期。

568. 羅運環〈釋包山楚簡䇞、敔、宦三字及相關制度〉，《簡帛研究二〇〇二、二〇〇三》，桂林：廣西師範大學出版社，2005 年 6 月。

569. 嚴文明〈甘肅彩陶的源流〉，《文物》1978 年 10 期。

570. 蘇建洲〈出土文獻對《楚辭》校詁之貢獻〉，《中國學術年刊》27 期，2005 年 3 月。

571. 蘇曼如〈從中國封神概念探討「神」觀點的源起〉，《東方人文學誌》1 卷 3 期，2002 年 9 月。

572. 饒宗頤〈新文獻的壓力與智識開拓〉，「炎黃文化」研討會發言，香港：浸會大學，2002 年 12 月 18～20 日。

573. 饒龍隼〈先秦諸子神怪思想述略〉，《重慶教育學院學報》15 卷 1 期，2002 年 1 月。

574. 蘭甲雲、陳戌國〈〈九歌〉祭祀性質辨析〉，《西北師大學報》社科版 43 卷 3 期，2006 年 5 月。

575. 顧石生〈對上海地區家庭中蟑螂活動規律的探索及對策〉，《生物學教學》2005 年 2 期。

576. 顧頡剛〈三皇考〉，《顧頡剛古史論文集（3）》，北京：文物出版社，1996 年 4 月。

577. 龔維英〈顓頊為女姓考〉,《華南師院學報》,1981 年 3 期。

578. 龔維英〈《九歌》諸神本係女性神考辨〉,《荊州師專學報》社科版 1995 年 1 期。

579. 龔維英〈古神話和仙話中地祇的變性探研〉,《池州師專學報》1996 年 1 期。

580. 龔維英〈《九歌‧雲中君》祀主神格及原型初探〉,《雲夢學刊》1996 年 2 期。

581. 龔維英〈土地神的性別衍變及其神格的沉淪〉,《天府新論》1998 年 1 期。

(三)學位論文

1. 于成龍《楚禮新證——楚簡中的紀時、卜筮與祭禱》,北京:北京大學考古文博學院博士論文,2004 年 5 月。

2. 尹順《楚辭九歌巫儀之研究》,臺北:臺灣師範大學國文系博士論文,1987 年 6 月。

3. 王明春《高誘訓詁術語研究》,濟南:山東師範大學碩士論文,2004 年 4 月。

4. 吳勇冀《郭店楚簡〈太一生水〉研究》,埔里:暨南大學中文系碩士論文,2002 年 6 月。

5. 吳曉筠《商周時期車馬埋葬研究》,北京:北京大學考古文博學院博士論文,2003 年 6 月。

6. 宋華強《新蔡楚簡的初步研究》,北京:北京大學中文系博士論文,2007 年 5 月。

7. 周何《春秋吉禮考辨》,臺北:臺灣師範大學國文系博士論文,1970 年 10 月。

8. 周政賢《臺灣民間「地基主」信仰之研究》,臺南:臺南大學台文所碩士論文,2005 年 6 月。

9. 邴尚白《楚國卜筮祭禱簡研究》,埔里:暨南大學中文系碩士論文,1998 年。

10. 邴尚白《葛陵楚簡研究》,臺北:臺灣大學中文系博士論文,2007 年 1 月。

11. 范州成《從殷墟卜辭看血源祖先崇拜的由來》,蘇州:蘇州大學碩士論文,2005 年 4 月。

12. 孫慶偉《西周墓葬出土玉器研究——兼論西周葬玉制度》,北京:北京大學考古學系碩士論文,1996 年 5 月。

13. 張書豪《漢武郊祀思想溯源》,臺北:東吳大學中文系碩士論文,2004 年 7 月。

14. 張嘉凌《楚系簡帛字根研究》，臺北：臺灣師範大學國文系碩士論文，2002年6月。

15. 張榮明《殷周政治與宗教關係研究》，天津：南開大學博士論文，1995年4月。

16. 張繼凌《《上海博物館藏戰國楚竹書（四）·昭王毀室、昭王與龔之脽、柬大王泊旱》研究》，臺北：臺灣師範大學國文系碩士論文，2007年6月。

17. 梁煌儀《周代宗廟祭禮之研究》，臺北：政治大學中文系博士論文，1986年7月。

18. 陳思婷《《上海博物館藏戰國楚竹書（四）·采風曲目、逸詩、內豊、相邦之道》研究》，臺北：臺灣師範大學國文系碩士論文，2007年6月。

19. 陳茂仁《楚帛書研究》，嘉義：中正大學中文系碩士論文，1996年。

20. 陳時聖《從《包山楚簡》看楚國戰國中晚期社會經濟狀況》，臺北：臺灣大學中文系碩士論文，2000年6月。

21. 陳筱芳《春秋宗教習俗》，成都：四川大學博士論文，2004年3月。

22. 陶亮《楚國君位繼承制研究》，瀋陽：吉林大學碩士論文，2005年4月。

23. 章景明《周代祖先祭祀制度》，臺北：臺灣師範大學國文系博士論文，1973年5月。

24. 黃人二《戰國包山卜筮祝禱簡研究》，臺北：臺灣大學中文系碩士論文，1996年6月。

25. 黃楚飛《戰國時期楚漆器中的鳳鳥紋飾研究》，武漢：武漢理工大學碩士論文，2006年4月。

26. 黃儒宣《九店楚簡研究》，臺北：臺灣師範大學國文系碩士論文，2003年6月。

27. 楊哲宏《五祀信仰研究》，臺北縣：淡江大學中文系碩士論文，1994年。

28. 詹今慧《先秦同形字研究舉隅》，臺北：政治大學中文系碩士論文，2005年。

29. 廖海波《民間灶神信仰與傳說》，上海：華東師範大學博士論文，2003年5月。

30. 蔡伊達《灶神民間故事類型與灶神形象研究》，花蓮：花蓮師範學院民間文學所碩士論文，2005年7月。

31. 鍾金貴《中國崇鳳習俗初探》，湘潭：湘潭大學史學碩士論文，2005年5月。

二、單位研究成果

（一）專　書

1. 山西省考古研究所、太原市文物管理委員會《太原晉國趙卿墓》，北京：文物出版社，1996 年 12 月。

2. 山東省文物管理處、山東省博物館《山東文物選集（普查部份）》，北京：文物出版社，1959 年 9 月。

3. 中國社會科學院主辦、譚其驤主編《簡明中國歷史地圖集》，北京：中國地圖出版社，1991 年 10 月。

4. 中國社會科學院考古研究所、陝西省西安半坡博物館《西安半坡 —— 原始氏族公社聚落遺址》，北京：文物出版社，1963 年。

5. 中國社會科學院考古研究所《小屯南地甲骨》，北京：中華書局，1980 ～1983 年。

6. 中國社會科學院考古研究所《殷周金文集成》，北京：中華書局，1984 ～1994 年。

7. 中國社會科學院歷史研究所《甲骨文合集》，北京：中華書局，1978～1983 年。

8. 中國社會科學院歷史研究所《中國歷史年表》，北京：中國社會科學出版社，2002 年 7 月。

9. 中華書局《叢書集成初編》，北京：中華書局，1983 年。

10. 內蒙古民族研究所《鄂溫克族研究文集（2）》，呼和浩特：內蒙古人民出版社，1989 年。

11. 內蒙古自治區編輯組《鄂溫克族社會歷史調查・鄂溫克族自治旗輝素木調查報告》，呼和浩特：內蒙古人民出版社，1986 年。

12. 文物出版社《長沙楚墓帛畫》，北京：文物出版社，1973 年。

13. 北京大學歷史系考古教研室商周組《商周考古》，北京：文物出版社，1979 年。

14. 甘肅省文物考古研究所等《居延新簡》，北京：文物出版社，1990 年。

15. 武安市地方志編纂委員會編、李拴慶主編《武安縣志》，北京：中國廣播電視出版社，1990 年。

16. 武漢市地方志編纂委員會主編《武漢市志》，武漢：武漢大學出版社，1990 年。

17. 河南省文物考古研究所等《淅川下寺春秋楚墓》，北京：文物出版社，1991 年。

18. 河南省文物考古研究所《新蔡葛陵楚墓》，鄭州：大象出版社，2003 年。

19. 馬王堆漢墓帛書整理小組《馬王堆漢墓帛書》，北京：文物出版社，1976 年 3 月。

20. 湖北省文物考古研究所、北京大學中文系《望山楚簡》，北京：中華書局，
1995 年 6 月。

21. 湖北省文物考古研究所，北京大學中文系《九店楚簡》，北京：中華書局，
2000 年。

22. 湖北省荊州市周梁玉橋遺址博物館《關沮秦漢墓簡牘·周家台 30 號秦墓
簡牘》，北京：中華書局，2001 年。

23. 湖北省荊沙鐵路考古隊《包山楚墓》，北京：文物出版社，1991 年。

24. 湖北省博物館《隨縣曾侯乙墓》，北京：文物出版社，1980 年。

25. 雲南省少數民族古籍整理出版規劃辦公室《傣族風俗歌》，昆明：雲南民
族出版社，1988 年。

26. 雲南省編輯委員會《布朗族社會歷史調查（2）》，昆明：雲南人民出版社，
1982 年。

27. 黑龍江省圖書館《寶清縣志》，哈爾濱：內部油印本，1964 年。

28. 雙城縣志編纂委員會辦公室編《雙城縣志》，北京：中國展望出版社，1990
年。

29. 新興書局《筆記小説大觀》，臺北：新興書局，1985 年。

30. 漢語大字典編纂委員會《漢語大字典》，武漢：湖北辭書出版社；成都四
川辭書出版社，1986～1990 年。

31. 睡虎地秦墓竹簡整理小組《睡虎地秦墓竹簡》，北京：文物出版社，1990
年 9 月。

32. 廣州中山大學楚簡整理小組《戰國楚簡研究（3）》，廣州：中山大學，1977
年。

33. 海城市地方志編纂委員會辦公室《海城縣志》，海城：海城市地方誌編纂
委員會，1987 年。

（二）單篇論文

1. 中山大學古文字學研究室〈江陵望山一號楚墓竹簡考釋〉，《戰國楚簡研
究（3）》，廣州：內部油印本，1977 年。

2. 中山大學古文字研究室楚簡整理小組〈江陵昭固墓若干問題的探討〉，《中
山大學學報》1977 年 2 期。

3. 中國社會科學院考古研究所安陽工作隊〈1971 年安陽後崗發掘簡報〉，《考
古》1972 年 3 期。

4. 中國社會科學院考古研究所安陽工作隊〈1979 年安陽後崗遺址發掘報
告〉，《考古學報》1985 年 1 期。

5. 中國社會科學院考古研究所安陽發掘隊〈安陽新發現的殷代車馬坑〉，《考
古》1972 年 4 期。

6. 中國社會科學院考古研究所洛陽唐城隊〈洛陽老城發現四座西周車馬坑〉,《考古》1988 年 1 期。

7. 安陽市文物工作隊〈安陽花園莊殷代車馬坑發掘簡報〉,《華夏考古》1997 年 2 期。

8. 安徽阜陽地區展覽館文博組〈安徽鳳台發現楚國「郘大府」銅量〉,《文物》1978 年 5 期。

9. 放馬灘秦簡整理小組〈天水放馬灘秦簡甲種《日書》釋文〉,《秦漢簡牘論文集》,蘭州:甘肅人民出版社,1989 年。

10. 武漢市博物館〈閱馬場五代吳墓〉,《江漢考古》1998 年 3 期。

11. 洛陽市文物工作隊〈洛陽林校西周車馬坑〉,《文物》1999 年 3 期。

12. 浙江省文物考古研究所〈餘杭瑤山良渚文化祭壇遺址發掘簡報〉,《文物》1988 年 1 期。

13. 荊沙鐵路考古隊〈江陵秦家嘴楚墓發掘簡報〉,《江漢考古》1998 年 2 期。

14. 陝西省文物管理委員會〈長安縣三里村東漢墓葬發掘簡報〉,《文物參考資料》1958 年 7 期。

15. 陝西省考古研究所陝北考古隊〈陝西綏德小官道龍山文化遺址的發掘〉,《考古與文物》1983 年 5 期。

16. 湖北省荊州地區博物館〈天星觀一號楚墓〉,《考古學報》1982 年 1 期。

17. 湖南省博物館〈長沙子彈庫戰國木槨墓〉,《文物》1974 年 2 期。

18. 遼寧省考古文物研究所〈遼寧牛河梁紅山文化「女神廟」與積石塚群發掘簡報〉,《文物》1986 年 8 期。

參、網路及學術軟體資料

1. 「《四庫全書》電子版」,http://140.122. 97. 200/webacc/account.asp?num=skqs。

2. 「《說文解字》全文檢索測試版」,http://www.chinese99.com/xiaozhuan/shuowen。

3. 「【寒泉】古典文獻全文檢索資料庫」,http://140.122.127.253/dragon/。

4. 「中央研究院漢籍電子文獻」,http://www.sinica.edu.tw/-tdbproj/handy1/。

5. 「中國大百科全書智慧藏」,http://140.109.8.45/cpedia/。

6. 「中國文學」,http://edit.ndcnc.gov.cn/。

7. 「中國古籍全錄」,http://guji.artx.cn/。

8. 「中國哲學書電子化計劃」,http://chinese.dsturgeon.net/index_gb.html。

9. 「中國網」,http://big5.china.com.cn。

10. 「古錢中國」，http：//www.um.u-tokyo.ac.jp/。

11. 「殷周金文暨青銅器資料庫」，http://db1.sinica.edu.tw/-textdb/test/rubbing/query.php。

12. 「神的文化」，http//203.64.53.9/TeachWeb/89hpcontest/d002-d008/group3/god.htm。

13. 「秦始皇兵馬俑博物館」，http://www.bmy.com.cn/。

14. 「荊楚文化」，http://chu.yangtzeu.edu.cn/。

15. 「楚文化」，http://big5.xinhuanet.com/。

16. 「道教文化資料庫」，http://www.taoism.org.hk/default.htm

17. 「道教學術資訊」，http：//www.ctcwri.idv.tw。

18. 「電腦漢字字形、異體字及詞彙整合知識庫」，http://chardb.iis.sinica.edu.tw/charDB3/index.php。

19. 「漢字構形資料庫」，http://www.sinica.edu.tw/-cdp/。

20. 「標點版《古今圖書集成》」，http://140.122.127.253/chinesebookweb/home/

21. 「瀚堂典藏」，http://www.hytung.com.tw/zh-tw/index.aspx。

22. （日）谷中信一〈〈恆先〉宇宙論析義〉，「簡帛研究網」，http://www.jianbo.org/，2008/5/23。

23. 丁四新〈楚簡〈恆先〉章句釋義〉，「簡帛研究網」，http://www.jianboo.org/（後撤稿）。

24. 古存雲〈道教諸神〉，「中國大百科」，http://140.109.8.45/cpedia/Default.htm

25. 弗子〈上甲微創建禓五祀〉，「中國網」，http://big5.china.com.cn/chinese/zhuanti/zgnwh/463378.htm。

26. 田兆元〈試論春秋時期鬼神祭祀規則的變化及其原因〉，「海上風民族民間文化論壇」，http://www.blogcn.com/user43/windfromsea/blog/35448448.html，2006/6/11。

27. 朱天順〈中國原始宗教和古代宗教〉，「中國大百科」，http://140.109.8.45/cpedia/Default.htm。

28. 何有祖〈新蔡簡「百之」試解〉，「武漢大學簡帛研究中心」，http://www.bsm.org.cn/，2007/1/22。

29. 何有祖〈孔家坡日書簡所見「雞血社」淺論〉，「武漢大學簡帛研究中心」，http://www.bsm.org.cn/，2007/7/4。

30. 吳銳〈神守、社稷守與「儒」及儒家的產生〉，「華夏復興網」，http://www.hxfx.net。

31. 宋華強〈試論平夜君成即平夜文君之子〉，「簡帛研究網」，

http://www.jianbo.org/，2006/5/17。

32. 宋華強〈新蔡簡兩個神靈名簡說〉，「武漢大學簡帛研究中心」，
http://www.bsm.org.cn/，2006/7/1。

33. 宋華強〈新蔡簡「百之」、「贛之」解〉，「武漢大學簡帛研究中心」，
http://www.bsm.org.cn/，2006/8/13。

34. 宋華強〈楚簡翌禱新釋〉，「武漢大學簡帛研究中心」，
http://www.bsm.org.cn/，2006/9/1。

35. 宋華強〈楚簡神靈名三釋〉，「武漢大學簡帛研究中心」，
http://www.bsm.org.cn/，2006/12/12。

36. 李天虹〈新蔡楚簡補釋四則〉，「簡帛研究網」，http://www.jianbo.org/，
2003/12/17。

37. 李天虹〈孔家坡漢簡〈日書〉「星」篇初探〉，「簡帛研究網」，
http://www.jianbo.org/，2005/11/14。

38. 李先登〈河洛文化與中國古代文明〉，「河洛文化網」，
http://www.heluochina.net，2007/8/15。

39. 李飛〈從禘郊到禘祫——試論春戰時期的禘禮〉，「知識學術網」，
http://www.zisi.net/。

40. 李銳〈〈恆先〉淺釋〉，「簡帛研究網」，http://www.jianboo.org/，2004/4/23

41. 沈培〈《上博（六）·競公瘧》「正」字小議〉，「武漢簡帛研究中心」，
http://www.bsm.org.cn/，2007/7/31。

42. 季旭昇〈上博三周易比卦「有孚盈缶」「盈」字考〉，「簡帛研究網」，
http://www.jianbo.org，2005/8/15。

43. 季旭昇〈〈柬大王泊旱〉解題〉，「簡帛研究網」，http://www.jianbo.org/，
2007/2/3。

44. 侯乃峰〈說楚簡「叕」字〉，「武漢大學簡帛研究中心」，
http://www.bsm.org.cn，2006/11/29。

45. 香港商務印書館建置《漢語大詞典》光碟版，香港：商務印書館，1998
年。

46. 施愛東〈早期民俗學者的田野考察及其方法探索〉，「中國民族文學網」，
http://iel.cass.cn/，2006/10/3。

47. 范常喜〈戰國楚祭禱簡「蒿之」、「百之」補議〉，「簡帛研究網」，
http://www.jianbo.org/，2005/8/24。

48. 范常喜〈新蔡楚簡聑禱即翌禱說〉，「武漢大學簡帛研究中心」，
http://www.bsm.org.cn/，2006/10/15。

49. 徐在國〈新蔡葛楚簡札記（二）〉，「簡帛研究網」，http://www.jianbo.org/，

2003/12/17。

50. 徐富昌〈莊子傳略〉,「莊風貌上課講義」,
http://club.ntu.edu.tw/-davidhsu/New-Lao-Chuang-Lecture/。

51. 袁金平〈對〈新蔡簡兩個神靈名簡說〉的一點補充〉,「簡帛研究網」,
http://www.jianbo.org/,2006/7/12。

52. 張得水〈鑿枘於考古與歷史之間──許順湛先生訪談錄〉,「河南省博物
院」,http://www.hawh.cn:82。

53. 魏昌〈崇尚巫鬼之風與觀射父的宗教思想〉,「荊楚文化」,
http://chu.yangtzeu.edu.cn/chuguoshi/chu9-4. html。

54. 曹峰〈《恆先》已發表著作一覽(增補)〉,「簡帛研究網」,
http://www.jianbo.org/,2008/5/15。

55. 陳文豪編《〈日書〉與戰國秦漢社會(《日書專題研究》)》初稿,
http://nuhm.pccu.edu.tw/p2_91_18.htm。

56. 陳偉〈讀《上博六》條記〉,「武漢簡帛研究中心」,http://www.bsm.org.cn,
2007/7/9。

57. 陳偉〈《景公虐》9號簡中的「物」應指鬼神〉,「武漢大學簡帛研究中心」,
http://www.bsm.org.cn,2007/7/30。

59. 陳惠玲〈上博六《競公瘧》釋「疥」及「旬又五公乃出見折」〉,「武漢簡
帛研究中心」,http://www.bsm.org.cn/,2007/10/23。

59. 陳劍《〈上博竹書〈昭王與龔之脽〉和〈柬大王泊旱〉讀後記〉,「簡帛研
究網」,http://www.jianbo.org/,2005/2/15。

60. 陳靜〈〈恒先〉:宇宙生成理論背景下的一種解讀〉,「簡帛研究網」,
http://www.jianbo.org/,2008/5/15。

61. 馮天瑜〈中國人文傳統論略〉,「中國傳統文化研究中心」,
http://www.ricric.org/list.asp?id=398,2004/5/1。

62. 楊華〈新蔡簡所見楚地祭禱禮儀二則〉,「武漢大學簡帛研究中心」,
http://www.bsm.org.cn/,2004/8/1。又收入丁四新主編《楚地出土簡帛文
獻思想研究(2)》,武漢:湖北教育出版社,2005年4月。

63. 楊華〈戰國秦漢時期的里社與私社〉,「武漢大學簡帛研究中心」,
http://www.bsm.org.cn/,2006/3/26。

64. 楊華〈新蔡祭禱簡中的兩個問題〉,「武漢大學簡帛研究中心」,
http://www.bsm.org.cn/,2007/2/27。

65. 劉信芳〈上博藏竹書〈恆先〉試解〉,「簡帛研究網」,
http://www.jianboo.org/,2004/5/16。

66. 歐崇敬〈絕地天通時代的科學認知典範之轉變〉,「臺北中國哲學研究
室」,http://ephilosophy.grow.com.tw/。

67. 羅運環〈楚文化在中華文化發展過程中的地位和影響〉,「光明日報」,
http://www.gmd.com.cn。

68. 龐樸〈道家的玄思和先民的紡輪〉,「哲學在線」,
http://www.philosophyol.com。

69. 龐樸〈〈恆先〉試讀〉,「簡帛研究網」,http://www.jianboo.org/,2004/4/26

70. 劉釗〈釋新蔡葛陵楚簡的「睨」字〉,「簡帛研究網」,
http://www.jianbo.org/,2003/12/28。

71. 賈連敏〈新蔡葛陵楚簡中的祭禱文書〉,「簡帛研究網」,
http://www.jianbo.org/,2004/1/11。

72. 魏宜輝、周言〈再談新蔡楚簡中的「穴熊」〉,「簡帛研究網」,
http://www.jianbo.org/,2004/11/8。

73. 廖名春〈上博藏楚竹書〈恆先〉簡釋〉,「簡帛研究網」,
http://www.jianboo.org/,2004/4/19。

74. 廖名春〈讀楚竹書〈内豐〉篇箚記(二)〉,「簡帛研究網」,
http://www.jianboo.org/,2005/2/20。

75. 董珊〈楚簡〈恆先〉初探〉,「簡帛研究網」,http://www.jianboo.org/,
2004/5/12。

76. 董珊〈楚簡中從「大」聲之字的讀法(二)〉,「武漢簡帛研究中心」,
http://www.bsm.org.cn,2007/7/8。

77. 蘇建洲〈《上博(六)·景公瘧》補釋一則〉,「武漢簡帛研究中心」,
http://www.bsm.org.cn/,2007/10/7。

祭祀儀俗專有名詞索引表（依筆畫排序）

專有名詞	章－節－段
一禱（弍禱、罷禱）	4－2－4
人祭、人殉	3－3－5
尸	4－2－4
五世	4－2－3
五祀	1－2－1
內齋	4－2－4
火正	2－3－3
由辟（禳、祓、禬、禜）	4－2－4
血祭	3－1－5
攻敘（攻說、攻解）	3－1－5
沈祭（浮沈）	5－2－3
享祭	3－3－5
周祭	4－2－2
宜祭	3－3－5
社祭	3－1－3
社稷五祀	3－1－3
致命	4－2－4
致福	4－2－4
致齋（致齊）	4－2－4
重（弅重）	4－2－3
祠	3－1－5
祠堂	4－2－5
祖（祖道）	3－3－5
祝號（冊告、策祝）	4－2－4
配享	4－2－4
烝嘗（礿、禘、嘗、烝）	4－2－4
野齋	4－2－4

專有名詞	章－節－段
祫祭	4－2－2
報	3－1－5
就禱	3－3－5
散齋（散齊）	4－2－4
萬物有靈	4－2－1
虞祭	4－2－4
圖騰	4－2－4
實柴	4－1－3
蒿燎（蒿祭）	4－2－4
魂魄	4－2－2
禘祭	4－2－2
禋祀	4－1－3
禓（禓五祀）	1－2－1
槱燎	4－1－3
瘞埋	3－1－5
磔牲	3－3－5
燎祭（燔燎）	4－1－3
餕	3－3－5
舉禱	3－1－5
賽禱	3－1－5
爓祭	4－2－4
饋食（饋祀、饋薦、饋祭）	4－2－4
蠟（蠟祭）	3－1－5
儺（大儺）	4－2－4
靈巫（邑巫、遊巫、私巫）	4－2－4
觀（關）落陰	4－2－5
齸辜祭	4－2－4